本书受社会网络视角下陕西高新技术企业知识资本价值协同效应研究（项目编号：17JK0586）资助。

中国"三农"问题前沿丛书

# 中小型农业企业综合绩效的影响机制

基于资源异质性的研究

THE IMPACT MECHANISM OF COMPREHENSIVE PERFORMANCE
IN SMALL AND MEDIUM-SIZED AGRO-ENTERPRISES BASED
ON THE HETEROGENEITY OF RESOURCE

李立群　王礼力　著

社会科学文献出版社
SOCIAL SCIENCES ACADEMIC PRESS (CHINA)

# 目 录

CONTENTS

# 第一章 ▶
# 导 论

## 一 研究背景

当代经济发展导致企业生存的社会和经济环境都发生了根本性的改变，知识经济、大数据时代，各种新鲜名词不断冲击人们的既有思维模式，通过规模扩张实现经济效益提升的传统手段已难以奏效。企业如何顺应经济发展趋势，在更为复杂多变的经营活动中应对风险，不断培育维持竞争中的优势地位，是政府、企业经营者以及学者们一直关注的焦点问题。

为什么近似的经济要素投入却会导致差异化的最终产出？同一行业内不同企业的绩效差异又是如何形成的？由此而带来的企业持续竞争优势是如何维继的？对上述问题的研究探索，推动着企业战略管理理论的演进，并最终形成不同的战略管理学派。Porter（1985）提出了著名的五力竞争模型，从产业组织理论的角度对企业长期竞争能力的形成进行了阐释论证。但这一解释集中于外部环境对企业竞争态势的影响，强调外部市场结构的决定作用，无法有效解释同一行业内不同企业之间的绩效差异。由此，研究者的视角逐步转向对企业内部的分析。资源基础理论（Resource Based View，RBV）就是在这一系列研究的基础之上逐步成型拓展的，其所阐释的资源异质性及以此为基础的企业竞争优势形成理论得到越来越多的认同。

应用资源基础理论分析我国中小型农业企业的绩效影响机制问题，对促进我国中小型农业企业的健康发展无疑有着重要的理论指导意义。在特定的中国情境下，我们必须对影响中小型农业企业绩效的那些有价值的资源进行重新识别，从资源异质性的角度对资源的投入、资源的架构以及资源的利用进行全新的审视和衡量。在这一过程中，如何有效地发掘、辨识其所占有资源的异质性特征，并且资源异质性又是如何具体影响中小型农业企业绩效的，对上述问题的思考构成了本书的研究基础。

另外，企业能力理论不断告诫我们，企业资源投入仅是其绩效产出的必要前提，即便是具备异质性的资源投入亦不能完全保证企业超额绩效的实现。企业组织架构、资源配置等能力也是形成超额绩效的关键因素。本书认为，企业能力蕴含于企业制度框架之中，企业能力显现于企业的正式制度和非正式制度之中。那么，在辨识出中小型农业企业所具备的资源异质性之后，企业的制度体系又是如何激活上述资源异质性，使其充分发挥价值创造功能，从而实现超额绩效的呢？对这一问题的思考最终形成了本书的研究框架。

将问题关注的视角延伸至更为本质的资源特征，透过资源表象辨识其异质性特征，并将其与企业制度框架相结合，建立相互依存的"制度体系－资源异质性－综合绩效"分析框架，无疑为打开"资源黑洞"并为中小型农业企业提升绩效提供了有效的新思路。

## 二　研究目的及意义

### （一）研究目的

依托资源基础理论的指导，本书试图从资源异质性角度重建中小型农业企业资源投入模型，实证检验各类资源的异质性特征对其绩效的具体影响路径及影响效果，最终提出中小型农业企业绩效提升策略。上述研究目的通过以下具体研究任务的完成得以实现。

第一，以"资源基础理论"为依据，对中小型农业企业生产经营中所投入资源的异质性进行辨识、特征分析及衡量指标筛选。

第二，在梳理大量文献的基础上，构建基于资源异质性的中小型农业企业绩效影响理论模型，提出相关理论假设。

第三，通过调查问卷完成研究数据的收集，在完成对数据的统计描述和项目分析的基础上，运用实证研究方法，首先验证理论建模部分所提出的基本研究框架；进而探寻各类资源的异质性特征对中小型农业企业绩效的具体影响路径。

第四，通过对理论模型和修订模型的对比分析，推断目前中小型农业企业资源异质性对综合绩效的影响效果，发现其中存在的问题。

第五，以激活资源异质性为切入点，提出中小型农业企业绩效提升策略。

## （二）研究意义

### 1. 理论意义

"为什么企业之间会出现持续的绩效差异？"对这一问题的解释是企业战略管理理论研究的核心之一。这一过程不但推进了战略管理各流派的发展，也使得资源基础理论脱颖而出，"资源异质性"成为破解这一谜团的有力工具。

资源基础理论从价值性、稀缺性、不可复制性和组织的有效性四个方面界定了资源的异质性特征。但是这些具备异质性特征的资源在企业当中是如何组织、构架的？不同的具备异质性特征的资源在投入企业后，如何在价值创造过程中发挥协同效应？更进一步，虽然有学者论证了企业内部的资源与能力间的相互依存关系，但是其具体影响路径如何？究竟是何种能力激发了异质性资源的价值创造作用？资源基础理论却没有进一步解释。

本书以各类资源所蕴藏的异质性特征为分析基础，将企业能力因素显化为企业制度环境，建立了较为完整的"制度体系－资源异质性－综合绩效"分析框架，在此基础上探究资源异质性对综合绩效的影响路径。希望能够增强资源基础理论与新制度经济学的结合，为强化资源基础理论的解释力做出贡献。

2. 现实意义

本书的现实意义可以从宏观层面和企业层面进行具体分析。

宏观层面上，由于农业行业在国民经济中占有基础性地位，国家对农业企业的发展一直非常关注，不断出台优惠政策以扶持其发展。那么，如何提高政策效率，寻找更为有利的政策抓手，成为进一步推动农业行业发展中亟须解决的现实问题。本书从资源异质性的辨识出发，对提升中小型农业企业绩效的途径进行深入分析，希望能对政策制定开拓新的视角。

企业层面上，中小型农业企业综合绩效的形成，体现了经营组织的成效，同时也是各种资源投入、利用的直接后果。本书中进行的资源异质性分析框架设计及其对综合绩效的影响机制分析，有助于从资源异质性的战略角度重新认识企业综合绩效的形成，修正资源投入中的认识偏差。通过激活资源的异质性，更为有力地推动中小型农业企业绩效提升。

# 三　国内外相关研究述评

早期企业战略研究主要从企业产业竞争环境等外部因素进行绩效差异的解释，但无法有效解释同一行业内不同企业之间的绩效差异。资源基础理论的提出弥补了这一不足，将研究视角引入了对企业内部的分析。在围绕"资源异质性"核心概念建立起资源基础理论的基本分析框架后，资源基础理论继续向动态能力和知识管理两个分支发展，并在企业绩效相关性研究中形成了"知识资本"和"社会资本"两个热点研究领域。

## （一）资源异质性研究述评

### 1. 国外研究部分

Penrose（1959）的《企业成长的理论》被认为是资源基础理论的奠基之作。书中首次提出"企业是一组生产性资源束"的观点，并认为正是由于企业所控制的生产性资源束不同，所以同行业企业在本质上也是具有异质性的。其讨论还突破了传统经济学中对企业资源的界定，讨论了管理团队、企业家才能等对企业的重要意义。

此后，资源基础的研究一度陷入停滞。直到20世纪80年代，Wernerfelt（1984）、Rumelt（1984）、Barney（1986a）、Dierickx和Cool（1989）相继发表了奠基性质的代表文章。明确了"资源基础的观点"，并探讨了企业资源应具备的特性。随后，资源基础观的研究日益活跃，并最终形成资源基础理论。

Barney（1991）指出企业异质性的资源具体包括：管理技能、组织过程和技巧、信息以及知识。Waterhouse（1992）强调了在环境不确定条件下，管理者能力对企业绩效的重要作用，同时还认为企业应在战略管理中关注与利益相关者的关系。在新增长理论的研究支撑下（罗默，1998），对人力资源的异质性分析、验证首先得到了广泛的认可。Dyer（1995）、Carmeli（2004）等众多研究者论证了组织成功的重要影响因素之一就是人力资源，并且只有在明确的人力资源管理战略之下，它才能够显现出对组织绩效的影响。Peteraf和Barney（2003）提出，由于资源的异质性，企业可以在产品市场上实现更多的经济价值。而当其他企业无法复制其资源利用方式时，超额经济价值的实现就是可持续的（Barney & Clark，2007）。Chan（2006）通过问卷调查的方式，辨识出导致企业获得超出行业平均水平的资源和能力有：知识、沟通能力、人际交往能力、技术水平、分析能力、创新性、领导力。Barney 和 Clark（2007）的研究强调了组织中的制度体系在资源价值创造中的重要调节作用，认为不恰当的制度体系会削弱资源异质性可能带来的绩效差异。Butler（2009）通过对研究对象的具体分析，认为有助于企业在波动的市场环境中获得竞争优势的资源与能力包括：企业文化、知识及其在组织内部的传递、组织改善中管理人员的参与程度以及组织的学习能力。

上述理论探讨基本确立了"资源异质性"概念成为资源基础理论的基本内核，并建立起 VRIO 基本框架用以评价资源异质性的特征表现。即异质性资源应具备：价值性（value）、稀缺性（rarity）、不可模仿性（imitability）和组织有效性（organization）。随后，基于"资源异质性"的实证研究也不断增多。Crook 等（2008）通过元分析，发现采用"资源异质性"分析框架所进行的资源基础理论相关研究更为有效。Gurtoo（2009）在对印度 20 世纪 90 年代开始的公用事业部门市场化改革效果的分析中，辨识出具有重要影响作用的资源有：领导力、员工忠诚度、员工能力、知识分享、与政府的信息沟通。Reddy 和 Rao（2014）以印度合资医药企业为例，从社会复杂性和因果模糊性的角度具体分析了医药开发过程中的项目管理机制及有效的客户组织管理，认为正是上述因素导致了印度制药企业近年在国际市场中的快速发展。

尽管"资源基础理论"的初始点是从企业内部寻找竞争优势的来源，但其研究对象却是处在动态环境之下的资源交换主体。因此不可避免地，应用资源基础理论的近期讨论出现了与外部市场环境相关联的研究趋势。营销活动中的能力因素、技术技巧都是影响企业绩效的重要因素，而这一过程中如果过于依赖财务资源则可能适得其反（Slotegraaf et al.，2003）。Hooley 等（2005）的研究认为，来自市场的客户关系、企业声誉、品牌效应、市场份额等因素都是具备异质性的企业资源，管理者对它们进行的有效运作，有助于提高公司绩效。Hult 等（2005）指出，市场信息处理能力和企业对市场的适应能力是企业来自于市场的异质性资源。Evanschitzky（2007）的研究表明，在市场导向下建立的资源网络更有助于实现资源异质性的绩效差异效果。Auh 和 Menguc（2009）验证了高管政治背景和对市场的了解程度会影响企业资源配置效果进而形成绩效差异。Ramaswami 等（2009）的研究认为理解消费者的能力有助于实现产品的差别化，因此消费者管理能力是企业的一项异质性资源。

2. 国内研究部分

国内较早介绍资源基础理论的学者是王迎军（1998），他简要介绍了资源基础理论的基本观点，并结合中国企业实际讨论了资源异质性、资源位障碍的具体表现及资源扩充过程中应注意的问题。蒋国平（2001）介绍了资源价值决定因素及企业应注意的问题。杨家宁（2007）从企业社会责任的角度讨论了企业声誉的资源异质性及其可能带来的内外部收益。黄忠东、杨东涛（2008）分析了先进制造技术的异质性，并基于资源基础理论初步构建了先进制造技术管理框架。杨春华（2010）通过回顾资源基础理论的演进历程，分析了资源基础理论研究对象的趋势变化，并认为资源基础理论可用于指导管理层收购及企业家精神等领域的未来研究。王洋（2012）从异质性资源的角度讨论了异质性企业的边界问题。

国内较早对资源异质性与企业绩效相关性进行实证检验的研究者是贺小刚（2004）。他以医药类上市公司为例，通过对资源异质性和资源同质性的界定分析，检验了它们导致的企业绩效差异变动趋势问题。曹红军等（2011）通过定量研究分析了资源异质性与资源管理能力不同维度组合对企业绩效影响的效果，揭示了"资源异质性－企业绩效"关系成立的边界条件和影响因素。

目前以资源异质性分析为基础进行的实证研究，较为集中的研究领域是围绕新创企业展开的。秦志华、刘传友（2011）以资源异质性为起点，围绕资源利用方式的创新，指出了创业资源获取的关键问题和解决办法。张敬伟（2013）从资源异质性和互补资源可得性两个维度，对新创企业的价值创造路径进行了类别分析，并结合案例讨论了每种路径的特征与挑战。危旭芳（2013）认为创业者的异质性资源包括人力资本、政治资本和乡土文化资本等，与创业成长绩效之间存在互动，并以逐步回归的方法验证了农民创业者和非农创业者对上述异质性资源的偏好。王侃（2014）使用 Logistic 回归模型分析了 154 份问卷数据，从新创企业投资决策的角度验证了模仿、资源异质性对企业投资决策的影响作用，认为资源异质性越高，则模仿对新创企业投资决策的影响越小。朱晓红等（2014）探究了新创企业的异质性资源，从创业机会视角剖析资源对绩效的作用机制。以山东省 102 家新创企业的问卷调研数据证实了人力资源和关系资源对创业绩效有正向影响，并且有价值的创业机会在资源与绩效之间发挥中介作用。

随着社会网络研究的兴起，社会关系成为企业获取异质性资源的重要途径（朱秀梅等，2010）。李玲（2010）构建了网络内企业资源异质性、组织间依赖与企业网络能力的理论假设模型，从理论上讨论了技术创新网络中企业知识及关系资源的异质性会对企业网络能力的提升产生显著影响。党兴华等（2010）在将资源异质性划分为组织资源异质性和关系资源异质性两个维度的基础上，以 241 份问卷数据验证了资源异质性与企业核心性之间的关系，以及跨组织学习在这一过程中的中介作用。庄晋财、芮正云（2014）构建了"网络关系 – 异质性资源 – 竞争优势"的分析框架，以结构方程模型实证分析农民工创业者的不同类型关系对企业竞争优势的具体影响。

另外，陈岩等（2014）利用 2008～2011 年中国上市公司的面板数据，着重考察企业资源异质性和多元化战略对其国际化程度与绩效关系的调节作用。王兴秀等（2014）将资源基础观和企业能力理论相结合，以复杂企业联盟管理能力作为中介变量，揭示异质性资源投入对竞合成功关系的影响路径和作用机制。

### 3. 资源异质性研究评价

随着资源基础理论研究的不断深入，关于"资源异质性"这一基本理论内核的探讨已经较为充分。资源基础理论早期的研究重点在于将资源异质性概念进行可感知、可衡量的描述。哪些资源具备异质性特征？企业应该如何辨识自身拥有的异质性资源？随着 VRIO 框架的建立，上述问题得到初步解决。

但是由于缺乏统一的衡量工具，企业资源异质性的量化问题依然存在较多分歧。目前实证研究多采用问卷调查的方法完成对资源异质性的衡量，但这一方法不可避免地存在较多的主观估计，从而导致所得研究结论可比性及普适性较弱。并且，目前实证研究多是从某种特定资源异质性的分析入手，开展对企业绩效的影响研究。这种做法缺乏对企业所拥有资源的通盘考量，所得研究结论局限性大，对绩效的影响机制仍没有得到充分的描述。

另外，针对资源基础理论的主要批评之一就是其仅关注企业内部已有的资源，对企业外部环境及资源考虑不够。然而随着社会网络研究的兴起，基于资源异质性的实证研究已经开始向企业外部延伸，探寻与外部环境相关联的资源获取、资源配置以及外部环境对企业资源运用的影响等问题。

## （二）知识资本对企业绩效影响研究述评

国外相关研究基本都使用术语"Intellectual Capital（IC）"。国内相关研究术语使用较为混乱，有的使用"智力资本"，有的使用"知识资本"，还有的使用"知识资产"。本书此处不做明显区分，主要使用术语"知识资本"。

### 1. 国外研究部分

国外知识资本研究是脱胎于资源基础理论相关研究的。在资源基础理论关于异质性资源的辨识研究中，"知识"作为价值创造的重要因素，对企业绩效差异以及持续竞争能力的影响作用得到越来越多的关注，大量学术著作随之出现（Sullivan，1999；Liyanage & Hansson，2002；Reed et al.，2006；Dumay，2009；Bezhani，2010；Hervas et al.，2011；Edvinsson，2013），并最终形成较为系统的知识管理理论。虽然国外相关研究开展得较为充分，但是在知识资本的定义、边界、种类、测量模型、披露形式等方面仍没有完全统一。知识资本对企业绩效的影响机制及效果等问题的结论仍不一致。

本部分内容从研究方法、研究对象及研究结论三个方面对所收集的 27 篇实证研究文献进行梳理。

**表 1-1　知识资本对企业绩效国外实证研究文献整理**

| 研究方法 | VAIC 法 | | 多元回归 | | 结构方程 |
|---|---|---|---|---|---|
| | 17 | | 6 | | 4 |
| 研究对象 | 金融行业 | 工业制造业 | 医疗制药业 | | 其他[1] |
| | 8 | 5 | 3 | | 11 |
| 研究结论 | 证实 | | 部分证实 | | 未能证实 |
| | 17 | | 6 | | 4 |

注：这里的"其他"主要包括三种情况：①针对某国资本市场中上市公司进行整体样本抽取；②进行多行业测算比较；③针对个别行业，如纺织、电信、贸易等。

资料来源：笔者整理。

　　从研究方法方面来看，传统的多元回归分析方法仍被采用（Bornemann，1999；Tan et al.，2007；Maria & Bontis，2008；Makki et al.，2009；Ahangar，2010；Phusavat et al.，2011）。但是由于该方法在界定知识资本内容时不够统一，模型中因变量的选取不一致，限制了研究结论的普适性，属于早期研究中的主流方法。自 Pulic（2000）提出 VAIC 法之后，由于该方法具有数据易于获得的特性，并且模型建立符合多数研究者所认同的知识资本三分法的研究思路，VAIC 法逐渐成为衡量企业知识资本的主流方法并在相关实证研究中得到广泛应用。该方法通过分别计算物质资本效率（VACA）、人力资本效率（VAHU）和结构资本效率（STVA），来验证企业知识资本与绩效之间的关系（Chen et al.，2005；Mohiuddin et al.，2006；Jin Chen et al.，2004；Bramhandkar et al.，2007；Barros et al.，2010；Pal & Soriya，2012；Williams，2000；Shiu，2006；Gan & Saleh，2008；Puntillo，2009；Muhammad & Ismail，2009；Dimitrios et al.，2011；Mahesh et al.，2013；Firer & Williams，2003；Samiloglu，2006；Goh，2005；Kujansivu & Lonnqvist，2007）。另外，采用 VAIC 法进行知识资本度量的实证研究还发现，物质资本效率（VACA）、人力资本效率（VAHU）和结构资本效率（STVA）对企业绩效的影响程度有所差异。Mohiuddin 等（2006）以孟加拉国 17 家商业银行 2002～2004 年的数据为依据，研究证实所有样本银行的人力资本增值系数大于其物质资本增值系数和结构资本增值系数。Puntillo（2009）对意大利米兰证券交易所中 21 家银行上市公司的实证研究结果显示，仅有人力资本增值系数与衡量企业绩效的指标间呈现相关关系。然而由于知识资本缺乏实物载体的无形性，过于依赖财务数据的 VAIC 法逐渐被摒弃。通过测量量表获取数据的建模方法逐渐增多，采用 SEM 方法研究知识资本与公司绩效的关联关系的研究逐渐增多（Ismail，2005；Tseng & Goo，2005；Cheng et al., 2010；Chu et al., 2011）。其中，Cheng 等（2010）对标准普尔 500 构成中的美国医疗行业（包含医疗设备和制药企业）企业的研究，更是在研究方法上突破了传统 SEM 方法通过问卷调查获得主观数据的方法局限性，选择了大量量化指标。如以员工产出、平均员工收益等指标衡量人力资本。

从研究对象上看，相关研究主要针对知识资本较为密集的金融行业（Mohiuddin et al., 2006；Maria & Bontis, 2008；Makki et al., 2009；Puntillo, 2009；Muhammad & Ismail, 2009；Mahesh et al., 2013；Samiloglu, 2006）。并且针对金融行业的研究基本都证实了知识资本与企业绩效的正向相关关系。Maria、Bontis（2008）对葡萄牙银行业的调研收集了 235 份问卷数据，在回归方程中以企业文化、企业信誉为控制变量，实证研究发现，人力资本不仅对公司绩效具有直接的正向影响，还通过关系资本和结构资本实现对企业绩效的间接影响。Muhammad 和 Ismail（2009）对马来西亚金融行业 18 家上市公司 2007 年数据的实证研究结果表明：①相对于保险公司和经纪公司来说，银行部门更依赖知识资本；②总的来说，知识资本对企业的盈利能力和资产回报率具有显著的正向影响，但企业市场价值更多地依赖于物质资本而非知识资本。对工业制造业的研究主要是从提升企业竞争力的角度进行的（Chen, 2005；Tseng & Goo, 2005；Kujansivu & Lonnqvist, 2007；Barros et al., 2010；Phusavat et al., 2011）。Chen（2005）对台湾上市公司的研究证实了知识资本对公司的获利性和收入增长的显著提升影响，并证明，投资者对知识资本效率高的企业赋予更高的市场估价。另外，也有不少研究是从行业比较的视角研究知识资本对企业绩效的影响的（Tan et al., 2007；Dimitrios et al., 2011；Chu et al., 2011）。在分行业的比较研究中，知识资本对企业绩效的贡献水平存在行业差异这一观点得到证实（Tan et al., 2007）。Makki 等（2009）连续监测了巴基斯坦拉合尔证券交易所上市公司 6 年的数据，发现石油天然气、化工水泥行业知识资本绩效水平最高，银行业处于平均水平，公共部门上市公司的知识资本绩效水平最低。

从研究结论上看，多数研究都证实了知识资本与企业绩效之间的正向相关关系（Chen et al.，2005；Ismail，2005；Mohiuddin et al.，2006；Tan et al.，2007；Bramhandkar et al.，2007；Maria & Bontis，2008；Makki et al.，2009；Cheng et al.，2010；Bornemann，1999；Jin Chen，2004；Tseng & Goo，2005；Ahangar，2010；Barros et al.，2010；Chu et al.，2011；Phusavat et al.，2011；Pal & Soriya，2012）。也有研究仅部分证实了二者之间的相关关系（Williams，2000；Firer & Williams，2003；Shiu，2006；Gan & Saleh，2008；Puntillo，2009；Muhammad & Ismail，2009；Dimitrios et al.，2011；Mahesh et al.，2013）。Williams（2000）与 Gan、Saleh（2008）的研究结论都显示，知识资本对盈利能力和生产率具有显著的正向影响，但无法建立与市场价值的关联。Firer、Williams（2003）以南非的 75 家贸易类上市公司为研究对象，运用 VAIC 计量方法，分别验证了人力资本增值系数、物质资本增值系数、结构资本增值系数与企业绩效（市场价值、获利能力和生产率）之间的关系。研究结论显示：物质资本对市场价值、结构资本对获利能力均有积极的正向促进影响；而人力资本与生产率却呈现显著的负向关系。Shiu（2006）以台湾地区技术类上市公司为对象，证实了 VAIC 各指标与企业盈利能力和市场价值之间的显著相关关系，但 VAIC 值与生产率之间呈现负相关关系。Dimitrios 等（2011）依据雅典证券交易所（ASE）4 个行业 96 家上市公司 2006～2008 年的数据，运用 VAIC 模型检验知识资本各组成部分与企业市场绩效和财务绩效之间的关系。研究结果显示：只有人力资本增值系数与企业财务绩效存在统计上的相关性。有 3 篇文献得出无法证实二者相关的结论。Samiloglu

（2006）以土耳其伊斯坦布尔股票市场 1998～2001 年的银行上市企业的研究、Goh（2005）对马来西亚银行业企业 2001～2003 年数据的研究以及 Kujansivu 和 Lonnqvist（2007）对芬兰 11 个工业部门的研究都未能证实知识资本与企业价值间的相关关系。

2. 国内研究部分

近几年国内相关领域的研究也较为充分，表 1 - 2 仅从研究对象、研究方法、研究结论等方面列举部分较具代表性的文献。

**表 1 - 2 国内知识资本主要实证研究列表**

| 作者 | 研究方法 | 研究对象 | 研究结论 | | |
|---|---|---|---|---|---|
| | | | 证实 | 部分证实 | 未能证实 |
| 李嘉明、黎富兵 | VAIC 模型 | 计算机行业 30 家上市公司 | | √ | |
| 刘超、原毅军 | VAIC 模型 | 98 家 IT 上市公司 | √ | | |
| 蒋琰、茅宁 | 结构方程 | 江浙地区企业 179 份问卷数据 | √ | | |
| 卢馨、黄顺 | 回归分析 | 制造业、信息技术业、房地产业间行业 518 家上市公司比较 | | √ | |
| 曹裕等 | VAIC 模型 | 2002～2007 年主板市场整体抽样 | √ | | |
| 张宗益、韩海东 | 面板数据模型 | 劳动密集型、知识密集型、资本密集型行业间 151 家上市公司比较 | | √ | |
| 李海洪、王博 | VAIC 模型 | 45 家高技术企业 | √ | | |
| 范黎波等 | VAIC 模型 | 智力资本密集型制造业、信息技术业和金融保险业 856 家上市公司 | | √ | |
| 孙羡 | VAIC 模型 | 198 家中小企上市公司 | | √ | |
| 夏雯婷 | VAIC 模型 | 生物制药行业 112 家上市公司 | √ | | |

续表

| 作者 | 研究方法 | 研究对象 | 研究结论 | | |
|------|---------|---------|------|---------|---------|
| | | | 证实 | 部分证实 | 未能证实 |
| 谢卫红等 | 结构方程 | 珠三角大中型制造企业 512 份问卷 | | √ | |
| 王曙、程李梅 | VAIC 模型 | 36 家成长型上市公司 | √ | | |
| 白明、张晖 | VAIC 模型 | 电信与计算机、化工、纺织行业 271 家上市公司 | √ | | |
| 金水英、吴应宇 | VAIC 模型 | 111 家高技术上市公司 | √ | | |
| 李冠众、刘志远 | CIV 模型 | 7 个行业 115 家上市公司 | √ | | |
| 陈晓红、雷井生 | 结构方程 | 中小型企业 127 份问卷数据 | | √ | |
| 陈晓红等 | 多元回归 | 891 份创业企业的问卷数据 | √ | | |
| 张□、苏屹 | 线性回归 | 28 个重点行业各 10 家代表企业 | | | √ |
| 李立群、王礼力 | 结构方程 | 农业企业 258 份问卷调研数据 | √ | | |

资料来源：笔者整理。

从研究方法上看，国内相关实证研究对知识资本的测量绝大多数都采用 VAIC 法，采用结构方程方法的研究在最近才逐渐出现。

从研究结论上看，表 1-2 所列示文献中 58% 的研究证实了知识资本与企业绩效的正向相关关系。但同时也指出，知识资本的不同构成维度对企业绩效的具体影响程度是不同的，较为统一的观点是结构资本对企业绩效的影响低于知识资本的其他构成维度。37% 的文献部分证实了知识资本与企业绩效的相关关系。其中，主要是结构资本与绩效的影响关系不够稳定（李嘉明、黎富兵，2004；卢馨、黄顺，2009）。仅张赟和苏屹（2012）的研究显示知识资本会形成行业利润差异，但效果并不显著。

研究对象的选取呈现多样化的特点。具体行业涉及 IT 业（刘超、原毅军，2008）、高技术企业（李海洪、王博，2011）、生物制药行业（夏雯婷，2012）、制造企业（谢卫红等，2013）。

在以行业比较为研究视角的文献中，基本都得出了知识资本对企业绩效的影响存在行业差异的结论（张宗益、韩海东，2011；白明、张晖，2005；张赟、苏屹，2012）。卢馨、黄顺（2009）对制造业、信息技术业及房地产业间行业的比较研究证实，推动不同行业企业绩效的有效知识资本因素差别是很大的。范黎波等（2012）对 856 家上市公司 2007～2009 年面板数据进行分行业比较后发现，样本企业的智力增值效率存在行业间差异。并且，知识资本组成部分（人力资本、结构资本）对企业绩效的具体影响也存在差异。

以企业生命周期为研究视角的文献中，基本都证实了在企业发展的不同阶段，知识资本各组成部分对企业绩效的影响方向和影响程度都存在差异。曹裕等（2010）对 374 家上市公司 2002～2007 年的相关数据研究显示：①在企业生命周期的不同阶段，智力资本及其各组成部分对企业绩效的影响基本是正向的，但仍有所差异；②在企业成熟和衰退阶段，结构资本负向影响企业绩效。夏雯婷（2012）对生物制药行业 112 家上市公司 2004～2008 的数据研究显示：处于不同成长阶段的企业，智力资本对绩效影响的程度和形式也不同。

以企业发展能力为研究视角的文献中，金水英、吴应宇（2008）的研究认为高技术企业的发展能力主要是由知识资本驱动的。孙羡（2012）针对中小型企业的研究揭示出，知识资本对发展缓慢的中小型企业没有显著影响，但对高速发展的中小型企业影响显著。

### 3. 知识资本对企业绩效影响研究评价

在国内外文献梳理过程中可以看出，相关实证研究中使用较为广泛的是 VAIC 模型，但是对这一方法的质疑也逐渐产生。首先，VAIC 方法中增值系数的计算方法仅适用于经营收益为正数的企业，由此导致亏损企业的知识资本无法衡量。但是我们不应因为企业投入超过其产出就直接否认企业中知识资本的存在。其次，VAIC 方法的运用没有考虑企业经营活动中的风险因素。这意味着对企业各种资本价值的衡量都是不全面的。鉴于上述批评，实证研究中关于知识资本测量的量表测量法逐渐成为主流的研究范式。

现有行业间的比较研究基本都证实了知识资本对企业绩效的影响存在行业间差异。这充分说明不同行业对于知识资本的依赖程度不同，因此相关实证研究应在充分考虑行业差异的基础上进行。更进一步的文献梳理发现，目前研究基本都集中于对知识资本密集型行业或者对新创企业的分析，对农业企业的研究较为欠缺。这一现状无疑凸显了本书的重要理论及实践意义。

另外，我们还应该认识到，作为影响企业绩效的重要因素，知识资本并不是单独发挥作用的。只有将它与企业的其他要素相结合，才能更为客观地衡量其对企业价值创造的贡献。这也是本书研究框架的设计基础思想。

## （三） 社会资本对企业绩效影响研究述评

在新古典经济学的研究范式中，自然资本、物质资本甚至新加入的人力资本都构成了推动经济发展的要素，但是仅基于上述要素投入对经济发展进行解释，仍然是不充分的。因为它们仍然忽略了经济主体之间的相互联系。自 20 世纪 90 年代以来，社会资本作为新的解释变量被广泛接受，并成为研究的新焦点。

### 1. 国外研究部分

伴随着社会活动的网络化发展趋势，来自于企业社会化网络的各种资源获取、能力获得逐渐得到人们的普遍关注。国外相关研究展现出从宏观层面向微观层面纵深的轨迹。

宏观经济层面开展的社会资本研究中最具启发性和代表性的是由 Putnam 进行的。为了探究社会发展的文化背景是否会对民主制度产生基础性的影响，他对意大利社会进行了长期研究，并最终运用"社会资本"这一概念解释了意大利南北部地区的发展差异（Putnam，1993）。他对第二次世界大战后美国社会的相关研究（Putnam，1995），揭示了由于参加社会团体的人数下降，导致国家层面的美国社会资本整体下降趋势。Rajah Rasiah（2002）对马来西亚槟城和巴生两个城市的中小型企业绩效的比较研究显示，受益于政府对企业发展的协调作用，槟城已成功建立起了发展顺畅的中小型企业转包业，地方政府在公共培训和市场信息交换等方面的努力能有效促进中小型企业的发展。Soogwan 等（2012）通过计算社会资本指数，实证分析了 47 个国家的社会资本对经济的影响作用。研究结论显示，在控制了企业家精神和人力资本变量的条件下，社会资本对国家经济有着显著的推动作用。

当对社会资本的研究进入企业层面后，对其界定基本都认为它是来自于企业社会网络中的资源，并且这一资源有助于企业实现其利益诉求。早期的研究多是围绕以个人为中心的社会关系网络展开的。Nan Lin（1999）认为社会资本是由在社会网络中的投资而形成的、有助于获得利益回报的资源，具体包括声誉、社会网络结构、权力等。Coleman（1988）认为由于行动者对资源控制的差异，因此在各自利益实现的过程中就需要进行各种交换活动，持续的交换活动最终会形成行动者之间的社会关系，即社会资本。Baker（1990）认为来自于特定社会结构的、能用来进行利益获取的资源就是某行为主体的社会资本，它形成于行为主体间的关系变化。Nahapiet 和 Ghoshal（1997）认为社会资本是企业从整个社会关系网络中获得的、可利用的实际或潜在的资源。这一资源表现为信任、社会互动及网络位置等特征变量。Portes（1998）认为社会资本是包含在个人与他人关系中的一种对稀缺资源的获取能力。同时他也认为，这种资源获取能力从本质上来看是存在于个人与他人的关系之中的一种可以发生增减变化的资产。Andrew M. Chisholm 和 Nielsen（2009）将企业社会资本界定为嵌入在组织内外部关系网络中的无形资源。

关于社会资本构成内容和类别的划分并没有形成统一的认识。Coleman（1988）认为社会结构的构成要素即为社会资本的组成部分，主要包括权威关系、信息网络、义务与期望、制度规范、惩罚机制及社会组织等。Nahapiet 和 Ghoshal（1997）认为企业社会资本由三个维度构成。其中，结构性社会资本反映不同主体间的联结方式，具体又包括专门组织、网络联结、网络形式；关系性社会资本反映来自于各种关系的资产，具体又包括规范、信任和认可、义务等要素；认知性社会资本反映不同主体间通过共同认知、符号、习惯等所形成的资源，具体又包括共同理解、意义系统等。Adler 和 Kwon（2002）认为规范、规则、网络联结、信任和社会理念是企业社会资本的构成要素。

在企业微观层面开展的相关实证研究数量众多，研究视角多样。Anastasia 和 Irene（2013）运用两阶段数据包络分析模型对希腊旅游企业社会资本与企业规模效率和技术效率的关系进行了检验。Enrico 和 Hien（2013）通过对越南 1398 家创业企业的实证研究证实了企业从弱联结中获取的收益强于从强联结中获取的收益，并且社会资本对越南创业企业绩效有着显著的正向影响。

通过对近十年相关文献的梳理，Westlund 和 Adam（2010）指出，社会资本对企业绩效影响的研究结论较为一致，基本都支持二者正向影响的相关性。但在宏观层面上对经济活动的影响效果结论并不统一，这恰好也在某种程度上证明了社会资本对经济影响的复杂性。

2. 国内研究部分

边燕杰、丘海雄（2000）是较早应用社会资本概念分析中国企业经营活动的学者。他们认为行动主体与社会网络间的各种联系及通过运作这种联系获得稀缺资源的能力就是社会资本，并基于中国社会背景讨论了具体测量、理论解释以及腐败行为与企业社会资本关系等实际问题。周小虎（2002）基本上以企业家的社会关系完成了对企业社会资本的定义，认为企业社会资本是嵌入由信任、规范所制约的企业家社会关系网络中的各类资源集合。郭毅、朱熹（2003）认为规范、承诺、网络位置、信任等能用于反映企业社会关系特征的各种资源就是企业社会资本。龚虹波（2013）从比较分析的视角研究了中西方社会网络的差异，认为本质上中国社会的联结是基于关系基础的，而西方的社会网络是以规则为基础的，并具体论证了以关系为导向的社会资本的竞争优劣性。

表1-3列示了引用频率较高的社会资本对企业绩效影响的国内相关实证研究。

表1-3　国内社会资本对企业绩效影响的主要实证研究列表

| 作者 | 研究方法 | 研究对象 | 研究结论 | |
|------|----------|----------|----------|----------|
| | | | 证实 | 部分证实 |
| 边燕杰、丘海雄 | 回归分析 | 广州188家企业的调查数据 | √ | |
| 张其仔 | 多元回归分析 | 3073家私营企业的调查数据 | √ | |
| 张其仔 | Logistic模型 | 2678名国有企业职工的问卷数据 | √ | |
| 李瑶等 | 回归模型 | 210家中国制造企业 | √ | |

续表

| 作者 | 研究方法 | 研究对象 | 研究结论 | |
|------|----------|----------|------|----------|
| | | | 证实 | 部分证实 |
| 李京 | 回归模型 | 75 份问卷数据 | √ | |
| 李淑芬、张玲 | 多元线性回归 | 浙江台州产业集群 | √ | |
| 周芳、郭岩 | 结构方程 | 260 家供应链企业 | √ | |
| 杨震宁等 | 调节层次回归 | 493 家制造业企业 | | |
| 张宏、薛宪方 | 多元线性回归 | 温州 106 份民营企业家问卷 | | √ |
| 徐超、迟仁勇 | 多元线性回归 | 151 家创业板上市公司 | | √ |
| 吴俊杰、戴勇 | 逐步回归方法 | 200 家科技创新企业 | √ | |
| 孙俊华、陈传明 | 层级回归模型 | 332 家中国制造业上市公司 | | √ |
| 石军伟等 | 多元线性回归 | 97 家上市公司 | | √ |
| 韦影 | 多元回归，结构方程 | 142 份问卷数据 | √ | |
| 李艳军 | 结构方程 | 湖北县（市）级种子流通企业 150 家 | | √ |
| 邱伟年等 | 结构方程 | 394 份问卷数据 | √ | |
| 敖嘉焯等 | 多元线性回归 | 87 家农业上市公司 | | √ |

资料来源：笔者整理。

从研究方法上看，国内研究多数采用多元回归模型的方法进行。但是，近期实证研究中通过结构方程建模的方法有所增加。由于社会资本研究通常采用的研究维度包括信任关系、社会联结、网络强度等，一般数据都需要进行大量的问卷调查或者通过打分赋值的方式获得。数据的不易获取无疑增加了研究的工作量和难度。

从研究结论上看，大多数实证研究都证实了社会资本对企业绩效的正向影响作用。部分证实的情况主要是指，社会资本的不同维度对绩效的具体影响效果存在差异。张宏、薛宪方（2014）的研究认为民营企业家具有的社会资源存量及其层次会促进绩效的改进，但却无法支持企业的长期发展。孙俊华、陈传明（2009）对制造业上市公司的研究认为企业家社会资本的政府关系维度对企业绩效呈负向影响，但企业家声誉对企业绩效产生显著的正向影响。

3. 社会资本对企业绩效影响研究评价

通过以上文献梳理，可以发现以下问题。

在研究层次上，国外对社会资本的相关研究可以分为三个层面，即对宏观经济发展的影响层面；对企业绩效的影响层面以及从个体特征视角进行的企业家个人社会网络对企业绩效的影响层面。国内相关研究基本上都是在企业层面开展的，早期研究偏重企业家视角展开，随着网络研究范式的兴起，基于企业层面的社会资本研究逐渐增多，但基本没有地区间的比较研究。

在研究结论上，针对企业层面的实证研究基本上都得出了社会资本正向影响企业绩效的研究结论。但是由于对社会资本基本理论仍存在争议，因此在社会资本各细分维度对企业绩效的影响方面，结论并不统一。

在研究趋势上，随着对社会资本研究的不断深入以及网络研究的兴起，"网络 + 资源"的研究范式逐渐成为新的研究热点。社会资本的价值被嵌于网络中的可获取资源的价值所取代，研究重心出现了转移。

同时我们也应注意到，随着相关研究的不断扩展，"社会资本"概念被众多学者引入更为广泛的分析层面，导致这一概念的外延不断扩大。这一概念不但用于描述企业与其所处环境之间的交互关系，还同时涵盖制约这些关系的制度体系、结构，甚至理念等概念，概念内涵出现了泛化的趋势。这一趋势体现了社会学、行为学、制度经济学等学科领域的深入交叉，但同时也给企业绩效评价等管理活动带来了障碍。因为这种从形成性的角度所定义的企业社会资本掩盖了来自不同网络关系的资源对企业绩效的影响可能存在的特点和方式差别，造成研究逻辑链条的缺失。

# 四 研究思路及方法

## （一）研究思路

在基础理论梳理及相关文献分析的基础上，本书选择"从资源异质性的视角探寻其对中小型农业企业综合绩效的影响机制"这一问题进行具体研究。

理论模型设计是本书研究的核心部分，也是体现研究创新性的重要部分。研究首先界定了能够显著影响企业综合绩效的相关资源，剖析了其各自的异质性特征及具体表现，并在充分考虑企业制度支撑体系的框架下，描述了中小型农业企业资源异质性对综合绩效的影响路径，提出有待验证的理论假设。

对理论模型的实证检验通过两部分完成。首先，通过区别分析的方法验证了理论模型部分所提出的研究资源异质性对企业综合绩效基本作用框架的可行性。证明在企业制度规范的框架下，综合绩效差异可以通过财物资源异质性、知识资源异质性和关系资源异质性进行有效区分。其次，在对调研数据进行统计性描述及基本分析后，采用结构方程模型的方法验证了上述资源异质性对综合绩效的具体影响路径。

通过对实证检验结果的具体分析，本书提出中小型农业企业综合绩效的改善应考虑从激活已有资源的异质性入手，并就此给出了具体的意见建议。

图1-1列示了本书研究的路线图。

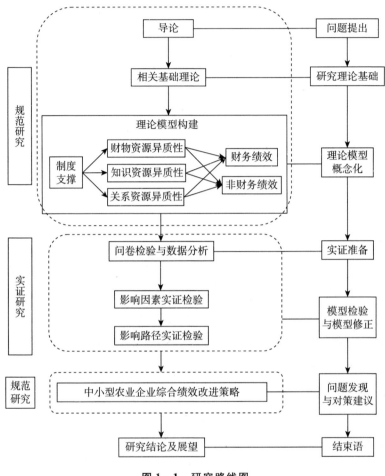

**图 1 - 1　研究路线图**

## （二）研究方法

### 1. 规范研究与实证研究相结合

规范研究方法是以一定的价值判断为出发点，提出研究对象"应该是什么"，并运用对事物发展的预期做出好与坏的判断。实证分析方法通过收集研究对象的经验性数据来描述事物的现实是什么，具备什么特征，以及该事物在一定条件下会发生什么变化，产生什么样的结果，并据此来验证一些理论假设或命题。

本书首先运用规范分析方法，在梳理大量文献的基础上，构建了本书研究的理论模型，提出研究假设，进而运用实证分析方法完成了对理论模型及各研究假设的验证。

**2. 文献研究法**

笔者在研究过程中阅读了大量的国内外文献及专著，较为详尽地掌握了相关领域的研究动态，为本书写作打下了坚实的研究基础。在文献研究的基础上，本书第三章完成了相关基础概念的清晰界定，较为完整地提炼了理论模型的各因素构面。

**3. 问卷调查法**

本书所使用的数据采用问卷调查的方法获得，具体分为三个阶段进行。

第一阶段，问卷设计。在文献整理的基础上，结合本书的研究目的和研究设计，完成问卷设计，并在征询专家学者的意见建议后进行了修改。

第二阶段，问卷试调。试调采用随机走访的方式在杨凌地区的农业企业中进行，共取得试调数据 50 份。取得试调数据后，本书依次采用项目分析、信度分析的方法进一步改善问卷质量。

第三阶段，正式调研。正式调研先后在黑龙江、河南、陕西、宁夏、江苏等省份，采用分层抽样的方式进行。调研时间为2013 年 7 月至 12 月。

**4. 数理分析方法**

运用 SPSS 软件进行调研数据的描述性统计分析、量表数据的因子分析及中小型农业企业综合绩效影响因素提取。在对理论模型假设的检验过程中，采用结构方程模型进行，运用 AMOS 软件完成研究设计的路径分析。

**5. 比较分析法**

通过对初始模型和修正模型的结果进行比较分析，寻找发现中小型农业企业资源异质性对绩效影响的效果差异。

# 五　创新之处

（1）资源基础理论认为导致企业绩效差异的根源是资源异质性。然而现有研究对资源的界定存在语意模糊、内涵重复等问题；并往往将资源异质性作为研究开展的潜在前提，缺乏对资源异质性的具体论证和衡量。本书在充分借鉴现有研究结论的基础上，将企业资源投入的维度调整为：财物资源、知识资源和关系资源。在具体讨论各资源异质性特征的基础上，选择相关指标完成了对资源异质性的具体衡量。

（2）初步实现了资源基础理论与新制度经济学分析的结合。本书将三个维度的资源异质性置于反映企业能力的异质性制度支撑体系之下，建立了围绕"资源异质性"这一核心概念的"制度体系—资源异质性—企业绩效"分析框架。应用结构方程模型实证检验了制度体系异质性对三种具体资源异质性的促进作用；总体描述了上述异质性对中小型农业企业综合绩效的影响路径和影响效果。

（3）指出了中小型农业企业提升绩效的路径选择与关键因素。由于实证结论显示目前样本企业知识资源异质性对综合绩效的影响程度不显著；关系资源异质性对企业财务绩效影响不显著，因此，我们认为中小型农业企业综合绩效的改善措施应从激活上述资源的异质性入手，充分发挥其绩效影响功效。

# 六　本书的不足之处

虽已倾尽全力，但囿于研究水平有限，本书仍存在以下不足之处。

（1）在理论模型构建阶段，针对资源异质性的相关评价指标仅遵从 VRIO 理论框架进行，对中小型企业特性体现得不充分。

（2）虽然在调研过程中已尽量扩大样本收集范围，但我国地域辽阔，加之农业企业产业链条跨度极大，散布其中的中小型企业更是不计其数。这些都导致研究样本选取仍欠缺科学性。

（3）在实证研究部分，本书从资源异质性角度验证了中小型农业企业综合绩效的影响因素和具体影响路径，但对整体影响机制的论证仍有欠缺。

# ▶ 第二章
# 相关理论基础

本章内容是对本书所涉及的理论基础的系统梳理，具体包括资源基础理论、企业知识理论、利益相关者理论和企业绩效评价理论。通过本章介绍，为后续理论模型的构建提供基本理论准备。

## 一　资源基础理论

企业战略管理理论研究中一个重要的问题就是"为什么企业之间会出现持续的绩效差异?"，由此引申出的问题还包括"企业的核心竞争能力是如何形成的?""企业应怎样维持其核心竞争能力?"围绕上述问题的研究推动着整个战略管理学派的理论流派演进。

### （一）资源基础理论的发展历程

结构-行为-绩效范式（SCP 范式）的提出将上述问题的回答视角引向企业外部，从市场结构对企业行为影响的角度解释企业绩效的差异，认为对市场控制力较强的行业，行业壁垒的存在会影响企业行为进而形成绩效差异。Porter 提出，如果企业的绩效可以表达为其所处产业环境的函数，那么也就意味着企业绩效可以由市场结构进行解释。此后，Porter（1985）又进一步提出了著名的五力竞争模型，将五种决定竞争规模和竞争程度的因素汇集在一个模型中，较为全面地模拟了企业面临的竞争态势，并认为，企业竞争战略的制定应在逐个评估这五种力量的基础上进行。

五力竞争模型的提出对企业的战略制定产生了深远影响，却也在实践运用中饱受争议。批评者的指责主要集中在两个方面：一是这种战略制定方法或者说竞争优势的分析方法，将企业竞争优势的来源全部归结于企业之外的产业结构等因素，全然没有考虑企业内在因素所发挥的作用；二是这一分析方法无法解释为什么处于同一战略位置的不同企业仍然会存在绩效的差异。

由此，研究者们试图从企业内部继续寻找竞争优势的来源。

经理人员的特质成为众多研究者首先关注的差异因素。毫无疑问，企业成长和成功离不开经理人员的贡献，其对企业绩效可能产生的影响是毋庸置疑的。剖析企业经理人员所应具备的高素质及其对企业绩效的影响也一直是领导者行为分析的传统议题。然而，这一方面的研究仍存在一个无法回避的问题，即经理人员的成功特质究竟是什么？对于这些成功特质如何进行量化？因为如果无法细化和衡量经理人员的成功特质，那么如何界定高素质的经理人员就成为实践中的难题。另外，经理人员的素质确实是影响企业绩效的重要因素，但却不可能是唯一因素。过于强调经理人员素质，可能会导致对其他因素的忽视，并且也可能使经理人员这一群体承担过多不必要的责任。

Penrose（1959）在其著作《企业成长的理论》中首次提出"企业是一组生产性资源束"的观点，她认为企业的成长受制于企业所控制的生产性资源束以及企业内部协调配置资源的管理平台。更进一步，她认为正是企业所控制的生产性资源束的不同，导致了同行业企业在本质上也是具有异质性的。她还突破了传统经济学中对企业资源的界定，讨论了管理团队、企业家才能等生产性资源对于企业的重要意义。Penrose 的观点启发了后来的研究者，开创了资源观的先河，为资源基础理论的发展奠定了基础。

Wernerfelt（1984）首次明确提出了"资源基础的观点"，将企业间的竞争界定为企业所拥有的资源的竞争，并认为企业间以资源为基础的竞争对企业在市场竞争中的优势地位有着重要的意义。他在这篇文章中初步提出了构建一个分析企业所拥有的资源与企业绩效差异之间关系的理论框架。同年，Rumelt（1984）发表了一篇文章，从企业资源的视角解释了企业获取资源经济租金的基本形式。文章将企业定义为一系列生产性资源束，并且指出这些资源的价值会随着环境的波动而变化。同时，他还指出从企业战略的角度来看，企业应建立某种隔绝机制以保护这些特殊的资源不会被竞争者轻易模仿、复制。Barney（1986a）的文章更进一步指出了从企业控制的资源角度来解释企业的绩效表现这一理论框架与以 Porter 为代表的竞争优势理论是有着显著差异的，这代表"资源基础观"的研究开始向"资源基础理论"的研究转变。Barney（1986a）在文章中论证了如果战略要素市场处于完全竞争状态，则对资源的获取就可以解释企业应用这些资源所创造的绩效。并且，相比于外部资源，企业已经控制的资源更能够成为企业超额绩效的来源。Dierickx 和 Cool（1989）进一步描述了企业已控资源产生超额绩效的机制，并初步探讨了企业资源如果具备时间压缩非经济性、因果关系不明确性、资源存量紧密性等特性，则更容易为企业带来超额绩效表现。可以说，这 4 篇文章的相继发表，基本奠定了资源基础理论的研究框架，初步探讨了作为企业绩效来源的资源应具备的特性。

随后出现了大量扩展性的研究成果，不断丰富完善该领域的研究。Barney（1986b）基于资源的角度解释了组织文化为什么会成为企业持久竞争优势的来源，并在 1988 年的一篇文章中将资源基础理论用于进行并购企业的分析，认为仅考虑战略相关性并不足以保证并购活动的成功。为了实现并购绩效，这一战略相关性还应该具备某些独特的特性。Hansen 和 Wernerfelt（1989）证明了企业的组织文化特征对企业绩效的影响要比其所在产业的其他特征对企业绩效的影响更加显著。Castanias 和 Helfat（1991）认为特殊性资源的经济租金角度使企业管理层和企业所有者的利益趋于一致，试图应用资源基础理论解决委托代理理论中的管理层激励问题。还有学者深入探讨了资源基础理论与其他企业管理理论的逻辑关系。

## （二）资源基础理论的基本内涵

资源基础理论在分析企业之间存在的持续绩效差异时，采用了如下两个基本假设：一是竞争企业之间各自占有的战略资源是异质性的；二是这些资源的异质性同时还具备难以自由流动的特性，这也是该异质性得以维持的原因。

那么，满足哪些特征的资源才是企业所控制的异质性资源？资源基础理论从以下 4 个方面做出了回答。

### 1. 资源的价值性

并不是企业的所有资源都可以带来超额绩效，只有那些具备价值的资源才能够成为企业绩效差异的来源。在评价某项资源是否具有价值性时，应该结合考虑企业执行的战略以及企业所处的特定市场环境，这一点非常重要。产业结构的变化、消费者行为的转变、规制政策的调整、工艺技术的更新等，这些变化都可能导致资源价值的改变。即企业对资源价值的评价认识不应是一成不变的，而应随着内外部环境的变化不断地进行调整、更新。

## 2. 资源的稀缺性

如果某项资源仅仅具备价值性，但是所有竞争性企业都可以方便地获得该资源，那么对该项资源的利用就不可能成为企业绩效差异的来源。也就是说，如果某项资源是易于获得的，则每个企业都可以同等地获得该项资源的经济租金，也就意味着没有谁能够获得由该项资源带来的竞争优势。然而，强调异质性资源的稀缺性并不意味着非稀缺的资源不重要。可以认为，非稀缺的资源是维持企业生存的根本，但是稀缺性资源的运用却可以让企业脱颖而出。那么，在实践中如何才能辨识出资源的稀缺性呢？对这个问题的回答没有统一的答案。可以设想，如果某项资源是企业独有的，那么我们当然可以认为该项资源具备稀缺性。但是这一稀缺资源是否一定能够为企业带来绩效差异，却仍然需要其他资源的配合并且结果是未知数。另外，资源稀缺性这一特点也不是一成不变的，原本稀缺的资源也可能由于竞争者破解了关键技术而丧失其稀缺性。

## 3. 资源的不可复制性

仅具备上述两种特性仍是不够的。具备价值性和稀缺性的资源如果能被竞争者轻易复制，则该项资源仍然不具备异质性的特质，不能为企业带来绩效差异。所谓轻易复制的含义是说复制成本很低，而如果异质性资源的复制成本很高则企业可以较为轻松地保持其绩效差异。企业异质性资源不会被竞争者复制可能有以下三个原因。

### (1) 资源异质性形成的路径依赖特性

在早期的企业管理研究中，虽然多数学者都观察到企业成长的经历不尽相同，但很少将每家企业独一无二的发展历程与企业的绩效表现联系在一起。制度经济学最早提出路径依赖特性之后，这一概念被普遍接受并应用于微观经济活动的解释。如果将组织的绩效表现看作组织前期经济决策的结果，那么由此推论，企业的绩效表现也可以被理解成依赖于企业在经营活动中的资源积累过程。Arthur（1989）就分析了企业发生的特殊历史事件可能对企业后续行为及绩效产生的影响，指出企业的绩效并非仅由今时今日的处境所决定，同时也受到企业在发展过程中历史路径的影响。如果企业从过往的发展历程中积累了某项资源，那么这项资源就很可能具备无法被竞争者低成本模仿的特质，并由此会给企业带来竞争优势。

最为典型的例子就是企业的创业团队及其在创业过程中形成的企业文化。在企业初创阶段，创业者之间的相互信任、配合、对共同目标的追求等，会在企业发展过程中不断沉淀，形成企业独特的组织传统或内部氛围。这种依托于企业独特经历的企业文化也有可能为企业带来绩效差异。

（2）异质性资源与企业绩效间的因果模糊性

竞争者只有清楚地知道哪些是需要进行模仿的异质性资源，才有可能进行模仿行为。但是大量研究都证实了企业所控制的异质性资源与企业绩效之间存在因果模糊的特性（Lippman & Rumelt，1982；Rumelt，1984；Barney，1986b）。因果模糊性的存在极大地保护了异质性资源不会被竞争对手轻易复制。由于这种因果模糊性的存在，试图通过模仿获得超额绩效表现的企业就根本不知道哪些资源需要被模仿以及应该怎样进行模仿。正如德姆塞茨所指出的，有时很难理解为什么有的企业总是比其他企业绩效表现良好。这恰恰从另一个角度验证了异质性资源与企业绩效间的因果模糊性。

无论是拥有异质性资源的企业还是试图通过模仿提高绩效的竞争者，因果模糊性是普遍存在的、是竞争双方都需要面对的问题。对于控制异质性资源的企业来说，应更加重视这一因果模糊性的两重性问题。一方面，这种因果模糊性可能是企业异质性资源的天然保护机制；另一方面，企业也可能由于这种因果模糊性而对某种异质性资源的作用缺乏准确认识，从而忽视对其的保护和投入。对于试图模仿的竞争企业来说，因果模糊性无疑增加了企业模仿的难度、成本。但是试图模仿的竞争企业也可以通过挖走对方核心人员等方式逐步破解这一因果模糊性。最终随着双方对这一问题的不断探究，原本模糊的因果关系也可能逐渐清晰，不复存在。

（3）异质性资源本身具有的社会复杂性

类似高管团队的人际关系（Hambrick，1987）、组织文化（Barney，1986b）、经营活动中积累的企业声誉（Klein & Leffler，1981），这些异质性资源往往表现出一定的社会复杂性。虽然说这些异质性资源与企业绩效表现的因果关系可能并不模糊，但是其形成的系统性、复杂性，甚至还有偶然性，使得想要复制这些异质性资源变得困难重重。竞争者不但要考虑复制的资金经济性，还需要考虑时间的经济性。

需要强调的是，这里所说的并不包括复杂的技术。虽然技术复制可能意味着大量的资金成本投入，但是只要该项资源是可获得的，那么技术复杂性并不会决定不可复制性。

最后，在考虑异质性资源的不可复制性时还要注意该项资源是否存在替代品。也就是说，虽然某项资源具备不可复制性，但如果存在其替代品并且替代品的获得没有难度，那么竞争者就可以很容易地通过复制这些替代性资源来实现模仿目的。例如，某企业高效的管理团队被公认为是企业拥有的一项异质性资源。虽然竞争性企业不可能对其进行百分百的复制，但在模仿过程中，也可能打造出具有竞争力的自己的管理队伍。虽然这两支管理团队构成人员不同、形成背景不同、团队中的合作方式等都存在差异，但在企业经营过程中的作用却可能相差无几，这就形成了替代性。

4. 组织的有效性

具备价值性、稀缺性以及不可复制性的异质性资源只有在有效的组织中才能够实现其创造超额绩效的功效。因此，组织的有效性成为造成企业绩效差异的重要来源。组织中的资源配置系统、报告制度、管理控制系统、激励机制等，这些因素都会对组织有效性产生影响。需要注意的是，这些影响组织有效性的因素本身的价值创造力是有限的，因为它们通常都容易被复制。但是，当它们与企业所控制的其他异质性资源结合起来时，它们就会发挥出激发其他异质性资源的功能，从而帮助企业形成超额绩效。换句话说，受这些因素所影响的组织的有效性，在企业绩效形成过程中主要发挥的是一种间接作用而非直接作用。

近几年手机市场的风云变幻就证明了组织有效性在企业发展、绩效表现等方面的重要性。手机巨人诺基亚拥有非常显著的异质性资源，作为世界上最大的手机生产商，诺基亚连续 14 年维持着销售领先地位。然而，最终由于臃肿的机构设置、僵化的管理流程等组织原因丧失了其在手机市场中的霸主地位。这也从侧面说明，有价值的异质性资源如果不能顺从市场发展趋势，最终反而会成为企业绩效的阻碍因素。

### （三）资源基础理论的分析框架

将上述异质性资源的四个特征结合起来，就形成了一个用于分析企业资源与企业超额绩效表现的 VRIO 框架。即价值性（value）：企业的资源是否有助于企业超额绩效表现？稀缺性（rarity）：企业是否控制某些稀缺的异质性资源？不可模仿性（imitability）：竞争企业在试图模仿企业异质性资源时是否面临不经济性？组织有效性（organization）：企业的各种规章制度、政策设计有助于形成企业组织的有效性吗？VRIO 框架如表 2 - 1 所示。

表 2 - 1  VRIO 框架

| 某项资源或能力 | | | | |
| --- | --- | --- | --- | --- |
| 是否有价值 | 是否稀缺 | 是否不可复制 | 是否组织有效 | 对绩效的影响 |
| 否 | — | — | 否 | 低于正常 |
| 是 | 否 | — | | 正常 |
| 是 | 是 | 否 | ↓ | 高于正常 |
| 是 | 是 | 是 | 是 | 高于正常 |

从表 2 - 1 中可以看出，是否具有价值性是企业运用资源的首要条件。如果某项资源不具备价值性，那么对它的使用不会为企业带来超额绩效表现，甚至会因资源配置的低效而导致企业绩效低于正常水平。如果某项资源具有价值性但不具有稀缺性，则在企业价值创造过程中一般不会产生超额绩效。但如果这类资源没有得到有效的利用，则可能会造成企业绩效的不良表现。如果某项资源已经具备价值性和稀缺性，但是不具有不可复制性，这类资源有可能给企业带来短期的超额绩效。一般来说，这类资源能够帮助企业有效地实施领先战略。然而，一旦竞争对手察觉到这一资源有利可图，便会对其进行积极的复制。而由于该类资源不具备不可复制性，竞争对手的复制策略往往会获得成功。在一段时期之后，原先企业能够实现的超额绩效便会由于竞争者的模仿而逐渐耗散，使得掌握这一资源的企业优势不再。如果同时符合资源异质性的前三个条件，那么这绝对是企业获得超额绩效的有力保证。这时竞争企业的模仿企图会由于不经济性而陷入两难的困境。一方面，不模仿无法实现绩效的有效提升，竞争中的劣势地位可能日渐加剧；另一方面，模仿行为可能会导致企业自身背负沉重的资金、成本的压力，也可能会加剧竞争劣势。最后，组织的有效性在这个过程中发挥着催化剂的作用。如果企业具备显著的异质性资源但由于组织的低效而不能实现其可能带来的潜在的绩效优势，这无疑是令人十分遗憾的。更可悲的是，低效的

组织还可能完全毁掉企业原本的资源优势，使企业最终落入低效企业的行列。

### （四）　资源基础理论的拓展

资源基础理论初步建立后，在 20 世纪后半叶得到了飞速发展，理论地位迅速提升。在理论发展及不断的实证检验过程中，人们也在不断思考理论发展的问题。

首先，现有的资源基础理论在进行分析时总是将企业资源假设为已经存在的，进而分析该资源是否具备异质性特征、是否能够带来超额绩效。但对于这些资源是如何被企业所拥有的，或者说这些资源在企业中是如何形成的，现有理论只是将其简单地归结为企业独特的发展历程或者企业前期决策的路径依赖性。这样的解释显然是不够的。因此，资源基础理论一个可能的发展方向就是进一步去描述一个一般性的资源发展过程理论。

资源基础理论另一个可能的发展方向是发展出一个动态的资源基础模型。由于现有理论的分析总是将企业资源假设为已经存在的，作为资源存量来进行后续分析，这使得整个资源基础理论明显缺乏动态性（杰伊·B. 巴尼，2011）。然而，资源的异质性不是一成不变的。某项资源的异质性特征会随着时间、技术、环境等因素的变化而变化。那么在企业绩效影响机制中如何考虑异质性资源的动态变化就可能成为该理论发展的另一个方向。

### （五）　资源基础理论对本书的指导

资源基础理论是本次写作的基本理论框架。以资源基础理论为指导，本书逐一分析了中小型农业企业生产经营过程中所投入的各基本资源的异质性，并据此构建了异质性资源投入模型。将上述资源投入模型置于企业制度框架之下，通过实证研究检验了资源异质性对中小型农业企业综合绩效的影响机理，以此探究我国中小型农业企业资源投入效果问题。

# 二 企业知识理论

知识这一词来自于西方文化，中国传统文化中意义相近的词是"道"，是一个内涵外延更为广泛的概念。西方对知识的研究甚至可以追溯到古希腊时期，但是由于知识的抽象性，一直未能形成相应的理论体系。随着社会经济的发展，知识在推动经济社会发展过程中的重要作用得到了广泛认可，关于知识的研究也更为系统。自"以知识为基础的经济"报告发表之后，知识经济时代宣告来临（OECD，1996）。

经济学对经济发展动力的探索、管理学对企业持续竞争优势来源的研究，共同推动着知识理论的形成发展。当前知识理论的研究主要在知识资本、基于知识的企业理论和知识管理理论三个领域进行。

## （一）知识资本理论的提出

虽然已经认识到了知识对于经济的重要性，但是古典经济增长模型将技术进步作为模型的外生变量处理，无法解释知识是如何推动经济发展的。罗默（Romer）将知识作为经济增长模型的内生变量，提出了新经济增长理论，为阐释知识在宏观经济增长中的作用提供了新的思路。

在资本市场上，由股价所衡量的上市公司的市场价值与企业资产账面价值之间逐渐增加的差异引起了研究者的普遍关注，这种现象在知识密集型企业表现得尤为突出。Lev（2001）研究了构成标准普尔指数的 500 家上市公司在 1977～2001 年的市账比（market-to-book value ratios），发现这一指标值从略微大于 1（说明二者之间基本持平）的数值水平不断上升，至 2001 年指标值已超过5。这一结果说明,财务报告系统并未能全面反映企业的真实价值。众多学者从不同的视角试图对这一现象做出合理的解释,其中,基于"知识资本"概念的解释获得了普遍的认同。

被公认的最早提出"知识资本"概念的是Senior。Galbraith随后将其从静态概念扩展为一个动态概念,认为其在本质上是一种实现目的的方法过程(朱瑜、王雁飞,2009)。Stewart为知识资本概念的推广做出了重要贡献。他认为资本市场对知识密集型企业的价值高估,主要是由于考虑了企业所拥有的大量技术型员工、企业高效的创新机制以及与此相关的市场洞察力等价值创造潜在因素。随后,关于企业知识资本的研究日益增多。

### 1. 知识资本的概念及类型划分

关于知识资本[①]的概念尚未形成统一的认识,以下仅列举较有影响的定义。

Stewart(1994)将IC定义为企业员工所掌握的以及组织中可以用来创造价值的一切资源之和,包括知识产权、知识和信息等。可以看出,这一定义遵循了资源基础理论的相关逻辑。更进一步,Stewart定义了IC的"H-S-C"结构范式,将知识资本的组成部分划分为人力资本、结构资本和客户资本,但他并没有进一步指出对这三个部分应进行怎样的衡量。

Bontis(1996)认为企业IC不能直接用价格进行估价衡量,其价值表现为企业在资本市场中的市场价值与企业资产账面价值的差额。

Brooking(1996)在其著作中将IC定义为企业所有的无形资产,并认为企业IC是由以商标、客户、销售渠道等为代表的市场资产,以专利、专有技术、版权为代表的知识产权资产,以人为

---

① 国外相关研究基本都使用术语"Intellectual Capital"(IC)。国内相关研究术语使用较为混乱,有的使用"智力资本",有的使用"知识资本",还有的使用"知识资产"。本书此处不做明显区分。

载体的资产（如经验、能力）和以组织氛围、信息系统等为代表的企业基本结构资产组成的，并进一步提出了 IC 结构划分的 M－K－H－O 四分法。

Edvinsson 和 Malone（1997）认为企业市场价值与账面价值的差异来自于企业所控制的 IC，并将其定义为企业所掌握的、能提供企业竞争优势的各种技术、经验、消费者关系等。对于 IC 的组成部分，他们按照其具体载体提出了企业 IC 由人力资本和结构资本两部分组成，结构资本又细分为组织资本和关系资本。

Subramaniam、Youndt（2005）将 IC 定义为能够为企业带来竞争优势的一切知识的总和，并且其各构成要素能向组织提供积累和应用知识的方法。

Iswati、Anshori（2007）从公司财务测量的角度，将 IC 定义为市场价值与账面价值的差额，并在研究中采用五年期市场价值均值与五年期账面价值均值之差来测量企业 IC 水平。

由此看出，在相关研究初期基本都是从无形资产的角度观察分析企业账面价值与市场价值的差异，从操作层面定义 IC 概念的。随着研究的深入，越来越多的研究者是从形成持续竞争优势的资源基础理论视角完成 IC 概念定义的。

国内研究者对这一概念的定义基本都是从实现持续竞争优势的角度，将能够实现企业价值创造并有助于形成持续竞争优势的动态性知识和能力集合定义为知识资本（李宝山、王建军，2003；朱瑜等，2007；李海洪、王博，2011；夏雯婷，2012）。

关于知识资本（智力资本）的构成，各位学者的观点也不尽相同，有所差异。在某些研究情境中，结构资本与组织资本基本是一个概念；关系资本与客户资本基本是一个概念。表2－2列示了众位学者关于知识资本（智力资本）构成的代表性观点。

**表 2 - 2　知识资本（智力资本）构成观点一览表**

| 代表学者 | 观点 |
|---|---|
| Edvinsson&Malone（1997）；李嘉明等（2004）；金水英等（2008）；卢馨、黄顺（2009）；范黎波等（2012） | 人力资本、结构资本 |
| Stewart（1994）；Bontis（2001）；Wall（2007）；Tayles et al.（2007）；Walsh et al.（2008）；Ruta（2009）；李冠众、刘志远（2008）；陈晓红、雷井生（2009）；汪金燕、李秦阳（2013） | 人力资本、结构资本、客户资本，即"H - S - C"范式 |
| 范徽（2000） | 人力资本、组织资本、技术资本、市场资本、社会资本 |
| 仇元福等（2002） | 人力资本、结构资本、技术资本、市场资本 |
| Abeysekera et al.（2004） | 人力资本、内部资本、外部资本 |
| Ismail（2005） | 人力资本、结构资本、精神资本、关系资本 |
| 蒋蓉华、闫春（2006） | 人力资本、结构资本、客户资本、经营者人力资本 |
| 张炜等（2007）；陈晓红等（2009） | 人力资本、结构资本、社会资本、创新资本 |
| Andreou et al.（2007） | 人力资本、技术资本、进程资本、市场资本、创新资本 |

资料来源：笔者整理。

**2. 知识资本的测量**

无法科学测量也阻碍了相关实证研究的开展。因此，发展科学的测量模型成为知识资本需要解决的重要问题。

（1）基于财务数据的知识资本测量

早期对于知识资本的信息了解主要依赖企业财务报告中的相关信息披露，例如从企业基本情况介绍中可以了解企业员工学历状况；从无形资产项目披露中可以了解企业专利、版权、商标权等项目状况；从研发支出项目金额中，通过期初期末余额的比较可以了解到企业当期研发投入中资本投入的状况；从管理费用项目披露中可以了解当期研发投入中费用化处理的金额状况；从企业的主营业务收入项目披露中可以了解企业主要客户往来业务占比状况；等等。

可以看出，知识资本在企业财务报告中的信息提供是高度分散的，只有对财务报告体系有一定程度了解的人才能从中剥离出企业知识资本的信息。另外，知识资本在企业财务报告中的信息提供是不全面的。这主要受制于财务报告体系计量方式的限制，企业财务报告主要提供的是可以被货币化计量的知识资本，如企业专利技术、商标权、特许经营权等。而类似于企业的商业秘密、运营经验等无法进行货币化计量的知识是无法在财务报告中披露的。最后，对于不属于强制披露的项目，在信息提供上没有保证。如对于主要客户的信息，有的上市公司披露其交易量排名前五位的客户名称、当期交易总量等信息，但有的上市公司将其视为商业机密而不予以披露。

市账差额法是早期对知识资本的主要衡量方法之一，认为企业知识资本价值就等于市场价值与资产账面价值的差额。这种方法的最大好处就是计算简单，但其缺陷也同样明显。首先，我国上市公司还只是少数，很多知识密集型中小型企业缺乏市场价值表达，因此，限制了这一方法的运用。其次，企业市场价值容易受到多种因素的影响，其价值波动可能会影响这一方法的科学性。

（2）VAIC（Value Added Intellectual Coefficient）法

Pulic（2000）设计了 VAIC 模型进行企业知识资本的衡量。模型首先衡量了企业的价值创造能力 VA，它被定义为企业销售收入（OUT）和生产投入（IN）之间的差额。

$$VA = OUT - IN$$

其中，OUT 表示企业从商场上销售产品、服务、资产取得的所有收益。IN 表示除人力成本以外的企业所投入的一切成本费用。VA 表示企业在特定时期所创造的财富。接下来，Pulic 分别计算了物质资本效率（VACA）、人力资本效率（VAHU）和结构资本效率（STVA）三个独立的指标，三者之和就是 VAIC 值。

VAIC 指标值越大，说明企业知识资本在价值增值过程中的贡献越大。这一方法数据易于获得、可操作性强，并且衡量结果可以进行行业间的比较。由于上述优点，VAIC 方法在实证研究中得以广泛采用。

（3）CIV 法（Calculated Intangible Value）

CIV 法是由美国伊利诺伊州的 NCI 研究所提出的，其核心理念是将知识资本视为企业超额收益的来源，进而通过对企业超额收益进行资本化处理来衡量企业知识资本价值（张宗益、李金勇，2005）。其具体计算可以分为两个阶段。

第一阶段：分别计算样本企业和行业平均水平的有形资产税前收益率（ROA），并进行比较。若，企业 ROA < 行业 ROA，则意味着样本企业的有形资产收益水平没有达到行业平均水平，其知识资本的价值创造作用并不显著。若，企业 ROA > 行业 ROA，则意味着样本企业的知识资本在价值创造过程中实现了超额收益，可以进入第二阶段的计算分析。

第二阶段：计算确定样本公司知识资本价值。首先，从 ROA 指标中剥离出样本企业的有形资产超额收益率，在考虑样本企业实际所得税率的基础上计算税后有形资产超额收益。其次，利用样本企业资金成本将其有形资产超额收益进行资本化处理，得到样本企业知识资本价值。

CIV 法计算设计体现出的基本思路是：企业知识资本的价值体现为企业利用其有形资产实现超额收益的能力。该方法在数据取得方面具有便利性的特征，有助于该方法的推广应用。我们可以应用该方法对样本企业的知识资本状况进行长期监测，进而从样本企业知识资本与样本企业市场价值、成长能力以及超额收益稳定性等角度进行深入的分析探索。

（4）斯堪的亚（Skandia）导航器模型

斯堪的亚公司是进行知识资本测量的先行者，开发了导航器测量模型。该模型借鉴了平衡积分卡的设计思路，从"财务、客户、过程、更新与发展"五个方面进行知识资本测量。模型的设计者 Edvinsson、Malone（1997）使用了 164 项指标对上述五个方面进行测量，处理后上述指标分类为以货币金额表示的绝对值指标和以百分比表示的相对指标。将货币金额指标进行加权计算得到企业知识资本的货币价值部分；将百分比指标处理（主要依靠主观判断）后得到企业知识资本的效率系数部分；这两部分的乘积就是导航器模型对企业知识资本的测量结果。在具体应用模型时，企业可以根据自身情况选择部分指标进行知识资本的测量。

斯堪的亚导航器模型的创建是知识资本测量方面的首次突破，它基本涵盖了企业知识资本的各组成部分，充分考虑了组织结构与过程要素中蕴含的知识。但是，这一模型设计指标体系过于庞杂，企业在应用中自行选择测量指标的方式不利于进行企业间的横向比较。并且，计算知识资本效率系数的方法过于主观化，容易造成计算结果的随意性。

（5）智力资本指数模型

智力资本指数克服了斯堪的亚导航器模型指标体系庞杂的缺陷，推动了知识资本的测量实践。它将原来单项列示的知识资本指标合并表达成一个综合指数，提高了知识资本测量的表达效率，并可将这一综合指数作为一个基准，从而实现对知识资本的动态测量，帮助企业管理者总括地了解企业知识资本状况（Roos，1997）。

在组合了企业知识资本指数之后，还要选择一组企业绩效衡量指标，将二者结合起来才是一个完整的企业知识资本测量系统。这一模型实现了对企业知识资本的动态测量，并将知识资本的测量与企业绩效表现相结合。如果知识资本指数与企业绩效指标相背离，那可能说明企业所选择的知识资本指标、权重等设计有缺陷。

（6）无形资产监视器模型

Sveiby（1997）设计了 IAM 模型对企业知识资本进行衡量。首先，IAM 模型对知识资本的衡量基本遵循了知识资本的 H－S－C 结构范式。Sveiby 将人力资本定义为创造有形资产和无形资产的能力；将结构资本定义为专利、理念、模具以及计算机和管理系统；将关系资本定义为与客户和供应商之间的管理。对每一个部分又从"成长更新""效率"和"稳定性"三个方面设计指标。其中，将人力资本划分为专业人员和支持人员两种。专业人员是指直接从事企业生产经营活动的员工，对其所承载的知识资本在人力资本部分进行衡量；支持人员是指从事辅助性组织管理活动的员工，对其所承载的知识资本在结构资本部分进行衡量。IAM 模型指标设置如表 2－3 所示。

表 2－3　IAM 模型指标设置表

|  | 人力资本 | 结构资本 | 关系资本 |
|---|---|---|---|
| 成长更新 | 员工平均受教育程度、培训费用占销售费用的比例、员工培训平均时间等 | 在内部结构方面的投资、在信息系统方面的投资 | 客户获利能力、客户培养 |
| 效率 | 专业人员占比、专业人员平均附加价值 | 支持人员占比、支持人员平均营业收入 | 客户满意指数、竞标成功率 |
| 稳定性 | 员工平均年龄、员工离职率 | 支持人员离职率、新员工比率 | 大客户比例、忠诚客户比例、业务往来频率 |

（7）知识资本审计测量模型

Brooking（1996）提出了知识资本结构的 M－K－H－O 四元结构，并进一步设计了知识资本审计测量模型。知识资本审计测量模型的运用分三个环节进行：首先，设计了 20 个问题，如果企业的回答中否定答案越多，表示企业越有必要关注其知识资本。其次，从 M－K－H－O 四个方面设计了具体问题调查表，共计 178 个问题。最后，使用资产评估基本方法对调查表的结果进行换算，得到企业知识资本的货币价值（袁艺、袁一骏，2002）。

（8）范徵的知识资本评价模型

范徵（2000）设计了涵盖 5 个层次、20 个要素、61 个指标的企业知识资本评价指标体系。通过量表，进行指标量化并赋值、进行指标无量纲化处理、采用层次分析法确定权数，最终得到企业知识资本综合评价结果。

（9）仇元福等人的知识资本评价模型

仇元福等人（2002）从人力资本、结构资本、技术资本、市场资本，即"H－S－T－M"四个方面构建了知识资本评价模型。

另外，汪金燕等人（2013）对波特价值链理论进行扩展，在"H－S－C"范式的基础上，从企业价值创造的角度，设计了包含 23 个具体指标的知识资本衡量体系。

总的来说，上述方法可以划分为两大类：方法（1）至（3）属于财务测量法；方法（4）至（9）属于较为综合的量表测量法。财务测量法运用简单，数据获得较为容易，但其缺陷是，对知识资本的衡量往往过于笼统、不够全面。并且随着人们对知识资本的特性的不断了解，财务测量法无法准确反映知识资本各构成要素之间的协同性。另外，不同行业的知识资本会有很大的差异，单纯依靠财务指标所完成的知识资本测量不利于进行跨行业的直接比较。量表测量法是基于组织行为学的研究理念，根据研究对象的特征、大量文献，通过编制调查问卷进行知识资本的数据收集。这种方法在实证研究中逐渐成为主流的研究范式。但是，量表测量法往往会带有较大的主观判断性，其调查结果可能会受到被调查者主观意愿的影响。另外，量表测量法指标体系过于庞杂，缺乏普适度，不利于行业间及企业间的知识资本比较。

### 3. 知识资本对企业绩效的影响

在厘清了知识资本的概念并初步解决了知识资本的测量问题后，学者主要关注的就是知识资本对企业绩效的影响机制及效果问题。此部分内容在第一章已做梳理，此处不再赘述。

## （二）基于知识的企业理论

基于知识的企业理论实质是在资源基础理论的基础上发展起来的（余光胜，2005）。该理论认为从异质性资源的本质来看，企业是由一束知识、能力等构成的资源集合。企业竞争优势的最终来源是知识，因此可以将企业视为知识的一体化制度。并且，企业内部各种"隔离机制"设计会有效阻隔企业间知识资源流动，进而保证知识资源超额获利能力的持续稳定性（王开明、万君康，2001）。

### 1. 企业是知识的集合体

资源基础理论将企业看作各种资源的集合体，但是基于知识的企业理论认为在各种资源中只有知识才是差异产生的根源，只有将企业界定为知识的集合体才能解释企业间的差异。如果将人作为个体知识的载体，那也就意味着企业的差别在于汇聚了各种具备不同知识的人。并且由于知识的积累高度依赖其知识载体，因此也就意味着企业的差别来源于企业在生产过程中汇聚的各种不同的人。各种资源本身并不会带来任何差异，但是将它们运用于创造活动时，不同层次的知识会产生不同的结果，也由此导致只有少数企业才能获得有效的知识资源。各种资源效用的发挥、创新能力的差别以及最终绩效的差别，都是由企业所控制、掌握的知识存量决定的。企业的资源配置方案、经营管理决策、对市场动态的准确判断、对经营战略的及时调整，依赖的是企业在以往经营活动中积累的经验、企业管理者对市场状况的洞察力以及企业员工的知识运用。因此，将企业作为知识的集合体才能最终解释企业差异的来源。

2. 隐性知识的难以模仿性

关于知识的基本分类，较为公认的是显性知识和隐性知识的划分。显性知识是指能够系统表述的、规范的知识，比如各种报告、材料、书籍、公式代码等，也被称为可编码知识。隐性知识则是较为个人化的、难以用文字进行系统传达的知识，比如个人经验、直觉、灵感、难以分享的感受等，也被称为不可编码知识（Hubert，1996）。

企业中的知识被认为多数都是隐性知识，或者称为默会知识。它以一种不可显见的方式指导着人们的工作实践、组织安排，在企业价值创造的过程中发挥着不可估量的作用。隐性知识的存在，导致企业竞争优势的成因模糊化，增加竞争者的模仿难度。

3. 知识积累的路径依赖性

知识积累是一个缓慢的过程，是在企业现有知识存量基础上的增加。企业的知识增加一方面来自于人的知识的增长，另一方面来自于日常经营活动中经验的点滴积累。没有人能够在没有任何基础的情况下快速掌握一门技能，企业也是一样。有些企业花重金引入先进的技术设备、先进的管理方式，但是企业绩效却没有实现迅速改善，其原因就是缺乏知识基础。知识积累的路径依赖性确保了企业的成功不会被轻易复制。

总的来说，企业当前的知识存量、知识结构来自于以往的经验、认知，而当前的知识又是企业未来经营决策的基础，是知识带来了企业绩效的差异。

## （三）知识管理理论

对于什么是知识管理，在认识不断深化的过程中，相继出现了不同的派别。最早出现的技术学派将知识管理基本等同于对信息的管理。他们认为通过建设高水平的信息管理系统，企业可以完成对知识的充分利用，从而实现知识效用的发挥。这一看法显然忽视了人在知识运用中的能动作用。其次出现的行为学派认为知识管理应该是对其载体——人的管理，他们关注人的行为对于知识效用的影响。综合学派将前两者的观点进行了结合，认为知识管理应该是一系列具备可操作性的解决方案，包括如何将企业知识模块化、系统化，在信息系统中实现知识的可编码管理；企业应尽量营造便于知识创造、转移、应用的环境，激活已有知识的存量等。Nonaka（1994）认为知识创造是不断超越自我的过程。在知识发展过程中，显性知识和隐性知识不断进行相互转化，并且这一知识形态的转化过程表现为一个不断延伸的螺旋上升的知识进化过程。

国内学者对知识管理流派的梳理如表 2-4 所示。

**表 2-4　知识管理流派划分观点一览**

| 学者 | 流派划分观点 |
|---|---|
| 彭锐、刘冀生 | 过程学派、工程学派、实体学派、系统学派 |
| 陈建东 | 经济学派、技术学派、行为学派、战略学派 |
| 蒋日富 | 技术流派、学习流派、智力流派、过程流派、战略流派 |
| 张勤、马费成 | 信息技术理论学派、组织行为理论学派、战略管理理论学派 |
| 仲秋雁、曲刚、宋娟 | 技术流派、应用流派、组织变革流派、过程流派、战略流派 |

资料来源：笔者整理。

对于企业应该怎样进行知识管理？知识管理的构成环节包括哪些？学者对这一问题的回答虽不完全统一，但在知识管理的基本环节上还是达成了共识。一般认为，企业知识管理包括知识获取、知识传递、知识共享、知识应用等环节。也就是说，知识管理过程应该是一个企业对有价值的知识进行辨识、开发获取、激活并将这些知识排他性地用于企业价值创造的过程。有学者从系统工程的角度构建知识管理体系（王众托，2004；奉继承，2005）；也有学者从信息技术的角度探究其理论体系和研究框架（王德禄，2003）；还有学者从具体应用的角度尝试构建知识管理学的学科体系（汪克强、古继宝，2005；邱均平，2006）

### （四）企业知识理论对本书的指导

企业知识理论认为造成企业绩效差异的根本原因是知识，因此在设计中小型农业企业资源构成框架时，知识资源的投入就是不可缺少的重要一环。更进一步，在知识资本理论的分类基础上界定了中小型农业企业知识资源的构成。在衡量知识资源的投入方面，借鉴知识资本研究中的量表测量法，参考了相关研究的题项设计，为本书的问卷设计部分提供了理论基础。最后，结合知识管理过程的相关分析，设计了企业内部环境对知识创造、知识传递、知识共享等方面的影响。

# 三　利益相关者理论

企业利益相关者的观点由来已久，随着研究的不断深入，这一概念的界定在争论中不断清晰。其研究也从一开始的思辨分析向实证分析领域转变，并在这一过程中完成了利益相关者理论体系的构建。利益相关者理论将企业视作这些利益相关者的契约集合体，该理论对企业战略制定、绩效测评等方面产生了重要影响。

### （一）利益相关者理论的发展演进

1. 利益相关者理论发展的第一阶段：企业依存观点

由于企业规模不断扩大，企业中的所有权与经营权日渐分离。在"两权分离"的经营模式下，作为企业所有者的广大股东往往没有参与企业实际的经营管理，而是将经营管理权委托给了职业经理人。在委托－代理理论的指导下，作为代理人的企业管理者所开展的经营管理活动是其对企业所有者履行的受托责任。因此，企业的经营活动应努力实现股东利益最大化。

企业在运营过程中，一定会不可避免地对其他利益团体以及环境产生影响。这种正面或负面的影响使得企业在追求经济利益的过程中还需要考虑其所承担的社会责任问题。在 20 世纪 60 年代末期出现的变化，使得将股东利益最大化作为企业目标的管理理念受到了极大的冲击。现实经济中越来越多的企业社会责任问题使得人们开始普遍质疑股东利益最大化的做法。与此同时，人们观察到并不奉行股东利益最大化原则的日、德企业经营表现良好。对股东利益最大化的批评主要在于这一理念所导致的企业追逐利益的短期行为。在解释上述问题的过程中，斯坦福研究所（Stanford Research Institute，SRI）明确提出了"利益相关者"这一概念（王辉，2005）。SRI 所界定的利益相关者是指现实中存在的一些利益群体，离开他们的支持，企业就无法存续。这也被称为利益相关者理论的企业依存观点。早期相关研究主要讨论"谁是利益相关者"的问题，这是关于对企业有直接影响的狭义相关者的界定问题。SRI 的定义突出了利益相关者对于企业生存的决定意义，但是却忽略了企业与利益相关者之间的相互影响。也就是说，企业依存观点下的利益相关者只考虑那些企业所依赖的但却没有考虑那些依赖企业的相关者。研究者们很快修正了这一缺陷，对利益相关者概念进行了双边性补充。他们认为利益相关者依靠企业来达成其各自的利益目标，同时企业的生存发展也有赖于他们的各种活动来实现。

早期的利益相关者理论提供了企业管理理念的新视角，其理论贡献是不容置疑的。但是早期阶段的利益相关者概念界定较为宽泛，并且对于如何在企业经营管理中运用这一观点以及运用这一观点后对企业整体绩效的影响等问题缺乏研究。

**2. 利益相关者理论发展的第二阶段：战略管理观点**

Freeman（1984）在其经典著作中首次提出了将利益相关者概念、方法应用于企业战略管理的研究框架。他建立了一个相互影响的利益相关者概念，认为那些能影响组织目标实现或者在组织目标实现过程中会受到影响的团体或个人都是企业的利益相关者。他的观点强调各利益相关者在企业战略管理中的作用，关注各利益相关者对企业战略管理可能产生的影响，强调企业战略管理不应忽视这些利益相关者。这一界定被认为是对广义利益相关者的经典定义，也被称为利益相关者理论的战略管理观点。该观点注重企业战略管理过程中各利益相关者的参与，关注各利益相关者在企业战略制定及实施中的影响作用。

战略管理观点下的利益相关者研究主要关注利益相关者如何参与企业经营活动的问题。Freeman 所提出的利益相关者分析包括以下内容：首先要回答"利益相关者是谁?"以及"他们与企业的相关利益是什么?"的问题。其次要明确企业应怎样协调上述利益相关者的利益诉求。最后，对于"如何实现利益相关者对企业战略决策的参与"这一问题，Freeman 提出了"利益相关者授权原则"，即企业经营应以实现其利益相关者的利益为指导。为保证这一机制的实现，他还提出了另外两个辅助原则："董事责任原则"和"利益相关者求偿原则"。前者明确了企业董事应该承担保证企业运营决策与"利益相关者授权原则"相一致的责任；后者则确保了利益相关者在企业董事没有履约时有提起诉讼的权利。

这一机制设计具备相当的合理性，同时也存在明显的缺陷，那就是没有考虑环境变化的因素。企业所处的经营环境是不断变化的，利益相关者的利益诉求也是不断变化的，对于在不断变化的动态环境下如何保证上述机制的有效运作，Freeman 并没有进一步的解释。另外，随着环境的变化，企业与各利益相关者之间的关系也会随之变化，那么上述机制尤其是利益相关者求偿机制的适用条件具体有哪些？等等，都是尚未解决的问题。利益相关者理论的战略管理观点无疑对利益相关者参与企业经营活动给出了积极的机制设计，但是其缺陷也是相当明显的。除了"利益相关者授权原则"的可操作性问题，利益相关者战略管理观点尚未解决的问题还包括：各利益相关者的权利界限在哪里？如何设计各利益相关者的权利冲突的协调机制？等等。正如多纳德逊及邓非（2001）在其著作中所指出的，仅仅列举出企业的每一个潜在及现在的利益相关者是不够的，这样所造成的结果往往是将利益需求各不相同的群体混杂在一起。这一做法反而降低了利益相关者理论的实际指导意义。

利益相关者治理的观点强调所有利益相关者对企业治理和权益索取的共同拥有。因为从资源投入的角度看，企业的利益相关者同时也是企业各种经营资源的供应者，保证他们在企业治理和权益索取过程中的利益诉求是企业稳定持续经营的前提条件。因此，企业的经营管理和生存发展是在所有利益相关者的利益诉求和平衡中进行的，其具体的利益分配过程是各方利益博弈的最终结果，取决于资产专用性、战略重要性以及讨价还价的能力等因素。

这一时期还开展了利益相关者与企业绩效的关系研究。一方面，研究者们积极探索利益相关者对企业绩效的影响机理。研究普遍认同利益相关者治理与企业绩效之间存在较为显著的正向影响关系，但同时也发现企业对个别利益相关者的诉求满足或者对社会责任的过度承担会导致企业资源配置的分散，最终降低绩效表现。另一方面，研究者们从利益相关者的视角对企业绩效评价体系的改进进行了积极探索。一起通过对企业绩效评价体系导向的影响推动利益相关者治理模式的完善。随着研究的不断深入，人们逐渐认识到不同的利益相关者对企业绩效的作用机理是不同的，其对企业绩效的具体影响效果也是有差异的。由此推动利益相关者理论进入了第三阶段的发展。

3. 利益相关者理论发展的第三阶段：动态发展阶段

利益相关者概念的界定是在争议中不断推进发展的。从一开始的宽泛笼统的概念提出，到不断完善的视角补充，在理论推进过程中出现的较有影响的定义多达 27 种（Mitchell et al.，1997）。但是仅仅能够清晰界定利益相关者是远远不够的。毫无疑问的是，不同的利益相关者对企业经营决策的影响程度以及受到企业决策的影响程度都是不同的，他们与企业之间的利益相关程度是不同的。并且，他们之间利益相关的密切度也会随着企业处在不同的发展阶段、企业所处环境的变化而发生变化。也就是说，虽然各个利益相关者都非常重要，但他们却不可能是同等重要的。

20 世纪 90 年代，利益相关者理论的发展进入动态发展阶段。针对利益相关者的界定过于宽泛、他们之间可能存在潜在利益冲突、利益相关者与企业关系的动态变化等问题，学者们提出了对各利益相关者进行分类鉴别管理的思路，由此也引出了对于利益相关者分类的研究讨论。

## （二）利益相关者分类

Freeman（1984）从所有权、经济依赖性以及公众利益三方面对企业利益相关者进行了三维划分。Frederick（1988）则按照对企业经营所能够施加的影响效果进行企业利益相关者的划分，将其划分为直接的和间接的利益相关者。Savage（1991）等人按照对企业产生威胁或者合作进行企业利益相关者的划分，即划分为支持型、边缘型、威胁型及混合型四种类型。Charkham（1992）按照与企业之间是否存在实际的契约关系进行企业利益相关者的划分，即划分为契约型以及公众型的利益相关者。Clarkson（1995）按照相关者与企业之间利益联系的紧密程度进行企业利益相关者的划分，即划分为首要的和次要的利益相关者。Carroll（1996）提出了两种较为简洁的分类方法。一种是基于利益相关者与企业之间关系的分类。如果二者之间的关系是具备法律约束力的正式关系，则利益相关者被界定为直接利益相关者；如果二者之间的关系是不具备法律约束力的非正式关系，则利益相关者被界定为间接利益相关者。并且，当出现潜在利益冲突时，直接利益相关者的利益诉求优于间接利益相关者的利益诉求。另一种是根据利益相关者对企业经营的重要性进行的分类。按重要程度将企业的所有利益相关者划分为对企业生存尤为重要的核心利益相关者、在特定环境下体现其重要性的战略利益相关者和一般性意义上的环境利益相关者。

不难看出，上述类别划分的研究基于思辨推演的研究范式，其指导企业经营的实践意义是有限的。研究者们在进行动态的利益相关者分析时仍然需要一套标准统一、可操作的分类方法。米切尔评分法（Mitchell et al.，1997）的提出较好地解决了这方面的问题，并实现了对利益相关者的动态划分。具体如图2-1所示。

由于米切尔评分法具备良好的可操作性，它逐渐成为应用较广的利益相关者分类方法。这一方法从影响力、合法性和紧迫性三个方面对企业利益相关者进行了不同类型的划分。其中，影响力是衡量某一利益相关者所拥有的影响企业决策的能力等；合法性是衡量某一利益相关者对企业利益要求权是否具有法律或道义上的正当性；紧迫性是衡量某一利益相关者对企业利益要求的频率及多少。而当利益相关者的某一属性发生变化时，利益相关者的位置就可能会随之变化。"动态发展"的含义就体现在这种位置变化中。基于这种多维细分的评分方法，西方

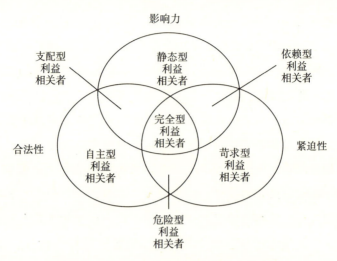

**图 2 - 1　Mitchell 等人对利益相关者的分类**

研究者开展了大量的实证研究，从而进一步推进了利益相关者理论的发展。

在《利益相关者权利》一书中，沃克·马尔从态度和行为两个方面进行了四种可能的组合，根据利益相关者忠诚度对其进行评估和分类（沃克·马尔，2002）。具体如图 2 - 2 所示。

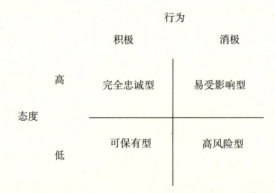

**图 2 - 2　利益相关者忠诚矩阵**

其中，完全忠诚型是企业最为理想的利益相关者类型，他们值得信赖并乐于保持与企业的利益捆绑。当企业将这一群体的利益放在首位时，他们将有助于企业实现更多的收益。易受影响型利益相关者对企业有一定好感，并会受到企业行为的影响，但他们会由于某种原因进行其他选择。这一类型的利益相关者值得企业积极争取并有可能转化为完全忠诚型的利益相关者。可保有型利益相关者是指那些在行为上表现出忠诚但却可能随时离你而去的利益相关者，与他们的关系维持需要充分考虑相关成本和潜在收益。高风险型利益相关者对保持与企业的利益联系并不积极甚至希望结束与企业的利益联结。但在关系管理过程中，企业不应简单地解除与该类利益相关者的关系，积极的沟通有助于减少敌对情绪以及不良情绪的扩散。上述利益相关者的评估和分类方法对于实现企业利益相关者治理以及积极开展关系管理都起到了重要的推动作用。

需要强调的是，由于国情及经营环境的差异，我们在借鉴西方学者对于利益相关者的研究结论时应有所扬弃。陈宏辉（2004）等人的研究在推动利益相关者理论在我国的实践应用时进行了有益的尝试。他们借鉴西方学者的分析思路，通过实证调查，界定了我国企业的 10 种利益相关者。更进一步，通过对 9 省市共计 423 份问卷的统计分析，他们从主动性、重要性和利益诉求的紧迫性三个维度进行了利益相关者的类别划分。其中，股东、管理人员和员工被界定为核心利益相关者；消费者、供应商、债权人、政府和分销商被界定为蛰伏利益相关者；特殊利益团体和社区被界定为边缘利益相关者。这一研究结论对本次研究极具借鉴意义。

### （三）利益相关者理论对本书的指导

利益相关者理论对本书的指导体现在两个方面。

首先，中小型农业企业经营活动的开展是在其所营造的、以企业自身为中心的社会经济网络中进行的。那么在这个网络中的各种外部利益主体就会与企业之间形成利益依存关系，他们也就成为中小型农业企业经营活动的利益相关者。从资源基础理论的角度来看，这些外部利益相关者就成为中小型农业企业经营活动中的关系资源。他们的表现就构成各类型关系资源的异质性特征，从而为企业带来差别化的经济绩效。在实际经营中，企业的利益相关者是多种多样的，并且由于所处行业、规模大小、发展阶段等特征的不同，不同农业企业的利益相关者是有所差别的。在此基础之上，本书选择了在中小型农业企业经营活动中利益联系较为紧密的客户、供应商、科研院所和政府部门作为关系资源的提供者，并进而对其异质性特征进行分析。

其次，根据资源基础理论的观点，企业被视为各种资源的集合体。那么，在中小型农业企业经营管理过程中的各种资源的提供者，也就是企业的利益相关者，其正当的利益诉求在进行企业绩效评价时就应该有所体现。以此为指导，在评价企业绩效时，也不再是仅仅考虑企业所有者的利益最大化问题，还需要考虑在经济网络中与企业有关联的各个利益相关者的利益实现问题，即中小型农业企业综合绩效评价应是基于利益相关者理论的绩效评价体系。因此，在绩效评价指标的选择上，就应该考虑各利益相关者的正当利益诉求。

## 四 企业绩效评价理论

企业绩效评价问题一直都是理论界和企业管理者普遍关注的焦点研究领域。大量研究文献对企业绩效评价体系的构建进行了充分的理论和实务论证。随着资本市场的发展，客观、全面的企业绩效评价体系无论是对指导企业寻找差距、挖掘潜力、提高企业资源配置能力和经营管理水平，还是对产业升级、实现农业产业化发展都具有重要的理论与现实意义。通过科学全面的企业绩效评价体系的构建，帮助农业企业改善经营管理水平，提高核心竞争力是目前促进我国农业行业健康有序发展的重要手段。本节在介绍企业绩效评价基本含义的基础上，梳理了企业绩效评价体系的演进过程。

## （一）企业绩效评价的基本含义

绩效（Performance）从字面理解就是"绩"与"效"的组合。其中，绩表示业绩、成绩，效表示效率、效果、行为、方法等。从管理学的角度看，绩效是期望的结果，是在一定时期内组织或个人的投入产出情况。

财政部统计评价司（1999）认为，企业效绩评价是指运用数理统计和运筹学方法，采用特定的指标体系，对照统一的评价标准，按照一定的程序，通过定量定性对比分析，对企业一定经营期间的经营效益和经营者业绩，做出客观、公正和准确的综合评判。张蕊（2002）在其论著中将企业经营绩效评价定义为，以实现企业生产经营目标为目的，运用科学方法，选择恰当的指标和标准，对企业经营过程及结果所做的价值判断。企业经营绩效评价的核心是比较经营过程中的花费和最终的经营所得，并力图以最小的花费谋取尽量大的所得。孟建民（2002）对企业经营绩效评价的定义偏重于对结果的评判。他认为，企业对其掌握的经济资源占用、管理与配置的各种效果所做的评价判断就是企业绩效评价。王化成（2004）对企业绩效评价的界定是：根据企业经营目标构建相应的评价指标体系，制定客观的评价标准并采用科学的评价方法，对企业特定经营期间的经营结果进行具备客观性、公正性和准确性的科学判断。向显湖等（2006）认为，企业业绩评价是由利益相关者依据企业经营信息及经营环境资料，选择相关评价指标，遵照一定的评价标准和评价方法，对企业或个人的经营业绩进行科学评判，并进行未来趋势预测，最终为各利益相关者提供决策依据的价值分析和评判过程。

### （二）企业绩效评价体系的演进

绩效评价的观点历史久远，甚至可以说自从有了生产经营活动，绩效评价的活动也就随之产生了。但是企业绩效评价得到重视，却是在资本主义的社会化大生产活动之后出现的。伴随着经济社会的不断发展，企业面临不断波动的生产经营环境，其经营活动的复杂性、生产组织的多样性、地域范围的广阔性也在同时推动着企业管理方式的不断改进和企业组织结构的不断优化。这些变化最终也会反映在企业绩效评价方法的不断演变之中。

#### 1. 成本绩效评价方法体系

在绩效评价的初始阶段，企业绩效评价体系是以成本绩效为核心的。在手工工场经营时期，企业生产规模还不大，经营的思想主要是获取最大利润，因此企业经营管理和绩效评价的主要关注点是企业成本的降低。这时的成本管理主要表现为统计性质的成本记录，并且所记录的成本仅仅包括直接材料投入成本和直接人工成本。与此相对应，此时的企业绩效评价主要依赖直接成本核算指标。

发端于19世纪初期的工业革命极大地推动了社会生产的发展。纺织、钢铁是最早获得发展的行业。此时的企业发展表现为生产规模的扩大和经营地理范围的不断拓展。随着生产规模的不断扩大，大型机器设备的广泛使用推动了成本会计的发展，出现了折旧、摊销、间接费用分配等新的成本概念和成本核算方法。成本会计技术的日益成熟，也进一步推动了企业绩效评价体系从直接成本核算指标转向完全成本指标。

随着竞争的不断加剧，企业不仅需要了解准确的成本发生额，而且进行成本控制的愿望也越来越强烈。提高生产效率、降低劳动成本成为当时企业管理者亟须解决的主要问题。由泰罗等人倡导推动的科学管理运动，不但推动了管理学学科发展，更是推动了成本会计领域的又一次发展。泰罗在实地研究的基础上，将生产过程进行逐步分解，并进一步为产品生产制定了材料消耗定额和劳动时间定额，从而建立了标准成本系统。更进一步，初步建立了企业预算管理体系。标准成本管理体系的推行，推动企业成本管理从事后报告向前延伸，实现了对成本的事前控制和事中管理，极大地提高了企业生产效率。与此相对应，此时的企业绩效管理主要是围绕标准成本执行情况和标准成本差异分析进行的。

总的来说，在成本绩效评价阶段，所有权与经营权尚未分离，所有者不断加强管理的要求推动了绩效评价体系的发展。所有者是企业绩效评价的主导者，是评价的主体。也就是说，绩效评价活动的发生来自于企业内部的需要，绩效评价目标是希望通过成本绩效评价实现生产效率的提高。因此，当时的评价指标主要是反映成本发生以及成本效率的指标，如每磅成本、原材料消耗定额、每小时人工成本等指标。在当时的社会经济环境里，物质产品较为匮乏，市场属于卖方市场的性质。因此企业可以通过扩大产量占有市场、控制成本提高效率的方式获得利润。这种简单的绩效评价体系符合当时的经济环境要求。其通过标准成本制定预算、对成本发生额进行事中控制、最后对实际成本与标准成本进行差异分析，能够满足企业控制成本、提高效率的需要。

**2. 财务绩效评价方法体系**

随着企业规模的不断扩大，有限的所有者所提供的资金不能满足企业不断扩张的需要，新的企业形式——股份制公司出现了。这就意味着，大多数企业所有者是通过从资本市场上购买股票而成为企业股东的。他们是企业的所有者，但是他们并没有参与企业的生产经营活动，是处于企业外部的所有者。同时，企业规模的快速扩张加剧了企业对债权人的依赖，金融行业的迅速发展使得债权人与企业的利益关系日益紧密，处于企业外部的债权人同样需要关注企业绩效。这就意味着，企业绩效评价主体不再仅是企业内部的管理者，而主要转变为处于企业外部的所有者和债权人。新出现的评价主体有着各自侧重点不同的利益诉求，股东所有者关注企业获利能力，债权人关注企业偿债能力。以往仅提供成本信息的绩效评价显然不能满足新的评价主体的要求，需要进一步调整企业绩效评价体系。

具有代表性的研究者首推亚历山大·沃尔，他从债权人视角出发撰写了《信用晴雨表研究》，后来又发表了《财务报表比率分析》等一系列著作，逐步完善了财务指标绩效评价体系，后来发展成沃尔评分法在企业中被广泛使用。同一时期，通过合并多家独立公司形成纵向综合性企业的发展模式成为这一时期企业扩张的主要方式。企业层级的增加带来了管理和协调的难度，同时也对绩效评价提出了更高的要求。如何评价各个部门的经营业绩、协调资源配置从而保证企业能够实现收益最大，成了企业管理者们最为关注的问题。杜邦公司在这方面取得了成功，他们选择建立多重指标分析体系，并最终形成了著名的杜邦财务分析体系。该体系从权益报酬率指标出发，经过指标的层层分解，形成了一个涵盖主要管理活动的、存在因果解释关系的指标体系。该指标体系的应用不但评价了企业在特定经营期间的成果，还能够揭示企业在经营管理活动中的不足，为今后的改进指明方向。除此之外，也有学者尝试采用访谈打分的方法，将经评分确定的企业绩效与行业平均水平或者与企业过往表现进行比较，进而判断企业在某一特定时期的经营结果（杜胜利，1999）。

建立完善的财务指标评价体系成为这一时期企业绩效评价的主流方法。早期在评价指标的选择上较为统一，根据一些学者的调查研究，跨国公司多选用投资报酬率指标作为绩效评价的基础指标，其他的重要指标还包括每股收益、现金流量等（杜胜利，1999）。在随后的发展中，受到管理学中权变理论的影响，研究者们普遍认为企业应该依据自身的经营特点选择适当的指标进行绩效评价。这导致企业绩效评价领域的研究缺乏一致性。但是整体的财务指标评价体系框架是较为一致的，具体包括衡量盈利能力、资产营运能力、企业偿债能力，后来还涵盖了对企业发展能力的评价。

伴随着相关学科的研究进展和社会经济的快速发展，企业绩效评价体系也在不断完善进步。同时，对于该体系的批判思考也不断推动它的进步。针对财务分析体系过分依赖会计报表数据容易导致管理者的短期行为这一不足，研究者们将企业经理人绩效评价体系作为企业绩效评价的补充和参考；对于信息不对称导致绩效评价结果被操纵从而使不同期间的企业绩效出现大幅度波动，研究者们补充完善了关于绩效稳定性、持久性的评价指标；由于人们对环境问题普遍重视，研究者们在评价体系中补充了对企业社会责任评价的内容；随着利益相关者理论的兴起，研究者们在评价体系中补充了员工满意度、供应商满意度等指标，用于衡量企业对利益相关者利益诉求的满足；随着企业管理方法的细化，研究者们发展了基于作业成本的绩效评价方法；等等。

### 3. 当代绩效评价方法体系的发展

20 世纪 90 年代以来，随着利益相关者理论、战略管理理论的兴起，各种非财务绩效评价指标受到人们的日益重视。这一时期，企业绩效评价创新从两大方向进行：一是对财务绩效评价方法体系的创新修正，提出包括经济增加值、自由现金流量和财务预警分析等的新方法。二是将非财务指标融入企业绩效评价的方法设计，其中最具代表性的是卡普兰和诺顿的平衡计分卡体系。

### （1）经济增加值评价管理系统

经济增加值（Economic Value Added，EVA）方法是由美国思腾斯特公司提出并推广使用的，该方法一经提出便被誉为"现代公司管理的革命"。由于稳健性原则、历史成本原则、权责发生制等原则构成了当代会计体系的思想基础,这导致会计系统所核算的收益与传统经济学中的收益并不一致。会计学收益仅反映在一定会计期间所获得的收益中超过投入资本额的部分,而在具体计算中却并没有考虑自有资本的成本问题。因此,会计收益被认为是不准确的收益计算,而以此为基础的财务绩效评价体系则饱受诟病。

对于经济增加值指标的计算考虑了企业自有资本的资金成本,被认为克服了会计收益的计算缺陷,是对企业利润的真实反映。这一指标很快在可口可乐等一批知名企业中获得肯定。从1998年开始,思腾斯特公司计算中国上市公司的经济增加值并进行排名,引起资本市场的极大关注。

简单来说,经济增加值就是用企业全部资本的税后投资收益减去全部资金成本后的余额。然而,这样一个看似简单的描述,在实际操作时却非常复杂。很多数据不能直接从财务报表中获得,需要从会计科目入手进行调整。在调整过程中,一般要进行5~15项的调整,最多甚至达到160余项。我国从2010年开始,在116家中央企业中推行经济增加值考核方法。2012年对该考核办法进行了修订,修订的一个主要方面就是将经济增加值指标权重由原来的40%提高到50%,将利润指标权重由原来的30%降低到20%。这说明我国不断加重对中央企业的考核价值导向。

经济增加值不仅是一个绩效评价指标,而且是一个企业全面财务管理的架构。在经济增加值指标的指导下,企业决策部门能够极大地消除短视行为,保证各决策部门的利益与企业整体利益目标相一致,从而确保股东利益的实现。

总的来说,经济增加值指标的应用具有以下优点:第一,保护股东利益的实现。在会计收益观念指导下,某个项目只要有大于零的投资收益就被认为是一个可以获利的项目。但这样的大于零的投资收益可能恰好是由于没有考虑所有者资金成本，投资这样的项目实质上并不能带来股东财富的真正增加，反而会损害股东的财富。另外，在企业内部建立与经济增加值相挂钩的激励机制，有助于激发管理者和员工的能力，在为股东创造价值的过程中实现自身收益的最大化，极大地降低因道德风险和逆向选择等委托代理关系而带来的问题，最终将股东、管理者和员工这三种不同的利益相关者的利益诉求相统一。第二，克服了传统会计收益的缺点。传统会计收益由于在计算过程中没有考虑自有资本的成本而被认为是不准确的。经济增加值从根本上克服了这一缺陷。这一指标促进管理者更注重已有资产的管理，从而关注资产的有效利用。第三，能够克制管理中的短视行为。过度依赖会计利润进行的绩效评价容易导致管理者的短期行为。而经济增加值指标计算中的项目调整能够揭示出管理者的盈余操纵问题，从而减少这一不利于企业长期发展的做法。第四，单一指标有助于企业内部的信息协调。发展过程中的财务指标体系日益庞大，包含几十个财务指标，这种面面俱到的体系设计反而容易造成企业决策的难以协调，也可能导致管理者在指标选择过程中的利己行为。使用经济增加值指标能够使企业决策目标更为清晰、明确。

经济增加值指标的缺陷也是存在的。第一，它本质上仍然是财务指标，对非财务的绩效影响因素考虑不够。在知识经济时代，这一绩效评价指标没有考虑人力资本、知识资本可能给企业带来的潜在绩效影响。同其他财务指标一样，仅反映过去经营活动的结果，但不提供未来可能的预期。第二，在经济增加值计算过程中，项目调整的随意性可能带来利润操纵的结果，使得经济增加值的计算不过是一个数字游戏。并且，计算过程中资本成本的确定存在理论和实际操作的困难。第三，经济增加值是一个绝对值指标，没有考虑资本规模的影响，因此不利于不同规模企业之间的横向比较。

（2）考虑非财务指标的综合企业绩效评价体系

在财务指标评价体系不断改进的过程中，将非财务指标融入原有的财务指标评价体系成为对原有体系的主要的修正方式。非财务指标的加入主要是为了满足不同利益相关者的利益诉求以及反映企业创新能力、成长能力等。经常被纳入考虑范围的非财务指标包括：客户满意度、企业创新能力、企业安全规范、环保状况、产品质量等。较为著名的考虑非财务指标的综合企业绩效评价体系有以下几种。

霍尔的四尺度论。第一个尺度是质量，包括内部质量、外部质量和持续改进三部分。第二个尺度是作业时间，涵盖从原料投入到产品形成这个时间段，包括工具检修时间、设备维护时间、作业准备时间等。第三个尺度是资源利用，用于衡量资源消耗及其相应的成本，包括直接人工、原材料消耗等情况。最后一个尺度是人力资源，包括人员储备和激励机制。霍尔认为，通过这四个尺度的衡量，企业可以诊断出自身的问题，通过改进提升绩效。

克罗斯和林奇的业绩金字塔。业绩金字塔强调企业绩效评价应该以企业战略为指导。在他们的设计中，企业战略处于金字塔的顶端，并通过战略目标的层层分解向企业基层组织传递。企业各作业中心在本层次战略目标的指导下选择恰当的经营效率指标。

卡普兰和诺顿的平衡计分卡。平衡计分卡被《哈佛商业评论》评选为75年来最具影响力的管理学说，并且在企业业绩评价领域获得了广泛应用。它是以企业战略为导向，从财务、客户、内部流程和学习与成长四个维度向组织中的成员传达公司的战略并同时明确其各自的使命，以综合、平衡为原则将相互联系的目标组合在一起的全面的业绩评价系统。平衡计分卡框架如图2－3所示。

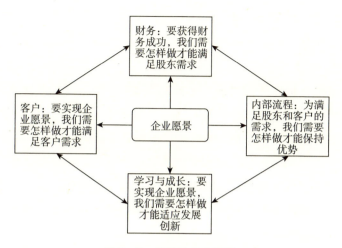

**图 2 - 3　平衡计分卡框架**

其中，财务方面的指标包括收入增长指标、成本降低指标和资产利用率指标等；客户方面的指标包括市场份额、客户满意度、客户获利能力等；内部经营流程具体涵盖创新、经营和售后服务三个主要环节，选择的具体指标包括研发费用率、研发成功率、研发获利能力、产品质量指标、生产循环效率、基本售后服务、客户咨询、服务方式等；学习与成长方面具体包括企业信息系统能力、激励机制、员工素质等。这些指标虽然在评价对象上各有侧重，但彼此之间却存在着内在因果关系，揭示了企业业绩与其动因之间的内在逻辑。

在运用平衡计分卡的过程中，有助于企业实现投资者满意与客户满意之间的协调与平衡；有助于实现内部经营流程、员工学习和利润增长之间的协调与平衡；有助于实现企业当前业绩与业绩成长之间的协调与平衡，并在此基础上最终实现财务评价与非财务评价的结合。

## （三）企业绩效评价理论对本书的指导

中小型农业企业综合绩效评价是本书研究模型中的重要组成

部分。在企业绩效理论的指导下，为了全面、科学地衡量中小型农业企业绩效，我们选择了财务绩效与非财务绩效相结合的衡量方式。

首先，研究并不需要了解企业的全部信息，而是关注资源异质性与评价目标之间的相关关系，从而保证了中小型农业企业综合绩效评价的内容及指标具有层次性和立体性。

其次，采用了多元化的综合绩效评价视角。从性质上看，评价视角包括中小型农业企业的经营成果、财务状况以及非财务表现。从时期上看，评价视角既包括经营当期的绩效评价也包括对绩效前景的趋势预测。

最后，将企业综合绩效评价与利益相关者理论结合起来。根据各利益相关者的利益诉求及其与中小型农业企业的关系联结，完成了对综合绩效评价指标的具体选择。

第三章 ◀

# 资源异质性对中小型农业企业综合
# 绩效影响的理论模型构建

本章以资源基础理论为指导，首先对中小型农业企业经营活动中投入的具备显著异质性特征的资源进行清晰界定；进而在充分考虑中小型农业企业经营特征的基础上，对各资源异质性进行因素构念的区分讨论及衡量变量设计。在完成文献及资料的梳理之后，分别讨论了各因素构念与企业综合绩效间的理论关系，即提出各个有待验证的理论假设，构建了本书的理论模型。从研究整体框架的角度，本章完成了模型概念化工作。

## 一　中小型农业企业资源构成维度设计

### （一）企业资源定义

伴随着研究视角的不断拓展，企业管理相关研究的重点从关注企业资产逐渐转向企业资源。"资源基础理论"更是直接将企业视作资源的集合体。

Wernerfelt（1984）认为企业资源就是企业在特定时期内所掌握的全部有形的和无形的资产，具体包括资本、品牌、技术、优秀的员工、机器设备、忠诚的客户、生产经验等。在后续研究中，他又进一步将企业资源划分为固定资产、计划和企业文化三种类型（Wernerfelt，1989）。

Barney（1986）在考察企业资源与绩效差异的关系时发现，并不是所有资源都会对企业绩效差异产生积极的影响；有的资源（比如僵化的组织结构）甚至会对企业绩效表现产生负面的消极影响；而有的资源可能对企业绩效根本就没有任何的影响作用。他对于企业资源的界定是企业所控制的所有资产、组织流程、技术知识等能够带来绩效差异的物质。更进一步，他对企业资源进行了三分法的类别划分，将其区分为物质、人力和组织（Barney，1991）。其中，物质资本资源具体包括企业的技术、厂房和设备，掌握的各种生产原料；人力资本资源具体包括管理者和员工个人所具备的教育背景、能力、工作经验、关系等；组织资本资源具体包括与企业相关的属性集合（如，企业文化、企业内正式和非正式的制度体系、企业管理系统等）以及各种关系（如，企业内部成员之间的关系、企业与外部各组织或个体之间的关系）。值得注意的是，Barney 对上述资源的界定是在一定条件下进行的。具体来说，只有企业资源具备异质性特征时才有必要进一步讨论其与企业绩效之间的关系。

Grant（1991）将生产过程中的投入定义为企业资源，并将其分为六类：财富、物质、人力、技术、声望和组织。另外，Grant（1991）还区分了资源与能力这两个术语的差异。他认为，资源本身并不足以产生绩效的差异。企业在制定战略和实施过程中所表现出的资源整合、资源协调、资源重组等资源开发能力才是企业绩效差异的本源。这一观点无疑进一步推进了人们对资源与绩效关系的科学认识，在资源投入与绩效表现之间建立起了更具逻辑性的分析模式。

Amit 和 Schoemaker（1993）借鉴会计学中对于资产的定义，认为被企业拥有或控制的要素存量就是企业资源。具体包括专利、产权、厂房和设备以及人力资本等。与 Grant 的观点相似，他们也认为这些资源只有与企业管理系统、激励机制、组织氛围等制度产生联结，才能够实现资源的价值创造。他们也同样强调价值创造过程中的能力概念，认为能力是企业在长期发展过程中形成的资源开发过程，其可以导致企业资源生产率的提高。

可以看出，上述学者对资源的定义是非常宽泛的，在定义描述时多采用列举法。

本书认为企业拥有或控制的、具备异质性特征的、在企业价值创造过程中的所有有形或无形的投入都可以被界定为企业资源。同时，本书认为即便是具备异质性特征的资源，其本身并不能进行主动的价值创造，资源价值性的实现必须依托于组织的能力，具体表现为企业内部的组织结构、规章制度、管理手段、文化氛围等正式的以及非正式的制度基础。异质性资源只有被置于组织背景之下，依靠组织的力量才能完成配置、协调并最终实现价值创造。

### （二）企业资源依赖的演进

伴随着人类经济社会的不断进步，社会经济形态先后经历了农耕经济时代、工业经济时代和信息经济时代的发展变迁。经济形态的变迁是社会生产力不断进步的结果，也就是说，伴随着社会生产力的不断提高，资源投入要素的变迁过程推动着社会经济形态的变迁。因此，从资源角度分析，可以认为各种经济形态的变迁历史其实就是各阶段中社会经济资源依赖的变迁史。

#### 1. 自然资源依赖阶段

当人类开始进行主动的耕种活动时，人类的狩猎采集活动时代就结束了。农耕经济时代最重要的也是最为依赖的资源是土地、水等自然资源。同时，自然资源价值的充分挖掘、发挥离不开人类的主动投入——人类劳动。威廉·配第所说"土地是财富之父，劳动是财富之母"就是对农耕经济时代资源依赖的典型描述。

在依赖自然资源投入的农耕经济时代，产出差异主要表现为产出数量的差异，并且这一差异可以通过自然资源的异质性进行合理解释。一方面，自然资源的天然差异，比如土地资源的肥沃程度、水资源的丰沛程度，会导致级差地租从而形成产出的差异。这一时期的自然资源的异质性主要表现为天然的稀缺性、能够产生价值、由于地理位置的差异不可能进行复制等自然禀赋差异。换句话说，这一时期产出的差异主要来源于生产活动中所投入的自然资源的异质性特征。另一方面，人在农业生产过程中的主动投入，比如劳作时间的长短、个人对自然资源认识的经验积累等，也会导致产出的差异。但是，简单的体力劳动投入的差异是可以被模仿的，所以不能有效解释产出差异。而个人对自然资源认识的经验积累，如对农时的准确把握等，作为默会知识是不可复制的，是产出差异的有效解释。

综上所述，这一阶段导致产出差异的主要原因是自然资源的禀赋差异。在这一阶段末期，随着生产剩余的不断增加，小规模的交易活动随之产生。然而这时的产品交易活动主要还是为了满足互通有无的需要，并没有成为财富增加的主要手段。

2. 资本资源依赖阶段

随着社会财富的不断积累，加之航海活动带来的地理大发现，贸易成为社会财富增长的主要推动力。重商主义的兴起被认为是现代西方经济学的起点，其对社会经济的讨论充分肯定了商品和商品经济的重要作用。随着人类社会从农业经济社会向工业经济社会的转变，人类社会经济生活中的资源依赖重心也随之发生了转变。

初期的商品经济时代，生产组织方式以家庭式手工作坊为主。生产过程中的资源投入仍然是二元化的，以基础生产资料和人力投入为主。产出的差异不但表现为产出数量的差异，同时也出现了产出品质的差异。总体来看，这一时期的生产活动较为简单，市场发展处于卖方市场阶段。此时的产品差异主要由手工作坊主的技术差异决定。但在物质较为匮乏的时代，人力技术差异所导致的生产绩效差异并不明显。

生产组织方式很快就发生了新的转变，更大规模的机器生产方式成为社会经济活动的主流。这一转变对资源投入产生了新的需求，导致生产过程中的资源投入由二元转化为三元。财务资源成为生产过程中更为倚重的资源投入。这时生产经营中的产出差异主要表现为产量上的差异。这一差异一方面形成于工厂的规模差异，即由物质资源投入差异所导致；另一方面形成于工人生产技术的熟练程度，而工人是否技术熟练主要是由其生产经验的多少，即工人所具备的个人知识决定的。也就是说，人力资源所具有的异质性特征较上一阶段表现得更为显著。

可以看出，在商品经济初期阶段，自然资源对生产活动的重要性有所下降，商品经济生产活动更依赖物质资源和财务资源的投入，它们是这一时期生产产出差异的主要影响因素。另外，虽然产出差异中有一部分可以用员工个人的知识资源进行解释，但这部分差异并不明显，没有得到广泛的重视。当经济社会在产业革命的推动下进入社会化大生产阶段，资本或者说财务资源在企业生产活动中的作用得到了充分的肯定。只要有资本的支撑，企业就能够通过规模的扩张相应地实现超额的绩效表现。这一时期，理论研究者们的关注重点在于资本资源的获得和管理。

3. 资源综合利用阶段

在技术进步的不断推动下，社会经济形态又发生了重大的转变，完成了从工业经济向信息经济的转变。依靠资本投入实现企业规模扩张来获得经营成功变得越来越困难，财务资源不再是企业成功的唯一保证。资本密集型企业在竞争中的优势地位不再稳固。这一时期经济发展中最为引人注目的是一大批技术密集型企业的成功。在互联网技术的推动下，大批技术型企业实现了超速发展，展现了完全不同于传统工业企业的发展路径。这一现象的普遍发生向人们展示了技术、知识资源的巨大力量。工业企业在这一时期的发展也辅证了上述观点。此时的市场发展处于买方市场阶段，消费者对产品的差异化要求越来越高。这也就意味着，市场对于产品生产的技术要求越来越高。只有不断进行技术创新的企业才能在激烈的市场竞争中胜出，知识在企业竞争中的核心地位得到了广泛认可。

除此之外，管理者的个人能力、员工的创新能力等人员素质的差异也被认为是导致企业绩效差异的主要来源之一。随着行为科学理论、产业理论、利益相关者理论甚至环境科学领域的发展，研究者们对消费者行为、供应商行为、企业内外部环境变化对企业竞争力的影响都进行了深入的研究。这些多样化的研究也向我们说明了影响企业竞争能力的不再是单一的资源因素，企业所投入资源的复杂化以及资源间关系的复杂化对企业绩效表现产生全方位的影响。

以上是从社会生产角度进行的资源投入演进分析，可以看出，资源投入的演变是随着社会生产力发展而不断进行调整的动态发展过程。在不同的发展阶段，经济活动所依赖的资源投入是不同的。从企业资源投入的角度来看，在企业这一组织形态出现初期，实物资产和财务资产是最为重要的资源投入。这些资源易于进行货币化的衡量，能够在企业资产负债表中进行列示，反映了企业财产构成和财务状况。与此相对应的是企业的绩效评价系统对此类资源投入产出效率的过分依赖。然而随着社会经济的发展，厂房建筑物、机器设备等实物资产以及现金、金融资产等财务资产已经不再是企业实现目标的最重要资源投入了。取而代之的是知识、技术、企业声誉、社会网络关系、信息系统、组织结构等无法在资产负债表中列示的资源投入。简而言之，资源对企业绩效的影响作用日益显著。因此，对企业绩效的评价视角亦应随之拓展。

### （三）中小型农业企业资源构成描述

关于企业资源构成，通常可以按照是否具备实物形态划分成有形资源和无形资源。其中，有形资源较为符合会计核算的货币计量假设，能够在财务报表中得到反映。而多数无形的资源不能满足货币计量的条件，无法在传统报表中进行反映。具体包括：客户资源、企业管理团队、企业声誉，等等。然而，上述划分方式较为笼统，不利于区别、分析各类型资源对企业绩效的具体影响。

在资源构成方面，尽管本书基本认同图 3 - 1 所示的 Barney (1991) 的三分法观点，但仍认为他所做的划分不够清晰。首先，Barney 的观点没有体现资源与能力的区分，他对组织资本资源的界定其实是资源与能力的混淆。另外，他在人力资本资源的内容界定上涉及关系，在组织资本资源的内容界定上也涉及公司内部组织间的关系，出现了资源内涵界定的重叠问题。

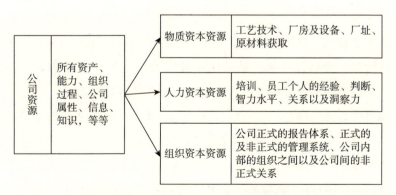

**图 3 - 1　Barney 对企业资源的类型划分**

结合 Ahuja (2000) 的研究观点，本书将 Barney 的企业资源三分法调整为财物资源、知识资源和关系资源三类，并结合中小型农业企业特点进行了尝试性的阐释。需要说明的是，企业资源构成是一个不断演进的动态发展过程。不同时期、不同规模、位于产业链条不同位置的中小型农业企业在经营过程中对具体资源的依赖是千差万别的。

首先，金融资本、实物资源始终都会是企业生产经营活动以及价值创造的基础。对于中小型农业企业来说，金融资本以及实物资源的稀缺仍是企业亟待解决的根本问题。另外，虽然资本及实物资源容易从公开市场上获得，但即便是相同的实物资源，在企业不同的管理、配置方式下也可能会表现出异质性的特征，进而带来绩效差异。因此本书提出，财物资源是中小型农业企业资源构成中的基础性资源。

其次，知识资源是中小型农业企业形成竞争优势的重要依托。本书认为，目前关于人力资本资源的界定并没有揭示其资源实质。人力资本资源的本质应是以个人为载体的知识资源，中小型农业企业的经营需要大量熟练工人。以从事农产品生产的中小型企业为例，员工对农时、农事、天气、环境等方面的经验知识，是中小型农业生产企业的宝贵财富。员工知识资源的异质性对于农业生产企业规避自然风险至关重要。另外，企业本身也是知识的载体。中小型农业企业在以往农事活动中积累的经验、操作流程、过程设计等，都是企业获取的以组织为载体的知识资源。这些资源具备稀缺性、价值性、形成的路径依赖性、不可复制性等异质性特征，对它的合理运用能够为企业带来显著的超额绩效。研究表明，现代企业的获利能力主要来自于以知识为基础的相关资产而非以往的土地、设备等有形资产（Edvinsson & Malone，1997）。知识的资本化、人格化表现已使其成为推动社会财富增长的首要力量。在知识经济时代，知识资源所具备的价值性、可再生性、在使用过程中的新陈代谢特征，将会使其所导致的收益表现出一贯的递增趋势，而非如财务资源般呈现出周期性变化趋势。拥有丰富的财务资源已经不再是决定企业的竞争优势唯一要素，知识及其整合才是企业竞争优势的主要来源（Drucker，1994）。因此本书提出，知识资源有助于中小型农业企业价值的实现，是改善企业综合绩效的提升性资源。

再次，本书认为 Barney 所界定的组织资本资源在剥离了前述企业能力和知识资源之后，其实质是一种关系资源。在目前的社会经济体系中，没有任何企业或个人是可以独立存在的。为了应对外部环境的不确定性，企业一定会与外部的其他组织或个人产生各种联系，形成相互交叠的关系网络（Pfeffer，Nowak，1976）。它们代表了企业的外部环境因素，表现为企业对外部环境的适应能力以及组织间协作中的特定位置。受制于规模限制，中小型农业企业往往具有地域性、经营活动较为单一、渠道关系简单等特点。这些特征使得中小型农业企业的关系网络看似稀疏但却具有较高的网络强度，其经营活动会更为依赖关系资源。依据资源基础理论的观点，这一关系网络同时也会成为中小型农业企业资源获取的平台，进而对其价值创造过程以及综合绩效产生影响。从这一角度来看，与中小型农业企业形成相互联系的组织或个人就都成为其关系资源的提供者。关系资源具备价值性、不易复制性等异质性特征，对它的合理运用应该能够为中小型农业企业带来显著的超额绩效。虽然由于关系资源对综合绩效的影响存在模糊性，我们很难判断某种关系资源对企业特定经营期间的绩效产生了怎样的效果，但是，不容否定的是，关系资源必然会影响组织行为，进而影响企业综合绩效，即关系资源通过行为差异导致绩效差异。

最后，本书认为中小型农业企业仅仅拥有上述资源存量是不够的，资源本身并不具有价值创造的能动性。资源异质性导致的绩效差异离不开企业资源配置与运用的能力，这一能力蕴含在制度体系之中。只有在制度体系的规范引导之下，上述各类资源的异质性才能被激活、促进，进而发挥创造超额绩效的功能，即反映企业整合、运用资源能力的制度支撑体系是影响中小型农业企业综合绩效的环境因素。

需要说明的是，虽然传统农业生产依旧离不开自然资源的投入，但是该类资源的投入却是企业甚至人类活动难以控制并且难以量化的。因此本书对该类资源不予以考虑。

图3-2描述了本书中的中小型农业企业资源构成及其与企业综合绩效的关系。

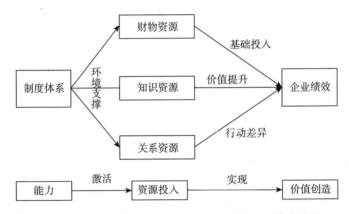

**图3-2  中小型农业企业资源构成及其与企业绩效关系**

综上所述，基于本小节的中小型农业企业资源构成分析，后续研究从其异质性分析入手，探究各类型资源的异质性特征对中小型农业企业综合绩效的具体影响。

# 二  中小型农业企业资源异质性分析及其衡量

根据我国2011年由多部委联合印发的《关于印发中小企业划型标准规定的通知》，农业行业营业收入20000万元以下的为中小微型企业。其中，营业收入 500 万元及以上的为中型企业，营业收入 50 万元及以上的为小型企业，营业收入 50 万元以下的为微型企业。本书研究对象的选取亦遵从上述标准。

本书研究中，资源异质性是指中小型农业企业在经营活动中所投入资源的差别化表现。其特征表现包括：价值性、稀缺性、不可复制性及组织效率差异。资源异质性的衡量可以从数量、质量、性质、来源渠道、配置方式、可感知程度、联系紧密程度、承载主体态度、使用强度、可靠性等方面进行。

本小节应用第二章中所介绍的 VRIO 框架模型，对中小型农业企业所投入资源的异质性特征进行分析并就其衡量进行具体设计。

## （一）财物资源异质性分析及其衡量

### 1. 财物资源定义及其异质性分析

本书将财物资源界定为能够在企业资产负债表中报告的各种资金和有形资产。

企业经营都会面临资源约束的问题，中小型农业企业更是如此。受制于农业产业的天然弱质性，中小型农业企业除了要抵御来自经济环境的经营风险之外，还时常面临不可控的潜在自然风险。这也对其财物资源的组织配置提出了更高的要求和更多的限制。

中小型农业企业所拥有的财物资源具有的价值性和稀缺性是不言而喻的。但是，由于资本市场的日益活跃和公开化，企业一般从公开市场上获得的财物资源趋于同质化，其获得过程中的不可复制性不断减弱。因此，对财物资源异质性的分析应该关注"O"环节，即组织应用的环节。看似同质的资产，在企业不同的管理框架下，就会体现出异质性的特征。举例来说，资金支付方式的合理安排，能够有效缓解企业资金的流动性压力；固定资产以及生产过程中使用的工具器具，可能由于使用过程及保养方式的不同而表现出不同的使用寿命，带来不同的生产效率；农副食品加工企业所需要的原材料可能是相同的，但是采购时间的差异、采购活动的安排、仓储保管环节的种种差异，都会影响企业的绩效表现。这些都会使得同质资产最终表现出异质性特征。

**2. 财物资源异质性模块构成**

本书认为，财物资源异质性是由财物资源各组成部分的异质性共同表达的。因此，本部分首先进行财物资源构成的分析。

一般来说，在资源基础理论框架内讨论的有形物质资产主要指土地、机器设备和财务资本（Meng-Yuh Cheng et al.，2010）。但是由于我国特殊的土地权属制度，企业仅拥有土地的使用权而非所有权，在核算时属于无形资产。因此，本书中财物资源不包括企业土地。另外，在构建理论模型时，资产负债表中的各种资金和有形资产多达十余项，因此需要提炼出财物资源的主要构成因素，以满足模型创建的简约性原则。本部分通过对农业上市公司的报表数据整理，根据各财物资源具体项目占企业总资产的比例，提炼出农业企业财物资源主要构成因素。

在选择上市公司时，以传统农业种植企业为核心，向上游延伸至种业企业，向下游延伸至以农业种植产出物为主要原料的农产品加工企业。在这个狭义的农业生产链条上，企业运作依托于自然环境，较为显著地受到季节性和周期性的影响。按照2012年修订的《上市公司行业分类指引》，选择A门类下的农业、农林牧渔服务业行业大类以及C门类下的农副食品加工业行业大类。具体筛选样本公司时，剔除种植业中不依赖土地资源开展生产的公司；剔除农副食品加工业中不以种植业产出作为主要原料的公司；剔除被ST的公司；剔除上市时间不满三年的公司，最终共选择了27家农业上市公司。样本公司最终筛选结果见表3-1。

## 表3-1 农业样本公司总名录

| 种业公司 (8) | 种植业公司 (6) | 农副食品加工业公司 (13) | |
|---|---|---|---|
| 丰乐种业 | 亚盛集团 | 中粮屯河 | 西王食品 |
| 隆平高科 | 新农开发 | 哈高科 | 正虹科技 |
| 万向德农 | 香梨股份 | 金健米业 | 顺鑫农业 |
| 敦煌种业 | 北大荒 | 冠农股份 | 东陵粮油 |
| 登海种业 | 新赛股份 | 天宝股份 | 保龄宝 |
| 大北农 | 海南橡胶 | 好想你 | 朗源股份 |
| 荃银高科 | | 龙力生物 | |
| 神农大丰 | | | |

以表3-1中所列上市公司2011~2013年度财务报告中的相关资产项目数据进行分析，具体数据在附表1中列示。按附表1中的主要资产项目占总资产比例均值计算三年均值，结果列示如表3-2所示。

## 表3-2 样本公司资产项目占总资产比率概要

单位：%

| 公司简称 | 证券代码 | 货币资金占比 | 应收票据占比 | 应收账款净额占比 | 占比小计 | 存货净额占比 | 固定资产净额占比 | 占比总计 |
|---|---|---|---|---|---|---|---|---|
| 西王食品 | 000639 | 18.98 | 0.58 | 7.02 | 26.58 | 15.84 | 33.61 | 76.03 |
| 正虹科技 | 000702 | 14.11 | 0.10 | 1.09 | 15.30 | 22.49 | 43.03 | 80.82 |
| 丰乐种业 | 000713 | 19.73 | 1.56 | 4.88 | 26.17 | 34.49 | 18.33 | 79.00 |
| 顺鑫农业 | 000860 | 15.69 | 0.36 | 1.13 | 17.18 | 44.70 | 19.50 | 81.38 |
| 东陵粮油 | 000893 | 45.98 | 3.55 | 0.87 | 50.40 | 25.81 | 14.31 | 90.52 |
| 隆平高科 | 000998 | 14.51 | 0.06 | 4.51 | 19.08 | 36.01 | 15.58 | 70.67 |
| 登海种业 | 002041 | 49.58 | 0.00 | 3.15 | 52.73 | 19.54 | 17.19 | 89.46 |
| 天宝股份 | 002220 | 14.51 | 0.36 | 15.79 | 30.65 | 11.18 | 16.23 | 58.07 |
| 保龄宝 | 002286 | 15.19 | 1.15 | 9.02 | 25.37 | 8.16 | 47.82 | 81.34 |
| 大北农 | 002385 | 31.76 | 0.32 | 2.87 | 34.96 | 21.56 | 22.02 | 78.55 |

续表

| 公司简称 | 证券代码 | 货币资金占比 | 应收票据占比 | 应收账款净额占比 | 占比小计 | 存货净额占比 | 固定资产净额占比 | 占比总计 |
|---|---|---|---|---|---|---|---|---|
| 好想你 | 002582 | 29.03 | 0.00 | 5.97 | 35.00 | 26.94 | 16.77 | 78.71 |
| 龙力生物 | 002604 | 58.65 | 0.00 | 3.27 | 61.92 | 5.68 | 23.31 | 90.91 |
| 荃银高科 | 300087 | 30.01 | 0.00 | 3.16 | 33.17 | 37.50 | 7.73 | 78.40 |
| 朗源股份 | 300175 | 14.01 | 0.00 | 7.86 | 21.88 | 37.50 | 24.00 | 83.38 |
| 神农大丰 | 300189 | 43.93 | 0.00 | 4.91 | 48.85 | 19.77 | 5.96 | 74.58 |
| 哈高科 | 600095 | 11.14 | 0.32 | 2.82 | 14.28 | 43.57 | 17.58 | 75.44 |
| 亚盛集团 | 600108 | 15.23 | 0.04 | 7.62 | 22.89 | 9.16 | 11.57 | 43.61 |
| 金健米业 | 600127 | 14.88 | 2.07 | 5.09 | 22.05 | 23.58 | 39.69 | 85.31 |
| 冠农股份 | 600251 | 12.42 | 0.05 | 2.99 | 15.46 | 21.38 | 23.66 | 60.50 |
| 敦煌种业 | 600354 | 30.71 | 0.23 | 8.94 | 39.89 | 26.05 | 19.55 | 85.48 |
| 新农开发 | 600359 | 18.43 | 1.04 | 3.99 | 23.46 | 22.20 | 30.11 | 75.77 |
| 万向德农 | 600371 | 6.86 | 0.00 | 0.35 | 7.21 | 52.39 | 19.81 | 79.42 |
| 香梨股份 | 600506 | 19.89 | 1.19 | 3.44 | 24.52 | 9.45 | 18.24 | 52.21 |
| 新赛股份 | 600540 | 17.19 | 0.36 | 7.60 | 25.16 | 22.34 | 18.84 | 66.34 |
| 北大荒 | 600598 | 10.94 | 0.70 | 6.38 | 18.02 | 30.25 | 36.73 | 84.99 |
| 中粮屯河 | 600737 | 7.49 | 0.65 | 7.22 | 15.36 | 26.31 | 36.40 | 78.07 |
| 海南橡胶 | 601118 | 17.85 | 0.45 | 5.10 | 23.40 | 17.85 | 10.74 | 51.99 |

从表 3-2 中很容易看出，资产项目中货币资金、应收票据、应收账款净额、存货净额和固定资产净额五个项目合计占企业总资产的比例基本都超过 50%，个别企业甚至超过 90%。占比较低的企业，如亚盛集团 43.61%、香梨股份 52.21%、海南橡胶 51.99%，基本都是种植业企业。这主要是因为种植业企业生产中仍需依赖土地资源，而在我国会计准则体系下，土地使用权是在无形资产项目下进行报告的。因此，在不考虑土地使用权时，种植业上市公司的上述五个资产项目占总资产的比例就略低。

27 家样本公司的上述五项资产占总资产的比例平均值为

75.34%。在上述五个资产项目中，货币资金、应收票据、应收账款可以被统称为资金项目。因此，本书中财物资源以资金、存货和固定资产三个因素进行替代描述，财物资源异质性特征由资金异质性、存货异质性和固定资产异质性三方面表现。具体如图3-3所示。

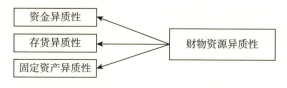

**图3-3　财物资源异质性模块构成因素**

3. 财物资源异质性衡量指标的选择

财物资源评价一般从总量、运营管理、使用效率、获取渠道等方面进行。中小型企业受制于规模限制，为了规避风险，其在财物资源的管理上更为偏好流动性。以下对财物资源各部分异质性的讨论以此为基点分别进行。

资金异质性的衡量从三个方面进行。首先，充裕的资金存量有助于企业及时了结债务、支付职工薪酬，这是企业顺利开展经营活动并实现对外扩张的有力保证。在实地调研中我们发现，中小型农业企业往往倾向于保有较高的资金存量，以便更为灵活地应对市场波动，提高经营的抗风险能力。尤其是在春夏两季，农产品生产企业为了应对极端天气可能带来的生产损失，往往倾向于保持较高的现金持有量。因此设计指标 A01 衡量中小型农业企业资金存量是否具有比较优势。其次，资金管理方法的差异能够有效实现资金盈利性和流动性的协调，保证企业运营安全。因此设计指标 A02 衡量中小型农业企业资金管理是否具备科学性。最后，资金来源渠道的多样性意味着企业资金成本的差异性及灵活性，是影响企业资金效率的重要因素。因此设计指标 A03 衡量中小型农业企业资金来源渠道的多样性。

存货是农业企业重要的资产项目，占流动资产的比例较高。对其异质性的衡量也从三个方面进行。首先，农业企业由于生产的自然周期性特点，其存货数量和存货结构也往往存在周期波动。同时，存货数量和存货结构的合理性不仅代表企业的存货管理水平，还有可能体现资金周转压力问题。过高的存货水平还可能意味着企业储备了过量的原材料或者企业出现了产成品的积压等问题。因此设计指标 A04 衡量农业企业存货管理的优劣。其次，通常企业在正常生产经营安排下的资源获得能力并无太过显著的差异，资源获取能力的差异主要体现在应急项目的资源获得，如对临时订单的材料获得等。另一方面，农业企业的存货管理还应随时应对市场变化，如天气原因导致的订单调整等。因此设计指标 A05 衡量农业企业资源调配的能力。最后，存货周转速度是衡量企业运营能力的重要方面，该指标反映企业从取得材料直至产品销售所耗费的时间长短。不合理的存货周转速度通常预示了企业的经营困境，因此设计指标 A06 衡量农业企业存货周转速度。

固定资产是企业资产构成的最主要项目。固定资产的形成具有资金投入量大、回收期长等特点，并且农业企业生产过程中使用的固定资产往往还会有较强的专用性。因此，固定资产异质性是财物资源异质性的重要表达。第一，由于科技创新，智能化设备不断涌现，机器设备先进性的差异是导致生产效率差异的重要因素，因此设计指标 A07。第二，根据附表 1 进行的数据测算，农业上市公司的固定资产占总资产的比例基本处于 20% ~ 35%，个别企业甚至高达 47.82%。由此可见，固定资产的规模差异在某种程度上能够反映企业规模差异。而在中小型农业企业的竞争中，是否具备规模效应仍是重要的影响因素。因此设计指数 A08，衡量农业企业是否具有经营的规模效应。第三，企业用固定资产的质量状况体现了农业企业对固定资产的维护、更新的态度差异。在调研中我们也发现，由于资金限制，中小型农业企业对固定资产的更新活动非常慎重。企业在固定资产管理过程中更加注重对固定资产及其他工具器具的养护。管理精细、保养及时，有助于固定资产生产效率的稳定发挥，因此设计指标 A09。最后，随着新型融资方式的不断出现，固定资产的取得不再局限于"购买"方式。固定资产的取得方式可以衡量农业企业配置财物资源的能力差异，因此设计指标 A10。

　　基于上述分析，形成了表 3 - 3 列示的中小型农业企业财物资源异质性测量指标表。

表 3 - 3　中小型农业企业财物资源异质性测量指标

| 测量维度 | 指标编号 | 指标含义 |
| --- | --- | --- |
| 资金异质性 | A01 | 资金存量的充裕水平 |
| | A02 | 资金管理方法的科学性 |
| | A03 | 资金来源渠道的多样性 |
| 存货异质性 | A04 | 存货结构和水平的合理性 |
| | A05 | 临时调配存货的能力 |
| | A06 | 存货周转速度的合理性 |
| 固定资产异质性 | A07 | 机器设备的先进性 |
| | A08 | 固定资产规模的优势 |
| | A09 | 固定资产的维护及更新水平 |
| | A10 | 机器、设备来源渠道的多样性 |

## （二）知识资源异质性分析及其衡量

### 1. 知识资源定义及其异质性分析

　　在牛津 - 韦氏大词典中，知识被定义为一种被知道的状态或事实，是被人类理解、发现或学习的总和，是从经验而来的加总。Wijnhoven（2006）将知识定义为具体的经验和抽象概念的集合。Davenport 和 Prusak（1998）将知识定义为结构化的经验、价值观、背景信息及专家见解的集合，并且能够为评估与吸收新的经验和信息提供参考。Al-hawari（2004）从知识管理的角度对知识进行了界定，认为组织知识应该能够被编码、传递、理解并应用于制定决策、解决问题和实现绩效等组织目标。Raisinghani（2000）认为知识就是结构化的信息。在关于企业知识的早期研究中，多数研究者将知识资源界定为企业的无形资产并视其为企业竞争优势的来源（Hunt & Morgan，1995；Galunic，1998；Teece，2000；Wiklund，Shepard，2003）。在国内学者开展的相关研究中，上述观点被普遍接受并从不同角度进行了拓展。杨志峰等人（2000）将处于经济运行系统中的人类知识界定为知识资源，在明确其资本属性后，又进一步论证了知识资源与经济财富的关系。章清（2000）从知识社会学的角度强调了知识的实证价值，尤其是以经典文献为载体形式的传统。黄兆良（2001）认为知识资源可以以任何形式进行表现，它是由人类智力劳动发现和创造的，并通过物化过程形成财富。陈龙波等人（2007）从企业并购的视角论证了知识资源在企业并购整合过程中的重要作用。韩富贵（2007）从生产和消费的手段和对象的角度论证了知识的资源价值。王平（2009）将知识资源界定为人类在长期实践中形成的、关于社会及自然的认识和判断，并最终形成体系化、汇总应用于各种价值创造活动的非物质源泉。

目前对企业知识的研究多以"H－S－C"结构为基础（Stewart，1994；Roos et al.，1997）。其中，"H"表示以个人为载体的、员工可带走的认知、技能及经验等知识范畴；"S"表示以组织为载体的组织惯例、管理系统、知识产权等知识范畴；"C"表示来自客户的知识范畴，多数研究将与客户的关系也纳入这一范畴。然而，这种界定方式导致对企业所拥有的知识资源的内涵泛化，背离了对于"知识"这一概念的本源认识。

基于上述认识，从资源基础理论视角出发，本书将知识资源界定为：投入企业生产经营活动中的，具有结构化的经验、价值观、背景信息与专家见解的异质性资源集合。

作为企业生产经营活动的重要资源投入，中小型农业企业知识资源的异质性特征体现在如下方面。

第一，农业知识的价值性。农业企业产品或服务的价值形成有赖于对农事的了解、对农时的把握、对各种自然及病虫灾害的预警防治，等等。日本趋势专家堺屋太一甚至在其著作《知识价值革命》一书中预测，知识投入量是未来社会产品价值的唯一决定因素（堺屋太一，1987）。因此，农业企业知识资源具备价值性。

第二，农业知识的稀缺性。中小型农业企业所需的知识资源除了基本通识之外，还包括很多田间地头的小技巧、虫害防治的小偏方等经验知识。这些知识往往是隐性知识，其形成多依靠个人积累或者言传口授，并表现出鲜明的地域特征。其稀缺性特征较为明显。

第三，农业知识资源的积累具有类新陈代谢和路径依赖的特征。知识资源在运用过程中不会被磨损耗散，甚至知识的增值就是在知识资源的反复使用中实现的。比如，各种经典理论不断被人论证、运用，这些重复性活动不仅没有导致知识资源的损耗，甚至还会由于知识应用过程中的经验积累而实现知识资源的自增长。但由于技术进步、生产环境创新等原因，农业企业掌握的知识资源仍会被不断更新甚至淘汰。但是，知识资源的新旧更替不是全盘否定式进行的，而是不断修正、不断替代着完成的。即知识资源的增加具有类新陈代谢的特性。另外，新知识的出现和运用一定是在已有知识存量和知识结构的基础上进行的，并在知识运用过程中得到不断强化。这就形成了知识资源形成获取的路径依赖性，并且这一路径依赖特性又进一步强化了知识资源的难以模仿性。

第四，农业企业知识资源难以被竞争者模仿。知识资源本身所具有的无形性直接增加了竞争者的模仿障碍。并且由于不满足会计信息系统的货币计量假设以及相关确认条件，大多数知识资源都是无法在企业财务报表中进行反映的表外资产。在调研中，经常会出现中小型农业企业经营者无法列举出本企业知识资源的现象。并且，由于农业企业中的经验知识、操作技巧等在价值创造过程中的因果模糊性，竞争者甚至不知道应该模仿什么以及怎样模仿。另外，农业企业知识资源的获取是一个逐步积累的过程，加之农业生产的周期性、季节性特点，其他企业即便获得了相同的知识资源或者操作流程步骤，也需要时间进行实践理解和整合，即农业企业知识资源具有时间上的难以模仿性。

上述异质性特征使得知识资源成为企业特有的并且是能够为企业发展提供持续竞争优势的资源（Teece et al.，1997）。在论述知识对企业的重要意义时，Drucker（1994）甚至认为唯一有意义的资源就是知识。总的来说，知识资源是中小型农业企业价值创造和实现超额绩效的重要资源投入，它以存量的方式存在于企业之中，并在价值创造过程中不断积累、更新，具有总量稀缺、余值累积、规模报酬递增以及增长的类新陈代谢和路径依赖等特征。

### 2. 知识资源异质性模块构成

知识资源异质性由其各组成部分的异质性进行共同表达，因此知识资源异质性模块的构成从对知识资源的类型划分入手。考虑到知识资源的价值创造功能唯有依赖于掌握知识载体的相关活动才可以实现，因此本书关于知识资源的分类借鉴 Probst（1998）的观点，将企业知识资源划分为员工知识和组织知识。

首先，员工知识是企业知识资源的基础。员工知识是以人为承载主体的知识资源形式，包括员工通过接受教育、培训等所具有的知识、技能和经验及其学习能力等。从知识承载的角度来看，无论是显性知识还是隐性知识，员工都是其最终载体。因此，员工知识是企业知识资源的根本。

其次，在组织的成长和存续过程中，员工知识的运用又能够部分地转化为以组织自身为载体的组织知识。组织知识是以企业自身为承载主体的知识资源形式，存在于企业群体或者部门内以及整个组织中。组织知识不仅表现为显性的技术优势，同时也存在于各类组织程序以及工作流程、操作规范等（DavenPort & Prusak，1998）。简而言之，组织知识基本表现为企业拥有的各种技术以及能够在价值创造过程中帮助员工知识得以发挥作用的各种机制设计，具体包括企业获得的各种专利、技术；沟通机制、企业数据库、各种流程组织方式以及研发体系；保障内部知识传递的机制以及鼓励员工积极创新的机制；等等。也就是说，可以将组织知识理解为员工知识的组织环境。

综上所述，知识资源异质性由员工知识异质性和组织知识异质性共同表达。

然而本书认为，在知识资源异质性模块构成设置时仅考虑员工知识异质性和组织知识异质性是不够的。知识的隐晦性以及更替性，会导致知识异质性不断波动。并且由于员工知识与组织知识是以存量方式存在于企业之中的，在知识更新速率不断提高的背景环境下，依靠知识存量带来超额绩效的效用是递减的。因此，企业的知识管理过程是一个动态的过程，是在已有知识存量基础上不断升级的过程。虽然说企业所掌握的知识资源在运用过程中能够实现自我更新和积累，但是这一过程本身是一个漫长的、因果关系模糊的过程。而想要在竞争中实现超额绩效，最大限度地发挥知识资源的价值创造能力，就必须通过主动投资等方式加快这一积累过程。

作为知识资源物质化的实施者，企业也同时是知识资源价值创造的受益者（黄兆良，2001）。对知识资源可能带来的超额收益的期望，会推动企业主动成为知识资源的开发主体。企业主动的知识培养活动，有助于提高企业知识创造以及知识吸收、知识应用的能力（Stock，Greis and Fischer，2001），进而强化企业已有知识资源的异质性特征。Caloghirou 等（2004）的研究认为，企业主动进行的研发活动，是对已有知识存量的积极应用，以现有知识为基础进行的研发活动不但能够实现自有知识的积累，同时有助于新获取知识的吸收、转换和应用。因此，知识投资被认为是企业形成和储备组织知识资源的重要手段。Corso 和 Paolucci（2001）提出，如果企业有能力将已有知识进行系统的利用，则有助于推动企业创新，提高企业获利能力、实现超额绩效。Romijn 等（2002）进行的实证研究以电子行业为例证实了研发投入是企业技术创新能力的重要影响因素。张炳发、万威武（2006）对中国制造业上市公司的实证研究，证实了知识投资活动有助于企业知识资本的增加进而对企业绩效产生正向影响。Carayannis 和 Alexander（1999）从知识转化的角度提出，当员工个人知识实现向组织知识的转化时，员工知识的价值创造才能真正发挥作用。因此，向员工提供培训与学习的机会，此类专用性投资不但能够直接增加员工的知识存量，还可以提高整个组织的知识、技能水平。

综上所述，可以认为知识资源异质性分别由员工知识异质性和组织知识异质性表现，而知识培养环节有助于上述异质性的形成和表达，知识资源异质性模块构成如图 3－4 所示。

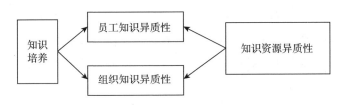

图 3－4　知识资源异质性模块构成因素

### 3. 知识资源异质性衡量指标的选择

按照上一小节的模块设计，具体指标选择依次从员工知识异质性、知识培养和组织知识异质性三个部分进行。

（1）员工知识异质性模块指标选择

众多知名学者关于人力资本的界定为本部分的指标选择提供了充分的参考指导，Brooking（1996）认为与员工直接相关的人力资本可以区分为：受教育程度、资质证书、专业素质、职业潜能、性格特质和与工作相关的能力；Roos 等（1997）从胜任能力、工作态度和创新能力三个方面界定了人力资本；Edvinsson 与 Malone（1999）认为企业人力资本应包括才能、态度以及创新变革的魄力；Davenport（1999）认为人力资本包括工作能力、行为表现、努力程度和服务时间。借鉴他们的定义，本书从胜任能力、发展潜力、创新态度和知识运用能力进行中小型农业企业员工知识异质性的衡量。

不少研究者选择"员工学历""员工受教育程度""高学历员工占比"或与之类似的相对指标用于衡量员工的专业胜任能力（Edvinsson ＆ Malone，1999；Sveiby，1997；冯丽霞、张淇，2007；李忠卫等，2009；高素英等，2011）。然而在问卷设计中却应该尽量避免涉及如此具体数值的题项。另外，本书认为学历仅反映了员工的受教育背景，却忽略了员工在工作过程中逐渐形成的经验等隐性知识。因此，本书没有采用衡量学历水平的相关指标，而是以"专业素质"来衡量员工所掌握的有助于其完成既定任务的专业知识、能力，并且包括其他与工作相关的技能，如洞察力、表达能力等。众多实证研究已经证明，拥有高素质人力资源是企业成功创新的关键（Bontis，2000；Hitt，2001；Takeuchi，2009）。由此设计题项 B01 用以衡量员工专业素质。在调研过程中，我们也能感受到中小型农业企业经营者对于员工专业素质有着越来越多的要求。由此选择衡量指标 B01 衡量员工专业素质。

　　员工专业素质仅反映了员工业已掌握的各种知识、技能，却不能反映出员工是否能够满足知识更新的要求。知识资源的类新陈代谢特征要求在衡量员工知识时还应考虑其发展潜力因素。并且从知识转移效果的角度来看，员工对新知识的吸收能力会直接影响其知识更新的效率（史江涛、宝贡敏，2008）。在知识经济时代，传统教育所提供的知识是远远不够的，只有具备相当学习能力才能实现员工知识的有效更新，确保员工知识资源始终能够保证企业的生产经营需要。由此选择衡量指标 B02 衡量员工知识的发展潜力。

　　前述两个题项主要衡量了现有的和未来可能有的员工知识的存量水平，但这仅仅是基础平台的衡量。但由于受到人的行为因素的影响，工作态度对员工知识在价值创造过程中的发挥起着重要的影响作用。这主要是因为人是知识资源运用过程中的主动因素，员工工作态度决定了其所掌握的知识资源在企业价值创造过程中被利用的充分程度。也就是说，员工工作态度是员工知识发挥价值创造功能的前提。由此设计题项 B03 用以衡量员工工作态度。除了工作态度，员工的创新能力也是制约员工知识资源价值创造的一大因素。这意味着员工知识的运用不是简单的重复，而是通过创造性活动实现员工知识的潜在自增长。由此设计题项 B04 用以衡量员工创新能力。

　　（2）知识培养模块指标选择

　　知识培养活动是为了促进知识资源异质性发挥所进行的必要支出和花费。借鉴张炳发等（2006）的研究，衡量指标从对员工的支出和企业研发支出两部分选择。

　　对员工的支出包括两部分内容。首先，新员工所具有的异质性知识资源有助于激发已有员工知识的创造性。适当的员工更替能够促进员工知识的更新替代，有助于保持知识资源的异质性。

因此企业的纳新活动体现了企业知识培养的不同手段。由此选择衡量指标 B05。其次，后续教育不但能够直接提供新的知识，保持员工知识的异质性，而且后续教育还有助于打破陈旧知识体系所产生的知识更替壁垒，加速新旧知识的交替整合。Ulrich（1998）的研究认为企业对于员工学习和培训的投资有助于强化员工能力的差异。Bea 和 Rowley（2004）从人力资源开发的角度提出，针对人力资源的投资对个人能力等有显著影响。贝克尔（1976）通过研究在职培训支出与企业收入实现之间的联动关系，得出在职培训有助于增加企业人力资本存量的结论。由此选择衡量指标 B06，衡量中小型农业企业对员工进行的后续教育活动的差异表现。

企业研发活动能够帮助企业累积学习能力，有助于各种新知识的获取、吸收及应用，这是企业保持持续竞争能力的关键决定因素（Amit & Schoemaker，1993；Stock，Greis & Fischer，2001）。张炳发（2006）对中国制造业上市公司的实证研究也证明知识资本投资活动对企业绩效会产生正向影响作用。丁勇（2011）通过对江西省高新技术企业的研究也得出了类似结论。研发投入强度会直接影响员工知识和组织知识的差异性。由此选择衡量指标 B07。

（3）组织知识异质性指标选择

组织知识异质性体现在企业拥有的各种工艺技术以及能够在价值创造过程中帮助员工知识异质性得以发挥的各种流程机制设计，其表现是多种多样的。对管理软件的运用在一定程度上体现了企业管理手段的科学性和管理效率。并且笔者在调研中发现，中小型农业企业管理软件的推行应用并不普遍。因此设计指标 B08 作为组织知识异质性的衡量指标。

专利、品种权等技术性知识的拥有量大小直接反映了农业企业的技术实力，它与农业企业绩效之间的正向影响关系是得到广泛认可的。Zhen 等（1999）的实证研究也表明企业掌握的专利技术与企业股票收益以及市账比指标有着统计上的显著相关性。中小型农业企业的经营者们也普遍认识到了专利、品牌等对企业绩效的积极影响。由此选择衡量指标 B09。

组织知识在大多数情况下表现为缄默状态的隐性知识（周晓东、项保华，2003）。这一特性在某种程度上会阻碍组织知识的传递、共享，也会对知识转移模式提出更高的要求。因此，企业在知识管理过程中应尤其注意对已有内部经验知识的传承，避免组织知识的遗漏、失真；避免组织知识的重复开发；提高组织知识在传承过程中的效率。由此设计题项 B10，考察企业内部经验知识的传承效果。

员工之间竞争关系的存在意味着拥有不同知识资源的员工会面临组织的差异化对待，可能表现为经济收益的差异化，也可能表现为组织地位的差异化，甚至某些独特知识的拥有意味着权威、地位。这时的知识拥有者会由于得不到相应的补偿而丧失知识共享的动力，更担心由于知识共享而危及自己原本的独特价值（南希·M. 狄克逊，2002）。如果没有有效的激励机制设计，知识资源占有方会通过知识隐藏行为进行所谓的知识保护，以期增加自己对于组织的重要性（斯蒂格利茨，1999）。而如果知识隐藏不被惩罚的话，则会加重原本知识占有的不对称性，最终阻碍知识资源的分享。为充分利用已有知识资源，企业知识管理的重要任务之一就是鼓励员工的知识共享行为，保证知识资源（尤其是隐性知识资源）实现有效的传递（Bontis，2002）。知识共享机制的建立有助于促进知识资源的传递甚至是生成，并最终保证企业超额绩效的实现。在企业内部营造一个鼓励员工交流、合作、沟通的知识资源应用体系环境，不但可以有效整合员工知识，甚至还可以通过促进组织与外部的交流合作获取更多的知识资源。因此设计题项 B11，考核企业知识分享与交流的环境与机会。

最后，组织创新活力对于组织知识异质性的维持无疑具有重要意义。由此选择衡量指标 B12。

基于上述分析，形成了表 3 - 4 列示的中小型农业企业知识资源异质性测量指标。

**表 3 - 4　中小型农业企业知识资源异质性测量指标**

| 测量维度 | 指标编号 | 指标含义 |
|---|---|---|
| 员工知识异质性 | B01 | 专业素质 |
| | B02 | 学习能力 |
| | B03 | 创新态度 |
| | B04 | 创新能力 |
| 知识培养 | B05 | 企业对专业人才的招募和培养的态度 |
| | B06 | 企业对员工的后续教育是否频繁 |
| | B07 | 研发投入的强度 |
| 组织知识异质性 | B08 | 管理软件的运用及更新维护 |
| | B09 | 技术性知识资源的拥有量 |
| | B10 | 经验知识的传承效果 |
| | B11 | 知识分享与交流的环境与机会 |
| | B12 | 组织创新活力 |

## （三）关系资源异质性分析及其衡量

### 1. 关系资源定义及其异质性分析

对自然、社会认识得越充分，我们就越会倾向于赞同充斥在整个社会经济体系中的广泛联系，没有任何组织或个人是可以独立存在的。企业一定会与其外部的其他组织或个人产生各种联系，形成各种关系，通过这些网络关系获得成长已经成为企业发展的一种重要模式，其对企业绩效的影响机制研究也一直是社会网络研究关注的焦点问题（窦红宾、王正斌，2012）。

本章以资源基础理论为指导，从利益相关者的角度将关系资源定义为企业所构建的以自身为中心，与各利益相关者相互交叠、嵌套的关系联结，并按照利益相关者与企业边界的相对位置将企业关系资源划分为广义的关系资源和狭义的关系资源。其中，广义的关系资源的形成包括企业所有的、处于企业内部以及外部的利益相关者；狭义的关系资源仅指企业与外部利益相关者所形成的关系网络联结。可以肯定的是，不论是广义的关系资源还是狭义的关系资源，这一社会网络体系能够通过网络聚敛效应实现对组织网络中稀缺资源的获取，这已成为企业绩效提升的重要推动力量。

作为企业生产经营活动中的必要资源投入，中小型农业企业关系资源的异质性特征体现在如下方面。

第一，关系资源具备价值性。在中国社会，"关系"历来是一种值得投资的重要资源，关系资源的培育可能为企业发展带来更广阔的前景。企业与其他组织或者个人所形成的相互交叠、嵌套的关系网络可以被视为一个资源库，并且在实际经营活动中充当资源供给的平台（Dyer，Singh，1998）。走访调查中我们发现，中小型农业企业受制于资源瓶颈，其资源获取渠道更显著地依赖于企业家个人建立起的关系联结。企业通过这一平台所获取的资源类型也是多种多样的，可能是生产资料资源，也可能是税收优惠政策，还可能是关于市场变化情况的信息资源，等等。当然，关系资源的构建和维系需要成本，但考虑到其可能给企业带来潜在收益及经营便利，企业往往乐于进行相应的支付。并且，越是在市场经济发展不充分的地区，需要动用"关系"所获取的资源往往越是对企业影响重大的关键资源。因此，从这个角度来看，关系资源本身也是具备价值性的。

第二，关系资源具备稀缺性。费孝通先生（2006）曾在《乡土中国》一书中对我国传统社会的关系属性进行精辟论述。他指出，在中国传统社会，人们都以个人为中心，按照血缘关系的亲疏远近向外推开，并最终形成涟漪般的"差序格局"，更以此概念解释了社会关系对个人行动选择的影响。中小型农业企业受制于对土地等自然资源的约束，其经营活动往往表现出较强的地缘特征。这也同时意味着企业家个体在当地拥有大量的亲缘关系、同学关系，等等。无论是否有所察觉，根源于中国传统文化习俗的"差序格局"始终未被打破，关系资源仍被人们按照某种亲疏远近的规则进行排序。因此，关系资源，尤其是具备价值性的关系资源是稀缺的。

　　第三，关系资源具备不可复制性。首先，关系资源的形成是个体社会网络不断扩展的结果，这一网络扩展过程是依托于个人或组织前期活动的，其关系节点的形成是具有路径特征的。其次，关系资源的形成具有社会复杂性。关系资源的形成路径是多种多样的，除了血缘关系以及亲缘关系具有较强的确定性之外，许多关系资源的获得都具有机缘巧合的因素。关系联结的最终形成是情感、理想、个性、信任等一系列不可控因素的混合结果，并且联结形成之后的稳定性、紧密度、支持度等也是会随着时间推移、环境变化而不断波动的。走访调查中我们感觉到，中小型农业企业关系资源的建立、维系与企业经营者个体的社会活动能力、家族基础、个性因素等紧密相关。因此，中小型农业企业的关系资源具有较强的不可复制性，极难被竞争者模仿。

　　综上所述，关系资源的异质性代表了企业在社会经济网络中的相对位置，意味着企业通过网络实现信息收集、资源获取的能力。异质性特征显著的关系资源有助于企业占据网络的中心位置，成为网络中信息和资源的汇聚点。

　　**2. 关系资源异质性模块构成**

　　根据基于利益相关者的企业治理理论的观点，企业是各利益相关者群体的契约集合体。各利益相关者群体向企业投入专用性资产并依此承担某种形式的风险，那么相应地，他们也应该依此分享企业的各种权利。因此，高效的企业治理结构应是根据各利益相关者的权利，在谈判博弈的基础上所形成的共同分享企业控制权及收益权的制度安排。并且，企业的运营及价值创造应不同程度地满足各利益相关者的利益诉求。

在以利益相关者为指导进行的社会资本实证研究中，企业利益相关者主要有消费者、供应商、科研机构、政府机构、同行竞争者以及各类中介服务机构（Burt，1992；Yli-Renko et al.，2001）。Nahapiet 和 Ghoshal（1997）在进行企业知识资本的结构维度定义时，将其界定为"来源于或嵌入于个人或社会单元所拥有的关系网络中的、可以被利用的实际的以及潜在的知识资源"。具体包括企业关于营销渠道的知识、企业建立的客户网络体系以及企业与政府、合作伙伴、教育机构等外部组织的关系等内容。Sveiby（1997）将智力资本中的关系维度仅界定为与消费者和供应商之间的关系。Bontis（1999）将知识资本中的关系维度扩展为嵌入组织关系中的知识，这些组织关系包括与消费者、竞争者、供应商、行业协会以及政府机构的关系。借鉴西方学者的分析思路，陈宏辉等（2004）通过实证调查，界定了股东、消费者、管理人员、供应商、员工、债权人、政府、分销商、特殊利益团体和社区为我国企业的 10 种利益相关者。

本书采纳基于中国实际的实证研究结论，并以上述 10 种利益相关者与企业边界的相对位置来区分，将他们简单归类为位于企业内部的利益相关者（股东、管理人员和员工）和位于企业外部的利益相关者，并在此基础上，开展后续关系资源模块的讨论。

首先，本次关系资源构成中不考虑股东、管理人员和员工等位于企业内部的利益相关者。他们之间存在管理、监督、配合、协作等关系联结，但是这种关系联结表现为信任、承诺等关系特性，并最终形成企业内部组织氛围。另外，在本书研究设计框架中，他们是农业企业知识资源的提供者。结合前述对关系资源的概念界定，本书依据企业外部利益相关者进行关系资源模块的构成讨论。

其次，在关于外部利益相关者的讨论中，消费者日益重要。随着市场权利由卖方转移到买方，"顾客满意"成为企业新的行为准则。自 Berry（1982）提出了关系营销概念后，消费者关系理论得到了迅速的发展。培养、维护和强化消费者关系已成为企业战略核心之一，通过满足消费者需求而实现的绩效改善是企业持续竞争力的来源（瞿艳平，2011）。消费者偏好、习惯及行为的差异、变化会直接导致市场的变化，因此，企业只有将注意力集中于消费者，及时了解消费者需求变化趋势，才能为获取竞争优势地位奠定基础。农业生产具有季节性、农产品的消费强调时效性，因此中小型农业企业对消费者的依赖程度普遍较高。中小型农业企业与消费者关系的差异，也就意味着其对市场的应变能力和适应性的差异，甚至意味着他们生存能力的差异。另外，拥有较高忠诚度的消费者群体有助于农业企业获得持续稳定的收入以及维持较低的营销成本，进而实现经营绩效的持续改进。因此，与消费者的关系差异是中小型农业企业关系资源异质性的主要表现方面。

企业与供应商之间的关系在本质上是企业供应链中买卖双方所形成的相互依赖的合作关系。这一合作关系最初表现为基于契约的正式制度关系。随着合作时间的延长，企业之间又会衍生出一些共同认可的行为规范与期待，从而形成一种基于信任的非正式制度关系。合作关系的重复会不断强化合作企业之间的信任关系，进而提高合作意愿，加大合作关系的转换成本，最终将彼此锁定于合作关系中。从资源基础理论的观点出发，合作关系的形成是由于买卖双方都需要从对方处获取相应的资源。而稳定的合作关系有助于降低资源搜索和获取成本，缩短市场响应时间。同时，长期的合作关系有助于降低交易过程中的机会主义行为、减少经济交易中的不确定性。从资源依赖的角度，企业与供应商之间达成的长期合作关系也是一种资源依赖关系。通过长期的协调合作，这种资源相互依赖关系又会转化成难以被复制模仿的资源捆绑效应，进而提升整个供应链条的竞争能力（郑静静、邓明荣，2009）。Ahuja（2000）、叶飞等（2006）对供应链管理的相关研究都证实了企业与供应商关系对其经营绩效的显著影响。在走访调查中我们发现，受制于经营方式和经营规模的限制，中小型农业企业普遍与其供应商保持着较为稳定的合作关系。这一合作关系最初表现为基于契约的正式制度关系。但是随着合作时间的延长，企业之间的关系会变得较为松散，形成一种基于信任的非正式制度关系。合作关系的重复会不断强化合作企业之间的信任关系，进而提高合作意愿，加大合作关系的转换成本，最终将彼此锁定于合作关系中。因此，与供应商关系的差别是中小型农业企业关系资源异质性的主要表现方面。

在激烈的市场竞争压力下，技术更新、产品换代的时间周期越来越短，企业仅依靠内部研发来应对这一压力时常感到力不从心；同时，科研院所也亟须将其科研成果实现技术转化。在这一背景下，产学研合作方式得到广泛认可。与科研院所之间的项目合作有助于中小型农业企业掌握行业发展动态、维持企业市场竞争力；有助于推动企业技术升级、提高企业生产效率；有助于提升企业创新实力、实现企业绩效的持续稳定；等等。因此，与科研院所的良好合作关系是中小型农业企业重要的关系资源，与他们关系的差别是关系资源异质性的主要表现方面。

政企关系对于企业绩效的影响无论在发达国家，还是在发展中国家均是研究者关注的问题之一。在我国经济体制转轨的过程中，政府既是市场规则的制定者，也是市场竞争秩序的维护者。它从行业政策、资源配置、市场准入、基础设施以及税收优惠、政策扶持等方面对企业生存的外部环境产生着多种多样的影响。在本次调研过程中，大部分受访者表达了这样的看法："企业在经营过程中大量时间都消耗在与政府打交道上。企业的经营发展脱离不开与政府的关系，拥有良好政府关系资源的企业更容易获得来自政府的扶持。"因此，与政府的关系是企业重要的关系资源，其差别是中小型农业企业关系资源异质性的主要表现方面。

即便是采用狭义的利益相关者概念，本书也仅是讨论了上述四类主要的利益相关者，并据此构建了研究的关系资源异质性表达模块，如图3-5所示。

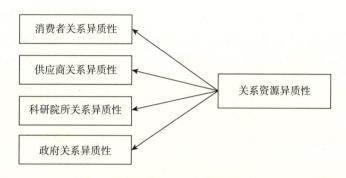

**图3-5 关系资源异质性模块构成因素**

3. 关系资源异质性衡量指标的选择

本部分在文献研究的基础上，主要借鉴了Dzinkowski（2000）及陈晓红、雷井生（2009）的相关研究设计进行指标选择。

伴随着买方市场体系的建立，消费者的个性化需求得到企业广泛关注，消费者行为转变将会直接导致市场环境变化，由此导致的对消费者价值的认可给企业营销战略带来深刻的变化。在关系营销概念提出后（Berry，1982），维系和培育消费者关系资源的战略价值得以充分肯定（Afiouni，2007）。消费者忠诚度被认为是消费者关系培养的重要核心（鲁江等，2002），它有助于改善商业关系，降低产品价格弹性和提高企业声誉（Fornell，1992）。另外，企业对消费者意见建议的响应及时度是消费者关系培养的前提和基础，有助于获取消费者的信任，进而有助于企业绩效的改善（Gainey & Klaas，2003）。最后，相对固定的消费者群体有助于企业防御各种经营活动的不确定性，提高企业的抗风险能力和盈利的稳定性。忠诚度高的消费者往往会通过重复购买、尝试企业新产品以及推荐新客户的行为方式帮助企业实现其绩效目标。由此选择指标 C01～C03，分别从消费者忠诚度、对消费者反馈的响应及时度和消费者群体稳定度等特征向量来衡量消费者关系资源的差异性。

随着供应商与企业之间的利益联系得到充分论证（Ahuja，2000），有关供应链管理的研究讨论也随之增加。供应链管理的主要观念，即在处于供应链条的企业间形成一种长期、稳定的合作伙伴关系，并通过资源整合、信息分享、风险共担的战略关系，突破企业界限，实现更顺畅的信息传递、更紧密的战略联结、更稳定的资源获取，最终实现运营成本降低和竞争地位提升的目的。长期稳定的合作关系是达成紧密高效的战略伙伴关系的先决条件。已有研究表明，成功的企业与其主要供应商之间通常会保持 10～20 年的合作关系（郭臣、周梅华，2009）。二者之间信任关系的形成，能够减少市场搜寻成本、提高信息沟通效率，甚至形成统一的价值认同，有效减少欺诈行为的发生，最终节约交易成本（Barney & Hansen，1994；郑美群，2006）。国外学者对信任与企业绩效间的关系进行了较为充分的研究，基本认同供应链条间的信任关系有助于形成基于利益捆绑的战略合作关系，并进一步促进企业超额绩效的提升（Yan & Gray 1994；Park & Ungson，1997；Inkpen & Currall，1998）。国内的相关研究，也证实了上述观点（谢凤华等，2005；叶飞等，2006；李新然等，2009；蒋晓荣等，2012）。由此从与供应商的合作时间、信任程度和合作程度三方面选择指标 C04～C06 分别衡量中小型农业企业与供应商关系的差异性。

自 Etzkowitz（1983）首次提出创业型大学的概念后，高校知识的溢出效应得到越来越多的肯定。在我国产学合作激励政策的推动下，高校及科研院所逐渐转变了其旧有的传统教学科研模式，而是直接与知识需求方建立联系，进行定向科研与知识传递活动（Feldman et al.，2006）。随着科研院所与企业间的知识传递日益频繁，它们之间的知识传递方式也各不相同，如，专利技术转让、合作开发甚至是开办联合企业的方式。林庆藩等（2013）对福建 193 家农业企业的研究显示，双方合作意愿、提供方转移能力、企业知识吸收能力、整合能力是影响技术转移绩效的重要因素；而技术内隐性、技术专属性、技术复杂性、二者地理距离、政策环境等对技术转移绩效的影响并不显著。借鉴徐升华、廖述梅（2009）对知识转移双方的特征、定位进行的研究，本书从合作关系的差别和信息交流效果两方面选择指标 C07～C08，以此衡量中小型农业企业与科研院所关系的差异性。

政企关系对绩效的影响近年来成为众多研究者关注的问题之一。"政府支持之手"假说提出（Shleifer & Vishny，1998）高管的政府背景会对公司价值产生影响，并将其明确界定为公司的一个特征性质。企业家与政府建立的各种关系渠道，对企业的价值会产生积极影响（Fisman，2001）。国内的研究也得出了类似的结论。吴文峰等（2008）发现，在存在政府干预市场的地区，民营企业高管的地方政府背景能显著增加公司价值。叶会等（2008）认为当资源配置和投资机会并不能完全按照市场规则自由流通和获得时，拥有政府背景的企业可以更便利地获得一些资源、投融资机会和优惠政策。曲亮等（2012）以我国国有企业上市公司 2010 年相关数据为研究基础，实证检验了国有企业高管所拥有的政治关系对利润提升的显著促进作用。罗党论等（2012）指出企业赖以生存的外在环境处于政府的监管影响范围之内，企业必须与政府搞好关系才能在激烈的竞争中不被淘汰。

可见，政府关系资源对于企业交易成本的降低、资源获得的途径多样化都有着显著的影响，企业与政府的关系可以带来经营绩效的提升，这是关乎企业生存、发展的重要资源。由此选择指标C09，衡量企业高管的政治背景。

政治关联对企业融资能力的显著影响在相关国内外文献中都得到了证实（Fraser et al.，2006；胡旭阳，2006；罗党论等，2008）。Petersen 和 Rajan（1994）的研究表明融资可获得性以及降低融资成本等便利可以通过与债权人的良好关系获得。何韧（2010）对我国银企关系与银行贷款定价相关性的实证研究表明，企业与较多的银行建立关系以及增加银企关系深度，都有助于降低贷款利率成本。杜颖洁（2013）的研究发现：高管具有的银行关系与民营上市公司的银行借款率以及借款期限呈显著正相关，且在相同条件下，对具有银行关系的民营上市公司借款时的抵押物要求显著更低；民营上市公司高管具有的银行关系与公司的借款成本显著负相关。可见，银行关系资源对于企业获得融资便利、降低融资成本有着重要的影响。由此选择指标 C10 ~ C11，衡量中小型农业企业与金融机构关系的差异性。

基于上述分析，形成了表 3 - 5 列示的中小型农业企业关系资源异质性测量指标。

表 3 - 5　中小型农业企业关系资源异质性测量指标

| 测量维度 | 指标编号 | 指标含义 |
| --- | --- | --- |
| 消费者关系异质性 | C01 | 消费者忠诚度 |
| | C02 | 对消费者反馈的响应及时度 |
| | C03 | 消费者群体稳定度 |
| 供应商关系异质性 | C04 | 供应商队伍稳定度 |
| | C05 | 与主要供应商之间的信任度 |
| | C06 | 与主要供应商的战略合作程度 |

| 测量维度 | 指标编号 | 指标含义 |
|---|---|---|
| 科研院所关系异质性 | C07 | 与大学、研究机构的合作关系 |
| | C08 | 信息交流效果 |
| 政府关系异质性 | C09 | 高管政治背景 |
| | C10 | 与金融机构关系紧密度 |
| | C11 | 融资速度 |

## （四）制度支撑体系异质性分析及其衡量

企业的制度支撑体系就像整个资源投入体系的黏合剂一般，为投入其中的不同种类资源提供必要的组织制度、组织文化等价值创造的平台。由于企业所处行业、规模、发展过程等的差异，制度支撑体系的异质性是内化于企业之中的，甚至是不言而喻的。

### 1. 制度支撑体系及其异质性分析

企业契约理论将企业视作一组交易的契约束，企业的运作就是在这一契约束的制约之下完成的，这一契约束同时也就成为企业制度体系。要想在价值创造过程中实现超额绩效，就必须关注形成于企业内部的资源运用平台——制度支撑体系。

制度支撑体系的异质性特征体现在两个方面：一方面，不同制度体系本身的差异性是显著的。每个企业都在根据自身经营实际制定管理规范、操作流程等，在企业经营管理中所形成的企业氛围、作业环境也是完全不同的。另一方面，异质性的制度体系还会进一步强化其他资源的异质性特征。中小型农业企业资源的有效利用离不开其资源整合能力，它反映了企业利用资源完成价值创造的资源综合管理能力，是企业实现超额绩效的有力保证。甚至可以说，企业内在所具有的资源管理和整合能力才是企业差异的核心本质；才是对企业利用同质性资源却产出异质性绩效的根源解释。通过企业制度体系所进行的资源整合，可以实现企业对已有资源的价值挖掘、有助于资源存量的价值重构。并且，越是完善合理的制度体系，越有助于企业形成高效的资源管理能力。可以看出，企业制度体系中所蕴含的资源管理与整合能力，既可以表现为战略框架设计、组织机构设置、工作流程柔性等，也可以表现为组织氛围、部门之间协调性以及员工对企业发展目标的认同感，等等。

### 2. 制度支撑体系异质性模块构成

依据制度经济学的观点，完善的企业制度体系应该同时包括正式制度和非正式制度，正式制度保证了制度体系的刚性，非正式制度提供了制度体系的柔性。

正式制度包括企业健全的组织结构及治理结构设计、完善的管理制度体系、业务处理流程设计、成文的操作规范以及行之有效的各种奖惩措施设计，表现为一种制度规范体系。其对保证企业目标实现有着重要的指导作用。企业正式制度体系设计的合理有效反映了企业管理活动的规范性和科学性，是企业资源存量得以有效配置、充分利用的基本制度保证。非正式制度包括企业经营理念、团队协作精神、组织凝聚力、员工满意度、员工归属感以及对企业发展目标的认同感，等等。

非正式制度多数情况下都是非文字形式的，甚至是非语言表达的。它更多地表现为一种难以被形式化的情境感知或者组织氛围。并且多数研究者都认为非正式制度体系对组织中个体行为的影响作用甚于正式制度体系，其对员工行为的影响更为直接有效。融洽的组织氛围对激发员工的创造性、增强部门间协调合作、提高员工对企业的归属感和满意度、实现组织目标等都有着直接的、显著的影响作用。

本书将中小型农业企业的制度支撑体系划分为制度规范和组织氛围两部分，并认为它们的差异化程度体现了不同企业制度支撑体系的异质性。由此，完成了制度支撑体系异质性模块的因素构建，具体如图 3 - 6 所示。

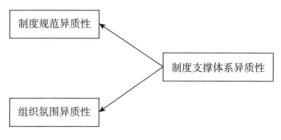

**图 3 - 6　制度支撑异质性模块构成因素**

3. 制度支撑体系异质性衡量指标的选择

处于农业企业制度体系框架下的资源组织以及配置方式是企业持续竞争优势的来源之一，在企业超额绩效形成过程中起到关键的作用。

企业正式制度是否有效能够在一定程度上从企业资源整合的能力及资源利用效率和资源配置方案中得到体现。De Boer（1999）等认为，企业组织形式是影响资源整合的决定因素之一，并且企业资源整合能力实际上应与其组织结构相匹配。他们在文中举例论证了对于采用职能式组织结构的单一企业，应通过提升系统化能力来促进资源整合；对于采用矩阵式组织结构的联合企业，应通过着重发展其内部协调能力来促进资源整合。杨继平等（2011）的研究认为合理的组织结构设置，有利于促进部门之间的沟通协调，降低管理成本和消耗，最终有助于提高企业的整体资源利用效率。因此，在相同资源投入背景下，中小型农业企业的组织结构设计、资源配置方案是影响企业绩效的重要因素。由此选择指标 D01 ~ D02。

对于具体的企业来说，企业只有在自身制度框架下努力根据经营环境的不断变化进行资源配置的快速调整，才能实现绩效优化。很多企业衰败的例子都证明了企业对市场的反应能力是企业绩效表现的重要影响因素。因此，在衡量中小型农业企业的资源整合能力时有必要考虑企业根据市场状况对资源配置进行调整的能力，即衡量资源协调的弹性指标 D03。

工作流程的规范化、制度化表述，能够对员工行为产生直接的约束指导。这有助于降低工作程序中的信息白噪声，使信息得以有效提炼和传递；进而减少工作中不必要的等待和准备时间；最终提高工作效率，强化作业任务之间的协调。即衡量工作流程规范化的差异程度指标 D04。

信息系统的普遍应用带来了企业效率的飞速提高。不论是财物资源的管理运用还是知识资源的积累，企业信息系统的运用都发挥着不可替代的作用。管理软件以及信息系统的运用，有助于企业更为有效地发现资源、获取资源，设计运行良好的信息管理系统能够显著提高企业的资源配置的灵活性和资源整合效率。虽然企业管理并不完全等同于信息管理，但管理手段先进、信息化程度高等优势，对企业经营的支撑作用仍是非常显著的。由此选择指标 D05 衡量中小型农业企业管理信息水平高低。

部门之间的协作不但能够显著地节约财物资源的消耗，更有助于部门之间实现信息等资源的共享，从而节约内部交易成本，提高资源利用效率。由此选择指标 D06 衡量部门间的协调程度。

企业内部融洽、和谐的组织氛围是企业获得良好绩效的重要资源基础。合作氛围可以表现为来自同事、主管和组织的支持（王颖、王娅，2009），员工所感知到的各种作业支持能够缓解工作压力；增加员工敬业度、提高工作满足感、促使员工更为积极地参与组织生产，主动承担更多的角色行为；并能显著降低员工离职率。因此以指标 D07 表达组织氛围的异质性。

管理人员在企业绩效形成过程中的战略领导作用是毋庸置疑的。高效的管理团队意味着明确的战略导向和对未来趋势的合理判断。如果企业管理者有着卓越的领导力，那么企业就易于实现对异质性资源的合理配置，保证其在价值创造过程中的积极作用的实现（Zucker，1977）。中小型农业企业人员规模有限，有助于管理者领导力的形成与执行，由此以 D08 衡量管理者的领导力。

员工对管理人员的满意程度有助于形成其作为组织成员的归属感（Carolyn et al.，1999），从而有效降低其离职意向。这种满意度还会表现为对管理人员权威的认可、服从，并可能在达成任务目标的基础上积极付出、努力承担。员工与管理者之间的良好关系对员工自觉遵守企业规章制度，以及调动员工工作的积极性都有着显著影响（张其仔，2000）。由此选择 D09 反映企业组织氛围的异质性。

员工之间的相互信任是组织氛围差异的另一个重要表达因素（史江涛、宝贡敏，2008）。信任有助于合作关系的达成，有助于各种资源的分享和传递（McEvily et al.，2003，Collins & Smith，2006，柯江林等，2007）。同时，员工之间的配合、协作，有助于隐性知识的观测、传达，提高知识共享的效果（严浩仁、贾生华，2002）。在相互配合下完成工作任务时，员工可能出于希望获得其他人认可和尊重的目的，主动进行资源分享等活动，促进积极情绪的产生（王颖、王娅，2009）。Collins、Smith（2006）对 136 家技术企业的实证研究也表明信任、合作都能够显著促进资源整合，进而改善企业绩效。中小型农业企业人员规模小，员工之间的相互信任对企业绩效的影响更为显著直接。由此选择 D10～D11 反映由员工信任和配合反映出的企业组织氛围的异质性。

企业组织文化是在企业发展运作过程中形成的非正式制度安排，它对于促进团队协作、增强员工责任感和归属感的作用不容小觑（Weitz & Jap，1995）。由于其形成过程具有显著的不可复制性，因此其异质性特征是非常显著的，由此选择指标 D12。

员工对企业目标的认同感对目标实现具有重要作用。这一"共同愿景"的达成有助于加强其使命感，使他们自觉自发地为企业发展做出更多贡献，从而提升企业绩效（Martins and Terblanche，2003；郑美群，2006；Maria，2008）。Van 和 Timmers（2003）认为日益复杂的工作环境对雇员与组织在目标以及责任承担中达成一致提出了更高的要求。将企业发展目标渗入企业制度体系，并在这一体系中不断强化员工对公司整体目标及战略的信息接收和理解，能够保证员工行为不会偏离公司战略目标，最终保证企业战略的顺利实施进而推动绩效提升。另外，员工对企业发展目标的认同感也有助于培养员工的忠诚度，实现企业目标与个人目标的统一。由此选择 D13。

基于上述分析，表 3－6 列示了中小型农业企业制度支撑体系异质性测量指标。

表 3－6　中小型农业企业制度支撑体系异质性测量指标

| 测量维度 | 指标编号 | 指标含义 |
| --- | --- | --- |
| 制度规范异质性 | D01 | 组织结构的健全程度 |
| | D02 | 资源配置能力 |
| | D03 | 资源协调弹性 |
| | D04 | 工作流程规范化程度 |
| | D05 | 管理信息化程度 |
| 组织氛围异质性 | D06 | 部门之间协调沟通的充分度 |
| | D07 | 企业内部合作协调度 |
| | D08 | 领导力的发挥 |
| | D09 | 员工对企业领导的满意度 |
| | D10 | 员工之间的信任程度 |
| | D11 | 员工之间的配合程度 |
| | D12 | 组织文化的激励效果 |
| | D13 | 员工对企业发展目标的认同感 |

# 三　中小型农业企业综合绩效评价体系设计

本书希望描述异质性资源投入在内部经营环境的作用下对中小型农业企业综合绩效的影响机制，研究重点在二者之间关系的揭示。本次研究采用问卷调查的方式获取数据衡量变量，因此，简约性原则是本部分内容设计的首要原则。

## （一）中小型农业企业综合绩效评价要素设计

随着经济环境的变迁，企业绩效评价主体表现出了多元化的变化趋势。所有与企业之间存在利害关系的主体都希望了解企业经营的结果，都可以作为企业绩效评价的主体。根据前文对中小型农业企业资源构成的分析，本书认为企业各种异质性资源的提供者都是其绩效的评价主体。具体来说包括：财物资源的提供者（所有者、债权人、供应商），知识资源的提供者（员工和组织），关系资源的提供者（消费者、供应商、科研院所、政府）。

绩效评价活动的客体表现出层次性的特征，例如可以对企业整体进行绩效评价，可以对部门或团队进行绩效评价，也可以对管理者或员工进行个人绩效评价。具体操作时，评价客体的确定需要考虑评价主体的要求。本书进行的是中小型农业企业综合绩效评价，即评价企业实现其经营目标的完成情况。在利益相关者理论的指导下，本书认为企业经营目标应努力实现利益相关者的利益最大化。因此会采用平衡模式，即在综合考虑各利益相关者的利益诉求的基础上完成对综合绩效的评价。

由于评价主体的多元性、评价客体的层次性，因此评价依据也具有多维性的特点。本书中评价主体分别是各种异质性资源的提供者，他们与农业企业之间是通过不同类型的契约关系实现利益联结的。具体来说，财物资源的提供者——主要包括企业投资者和债权人。投资者依据与农业企业之间的委托代理关系实现对企业经营绩效的评价；债权人依据与农业企业之间的债权债务关系实现对企业经营绩效的评价。知识资源的提供者——主要包括企业员工和组织本身。企业组织是一个抽象的主体，其代理主体即为企业管理者。因此，企业员工与企业管理者都是依据与农业企业之间的劳动契约关系对农业企业综合绩效进行评价的。关系资源的提供者——主要包括处于企业外部的各利益相关者，他们与企业的利益依存关系是通过不同的合同关系联结的。因此，他们依据这些合同关系对农业企业综合绩效进行评价。

遵照评价主体的具体要求，企业绩效评价目标即完成绩效评价后希望达到什么样的结果。因此，绩效评价目标同样具有多维度。在本次研究设计中，中小型农业企业绩效评价的最终目标是实现综合绩效的最大化。具体来说，中小型农业企业绩效评价的目标是通过绩效评价活动及时发现企业经营管理中存在的需要改进的地方，配合科学的激励机制设计，充分调动企业管理者的创造性，努力实现利益相关者综合绩效的最大化。

在绩效评价的实施中，评价内容的多少是根据评价主体的具体评价目标来确定的。本书中存在多元评价主体，那么绩效评价的具体内容其实也就可以理解为各评价主体的评价关注点。就财物资源提供者这一评价主体而言，其绩效评价的关注点集中在企业经营方面，包括盈利能力、资产利用效率、偿债能力等方面。就知识资源提供者这一评价主体而言，其绩效评价的关注点集中在知识价值实现方面，包括企业获得的专利数量、企业的技术水平是否领先等方面。就关系资源提供者这一评价主体而言，其绩效评价的关注点集中在各自的利益诉求是否有保障，消费者可能关注售后服务、供应商可能关注合作关系是否能够持久、政府可能关注企业利税及社会责任履行情况等。

在企业绩效评价体系的演进中，评价指标体系经历了从一开始的单一评价指标到多维评价指标、从单纯关注财务指标发展到同时关注非财务指标的变化。本次研究顺应这一发展趋势，同时考虑财务表现和非财务表现。但是受制于本书研究方法的限制，评价不能选择具体的比率指标，只能采用量表设计的方式进行。但是在具体题项上仍然同时考虑了企业财务表现和非财务表现。

绩效评价结果必须与评价标准进行比较之后才能够得出最终的绩效表现评判。因此，判断标准设置的科学与否就显得尤为重要。同样，评价标准的选择要满足评价目标的具体要求。常用的绩效评价标准包括企业历史同期绩效表现、行业平均标准、以行业领先企业绩效表现为目标设定的标杆标准等。本次研究采用量表设计通过打分进行绩效评价，具体设计题项时通常是以同行业竞争者的相关表现作为评价标准的。

评价方法是指进行绩效评价信息收集、处理，最终得到评价结果的具体手段。本次研究采用量表设计进行绩效评价，因此评价信息收集采用的是定性分析方法，评价结果是通过软件运行采用定量分析方法获得的。通过被调查者对问卷的回答进行绩效评价信息的收集，由 Amos 软件进行验证性因子分析，并通过回归的数学方法与异质性资源投入建立路径关系。

上述绩效评价体系设计如图 3 - 7 所示。

## （二）中小型农业企业综合绩效评价指标选择

关于农业企业绩效测评的相关研究数量较多，已有研究成果较为成熟。相关研究多是围绕资本市场展开的，论题多集中在上市公司股权结构与企业绩效的关系（黄晓波、冯浩，2006；芮世春，2006），企业治理结构与绩效评价的关系（黄祖辉，2010），企业社会责任与企业绩效的关系（胡亚敏等，2013），企业非农化经营与农业上市公司绩效问题研究（彭熠等，2007；崔迎科，

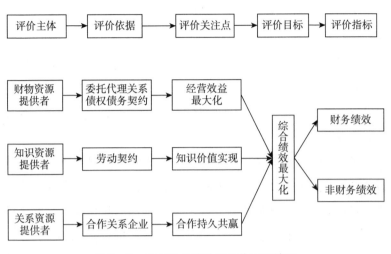

**图 3 - 7　本书综合绩效评价体系设计图**

2013）及财税补贴优惠政策与农业上市公司经营绩效的关系（汤新华，2003；邹彩芬等，2006；彭熠等，2009）等方面。在针对农业行业展开的企业绩效评价研究基本都是以上市公司为研究对象的，在指标选择上仍偏重财务指标，多采用因子分析等方法对多项财务指标进行综合分析（林乐芬，2004；许彪等，2002；刘伟等，2006；徐雪高等，2008；袁康来等，2009；张亚连等，2009）。比较而言，相关博士论文的研究指标体系设置更为全面（王茜，2009；李宁，2008）。

**表 3 - 7　农业企业绩效评价指标选择摘录**

| 作者 | 评价维度 | 指标选择数量 |
|---|---|---|
| 林乐芬，2004 | 获利能力、经营能力、偿债能力、资本结构、经营发展能力、生态环境和能源、政府 | 17 个 |
| 许彪等，2002；刘伟等，2006；徐雪高等，2008 | 获利能力、营运能力、偿债能力、发展能力、股本扩张能力 | 16 个 |
| 袁康来等，2009 | 盈利能力、营运能力、偿债能力、价值创造 | 16 个 |
| 张亚连等，2009 | 盈利能力、偿债能力、营运能力、现金流量 | 8 个 |
| 王茜，2009 | 潜力绩效、财务绩效、社会绩效 | 32 个 |

| 作者 | 评价维度 | 指标选择数量 |
|------|----------|-------------|
| 李宁，2008 | 财务绩效、生产流程与技术创新、客户关系、人力资源 | 51 个 |

资料来源：笔者整理。

本书认为，财务绩效的衡量是企业绩效评价的主要组成部分，但结合非财务绩效的综合绩效衡量才更具有科学性。绩效评价应当体现多因素、多指标的结合；定性研究与定量研究的结合；静态分析与动态分析的结合。遵循这一思路，在充分借鉴已有研究成果的基础上，笔者选择了本部分评价指标。

在财务指标设计方面，分别选择体现盈利能力、营运能力和企业成长能力的指标。盈利能力的衡量始终是企业绩效评价的重要方面。调查访谈中，能够深切地感受到中小型农业企业的经营管理者们对盈利能力指标的关注。因此盈利指标中反映权益资金获利能力的净资产利润率，可以用于反映企业为所有者创造利润的能力，笔者将其命名为指标 P01。另外，经营者们不仅关注盈利金额的大小，还关注盈利的可持续性。如果企业的盈利结果是由于一些偶发性事件导致的、是不稳定的，那么其绩效表现也就是不稳定的。由此选择指标 P02 评价中小型农业企业获利能力的稳定性。资金周转被认为是企业成功经营的基石，由此选择指标 P03 评价中小型农业企业营运周转能力。在激烈的市场竞争中，企业不进步可能就意味着被淘汰，因此企业成长性是财务绩效考核的重要方面之一。由此选择指标 P04 评价中小型农业企业收入增长状况。

在买方市场条件下，品牌作为企业的区别性标识，同时也向消费者进行着充分的信息传递，从而影响消费者的实际购买行为，为企业带来当前的以及潜在的收入（朱文敏等，2004；谢凤华等，2005）。刘华军（2006）甚至认为，在过剩经济条件下，品牌是企业实现永续增长的拉力。调查访谈中也可以感受到，中小型农业企业的经营者们已经认识到品牌树立对企业市场的重要影响。多数企业都努力通过提高品牌辨识度以增加市场占有率，由此选择指标 P05。

人力资源对企业绩效的重要影响作用是得到广泛认同的。正常的员工流动能够为组织带来新鲜血液，保持企业活力。但是如果员工流动过于频繁，则会加大企业培训成本，降低组织效率，关键位置的员工流失甚至会导致企业核心竞争力的减弱（王忠民等，2001）。中小型农业企业生产经营的技术要求较低，并且往往随着产品的季节性表现出对员工需求的周期性，这通常意味着较高的人员流动水平。另外，员工离职率水平的高低在一定程度上反映了员工对企业经营状况及发展前景的判断，员工离职率可以用于衡量企业的非财务绩效。然而员工离职率是一个反向指标，因此选择员工稳定性作为指标 P06。

企业对市场条件变化的信息捕获和快速反应能力是企业高效运作、组织协调的有力证明。中小型农业企业尤其需要在经营中把握先动优势，灵活配置资源。因此，能够准确判断经营环境变化并做出积极应对的企业在竞争中能够获得先动优势，这是企业的非财务绩效的衡量指标之一。由此选择指标 P07。

根据资源基础理论的观点，企业的研发活动是企业积累技术性知识的主要手段，而在研发活动中实现的技术积累和学习能力的不断提升具有时间的滞后性和因果关系的模糊性，能够成为不易模仿的异质性资源，是企业核心竞争能力的来源。企业研发成功率是企业研发能力的有力证明，是企业持续竞争优势的有力保障。并且，企业研发成功率向市场传递的积极信号有利于企业研发资本的融通。虽然传统农产品生产企业研发空间有限，但多数企业都积极投入资金实施产品差异化战略，寄望于以产品优势占领市场。由此选择指标 P08。

综上所述，本书从财务绩效和非财务绩效两个方面选择 8 个指标，用于衡量中小型农业企业综合绩效。具体如表 3 – 8 所示。

**表 3 – 8 中小型农业企业综合绩效考核指标选择**

| 测量维度 | 指标编号 | 指标含义 |
|---|---|---|
| 财务绩效 | P01 | 净资产利润率 |
| | P02 | 获利能力的稳定性 |
| | P03 | 营运周转水平 |
| | P04 | 收入增长状况 |
| 非财务绩效 | P05 | 品牌及社会形象 |
| | P06 | 员工稳定性 |
| | P07 | 企业市场反应力 |
| | P08 | 企业研发成功率 |

## 四 理论模型构建及研究假设的提出

### （一）中小型农业企业财物资源异质性与综合绩效关系假设

虽然其他类型资源在企业价值创造中的作用在不断加强，但是无论世界进步、科技发展到达怎样的境界，企业在物质财富价值创造过程中的绩效表现都一定不能脱离基础性的财物资源的投入。

1. 财物资源异质性与中小型农业企业财务绩效的关系

在农业企业经营活动中，财物资源始终是不可或缺的要素投入，并且是初始性的资源投入要素。另外，财物资源的投入数量与质量具备极强的信号传递效应。由于农业行业天然的弱质性特征，农业企业在经营过程中需要面临更多的自然环境波动所带来的风险。如，2014 年 10 月獐子岛遭遇冷水团袭击而导致大量扇贝种苗死亡，发生巨额亏损的事件。充裕的财物资源投入体现了农业企业较强的风险抵抗能力，从而增强资本市场的信心并最终反映在其市场价值之上。Steven Firer（2003）的研究就表明实物资本与企业市场绩效之间存在正相关关系。国内基于 VAIC 模型进行的智力资本与企业绩效的关联性实证研究，基本都得出物质资本增值率（CEE）与企业绩效之间存在显著的正相关关系的结论（李嘉明等，2004；白明等，2005；蒋琰等，2008；陈晓红等，2010；夏雯婷，2012）。

由于财物资源在生产经营中的基础性作用，可以推论，财物资源异质性对企业财务绩效的影响是根本性的，财物资源异质性甚至可能强化放大企业已有的资源优势。

由此提出假设 1（H1）：

假设 1（H1）：财物资源异质性对中小型农业企业财务绩效会产生显著影响。

**2. 财物资源异质性与中小型农业企业非财务绩效的关系**

企业绩效评价体系的发展方向之一就是实现财务绩效与非财务绩效的平衡。非财务绩效衡量指标通常从客户、员工、社会责任、战略愿景等方面考虑。

首先，客户关系管理理论（CRM）的兴起促进了人们对客户价值的再认识，并且促成了企业对客户关系资源的主动培养。不难设想，要想在激烈的全球化竞争中获胜，农业企业亦应顺应潮流，建立客户信息数据库、建立产品反馈信息传递机制、充分进行客户数据挖掘、及时了解客户诉求等。而这些活动的成功开展离不开企业大量财物资源的投入支持。

其次，中小型农业企业囿于天然的弱质性，其生产经营活动更容易受到不可控的自然环境因素的影响。在激烈的市场竞争中，突出的财物资源异质性表现能够更好地吸引投资者兴趣，进而产生良好的连带反应。因此，拥有更充裕资金流以及实物资产规模较大的农业企业，更容易抵御各种非系统风险。这也就意味着，财物资源的异质性更容易赢得各类利益相关者的信任。

由此，提出假设2（H2）：

假设2（H2）：财物资源异质性对中小型农业企业非财务绩效有显著影响。

**3. 制度支撑异质性模块对财物资源异质性及综合绩效的促进作用**

前已述及，财物资源异质性主要表现为企业在其管理配置过程中的差异，并且这一差异在企业制度规范的框架下得以强化。2008年6月，财政部等五部委联合发布了《企业内部控制基本规范》、《企业内部控制评价指引》及22项内部控制应用指引等，要求企业据此建立规范的内部控制体系。通过内部牵制制度、授权制度、全面预算管理制度等的规范实施，强化对货币资金、存货、固定资产等财物资源的会计核算、价值监管；加强对采购、销售、筹融资等业务的监督、控制；实现对成本信息的及时分析、反馈，进而保证企业经营活动的正常开展；保护企业财产物资的安全、完整与高效运作。完善的企业内部控制制度有助于实现企业经营目标，提高经济效益。

由此提出假设3（H3）：

假设3（H3）：制度规范异质性有助于强化财物资源异质性，进而改善中小型农业企业绩效。

另外，企业完善的制度规范对于员工行为有着显著的指导作用，并有助于在企业内部实现规范化管理的组织氛围。首先，明确的企业战略和规范管理体系的建立，能够向员工传递科学管理的信息，及时校正员工行为，使其与企业战略发展方向相一致（Robert et al.，2010）。其次，强力推行正式制度体系，能够在企业内部形成一种员工自觉的工作习惯，有助于企业文化的形成。有效的激励机制的实施，有助于形成公平、积极向上的内部竞争环境，有助于员工之间、部门之间的配合和协调；有助于将员工个人目标与企业目标结合，促进员工对企业战略目标的积极认同和维护。简而言之，组织氛围的差异有助于激活中小型农业企业各种财物资源异质性，实现所投入资源的充分利用，使其高效地转化为企业绩效。

由此提出假设 4（H4）：

假设 4（H4）：组织氛围异质性有助于强化财物资源异质性，进而改善中小型农业企业绩效。

## （二）中小型农业企业知识资源异质性与综合绩效关系假设

在知识经济时代，知识资源不再是经济增长的外生变量，而已然成为推动经济增长的核心资源要素。由于知识资源在价值创造中的显著作用，企业的经营方式、组织架构都发生了相应的变化。面对日益激烈的市场竞争环境，企业的持续竞争优势将来自于企业异质性的知识资源投入。随着知识管理理论的迅速崛起，越来越多的学者、企业开始思考知识获取、传递、整合与创造及其对企业绩效的影响机制等问题。这些处于财务报表之外的知识资源往往是企业特有的并且是能够为企业发展提供持续竞争优势的资源（Teece et al.，1997）。

1. 知识培养对中小型农业企业知识资源异质性的促进作用

虽然知识资源的特征之一是不会被消耗，但是随着知识进步的影响，知识资源的异质性特征很容易由于技术更新而快速消散。因此，要想保持企业创新能力，保证企业不会由于技术进步等原因丧失原有的知识资源异质性优势，就要求企业不断进行知识培养。Bennett 和 Gabriel（1999）的实证研究显示，越是处于波动、不确定的商业环境中的企业，越需要进行有效的知识管理和知识投资活动。

中小型农业企业以增强自有知识资源异质性为目的进行的资金、人力、物力的投入是本书研究中的知识培养活动,它是企业知识资源异质性得以维持的重要途径之一。从最终效果来看,知识培养可以分为直接投资和间接投资两种。

直接投资包括企业进行的高级人才的引进、专利技术的购买、商标使用权的购买等具体形式。从投资效果上看,直接投资能够导致企业员工知识异质性和组织知识异质性的直接增加,其投资效果是直观的、显而易见的,因此成为企业知识培养的首选方式。如,万向德农公司2012年度投入781.03万元(占公司总收入的1.18%),主要用于购买玉米新品种德单129(吉林)、唐科82(河北)和新审定的晋单73(吉林)、德单5(山东)、德单11(内蒙古)等品种。①

间接投资包括中小型农业企业进行的员工培训、研发投入等,其投资效果有时并不明显,多数的研发投入会成为企业的沉没成本。员工培训有助于加强员工对企业发展文化的认同以及培养归属感和组织凝聚力。这些活动有助于激发、调动员工知识异质性。另外,根据登海种业年报信息,2012年通过公司内部研发形成的无形资产占无形资产期末账面价值的比例仅为0.65%。②从财务的角度看,企业的大量研发投入在发生时被作为当期期间费用处理,这会导致企业当期营业利润的直接减少。因此,企业在面临资金压力的情况下,研发投入经常被作为酌量性成本被直接削减。即便如此,研发投入对于增加企业知识存量也是有所裨益的,并且以研发投入方式所获得的知识资源受到专利法的保护,具有完全的排他性。因此,总的来说,间接投资能够实现知

---

① 资料来源:万向德农股份有限公司2012年年度报告。
② 资料来源:山东登海种业股份有限公司2012年年度报告。

识资源异质性的强化，但是其投资效果弱于直接投资。

知识培养不但能够直接导致企业专门知识的积累，更重要的是，持续的知识投资活动是其知识资源增加意愿的稳定表达。员工对这一信息的感知，能够促进其对已有知识资源的利用，充分调动员工知识资源异质性的发挥。因此，知识培养不但能够直接促进员工知识存量和组织知识存量的增加，还会通过知识资源类新陈代谢的功能作用强化企业知识资源的异质性，实现良好的绩效表现。

由此，提出假设 5 及假设 6：

假设 5（H5）：知识培养有助于促进员工知识异质性的发挥，进而对绩效产生正向影响；

假设 6（H6）：知识培养有助于促进组织知识异质性的发挥，进而对绩效产生正向影响。

**2. 知识资源异质性对中小型农业企业财务绩效的影响**

众多学者围绕知识资本（智力资本）对企业绩效的影响机制进行了大量的实证研究，但是，所得研究结论并不统一。大部分实证研究结论支持知识资本（智力资本）对企业绩效的显著正向影响作用，同时也有个别学者得出了二者并不显著相关的结论。

从员工知识异质性的维度来看，以员工为载体的各种知识、技能和能力，是员工接受教育、培训和经验积累的结果，是企业生产经营的基本要素。它不仅取决于员工个人对知识的接受力、领悟力，还会表现为员工对知识资源的运用掌控力，具有显著的个体特性。廖忠祥（2003）对知识型企业的研究表明，员工对知识的利用、创造与增值的能力是企业长期生存和持续发展的关键。冯丽霞等（2007）、蒋琰等（2008）、柯江林等（2010）的研究都验证了企业人力资本对于绩效的显著正向影响，但是也有国内研究显示二者之间的正相关关系并不显著（李忠卫等，

2009）。高素英等（2011）选择2008年以前上市的197家A股上市公司为研究对象，研究结果表明，与企业绩效间存在显著正向关系的是企业人力资本存量和高管人力资本存量，技术型人力资本存量与企业绩效间的关系不显著。看似矛盾的研究结论恰好说明，对企业绩效产生影响的不是员工知识存量。由于企业的价值创造活动最终都必须依赖于人的活动才能实现，因此，导致绩效差异产生的是员工知识的异质性。

从组织知识异质性的角度来看，企业获得的各种专利和技术、沟通机制、企业数据库、各种流程组织方式以及研发体系、保障内部知识传递的机制以及鼓励员工积极创新的机制，等等，是企业在长期的摸索实践中积累起来的经验总结，具有因果关系不确定性和时间上的不易模仿性。同时，组织知识的积累具有路径依赖特性。也就是说，组织知识的积累必须以其已有的知识存量为基础，否则其投入是低效甚至是无效的。这些都说明不同企业组织知识的异质性是显著的。刘超等（2008）的研究指出，不同成长环境、发展历程的企业，会逐渐培养和积累起蕴藏在组织中的潜在经验和智慧，它具有较强的路径依赖性和不易模仿性，能够导致企业出现绩效的差异。国内外众多学者的实证研究也验证了企业无形资产存量（包括专利、非专利技术以及研发投入等）与企业股票价格、企业资本市场价值的直接关联性（Lev，1996；薛云奎等，2001；李寿喜等，2005；王化成等，2005；邵红霞等，2006）。

综上所述，企业掌握的知识资源的异质性越强，就越有可能实现知识资源的价值转换，越有助于企业实现科学决策、规避各种风险。

由此，提出假设7：

假设7（H7）：知识资源异质性对中小型农业企业财务绩效有显著影响。

**3. 知识资源异质性对中小型农业企业非财务绩效的影响**

企业知识资源的形成和积累是一个缓慢、不可复制的过程（王开明等，2001）。企业当前的知识存量与知识结构甚至在某种程度上决定了企业发现未来市场机会、配置资源的方法（余光胜，2005）。因此，其所掌握的知识资源不但有助于当期其他各种资源的有效利用，并且还会由于其滞后效应对企业未来的绩效表现有所影响。

作为企业重要的生产要素投入，知识资源的投入差异会导致企业生产的产出差异，并最终会表现为市场表现、可持续的竞争能力的差异。高水平的员工知识资源不仅意味着员工的价值创造能力，同时还意味着企业活力、凝聚力和创造力。充足的组织知识不仅意味着企业的技术竞争优势，同时还意味着企业资源配置、组织协调的能力。这些最终会转化为企业独特的难以模仿的竞争优势，维持住企业的市场口碑和商誉含金量。Collins 等（1997）的研究发现，企业研发新产品的数量受到企业知识资源的显著正向影响。

由此，提出假设 8：

假设 8（H8）：知识资源异质性对中小型农业企业非财务绩效有显著影响。

**4. 制度支撑异质性模块对知识资源异质性及绩效的促进作用**

知识资源对企业绩效的正向促进作用已基本得到众多实证研究的证实。但是，也有研究进一步表明，知识资源的绩效影响效果会受到企业组织情境的影响。组织情境下企业知识管理效果的研究揭示出不同组织结构对知识的不同管理效果。一般认为，正式制度在知识管理中的影响机制弱于非正式制度，非正式制度中信任机制、关系管理等对知识资源异质性的价值创造影响巨大（Roy，2001；王润良等，2001；周晓东等，2003）。

充分的知识资源投入仅仅保障了运营资源的数量投入，但是要实现资源投入向绩效创造的质的飞越，则要求企业必须具备较强的资源管理能力（朱秀梅等，2010）。企业正式制度与非正式制度的恰当安排能够为知识资源异质性的发挥提供良好的内部环境，即为了确保企业目标的顺利实现，企业会在充分考虑外部市场环境后制订战略计划。而一旦这些战略目标被设定后，企业的制度体系就能够及时矫正员工行为，使其与企业战略发展方向相一致（Robert et al.，2010）。

在设计良好的制度框架下，差异性的员工知识得到充分的认可和激励。但同时我们也应该认识到，制度体系对知识资源异质性的作用是一种双重性的促发机制（Morris et al.，2006）。一方面，员工、组织在这一制度体系的约束下运行；另一方面，这一制度框架向员工提供了具有充分弹性和激励效果的创新环境并最终实现组织的收益。

对员工知识异质性来说，合理的制度安排有助于员工知识的运用，有助于员工形成积极的学习动力，并最终强化员工知识异质性。对于组织知识异质性来说，企业在创立发展过程中逐渐形成、完善的各种规章制度、管理规范本身就是最为典型的异质性资源。这一基础反过来又在后续组织知识的创造、积累、传递、运用过程中成为其制度框架的内部环境，并最终强化组织知识异质性。企业的制度规范以及组织氛围对组织知识的沉淀凝练起着非常重要的推动作用。

企业在经营过程中所建立的各种技术以及管理平台的有效利用离不开制度框架的规范和引导。只有在制度规范的有效约束下，以各类软件、数据库为基础的资源管理系统才能充分发挥信息收集、整理、扩散的作用；充分激活员工知识异质性和组织知识异质性。

综上所述，制度规范的设置不会扼杀员工的创新精神和创造力，恰恰相反，它应该是激活企业知识资源异质性的有力保证。

科学的制度安排能够形成企业内清晰的职责权利划分，从而提高生产经营的效率，进而保证企业长期的创新要求。

由此，提出假设9：

假设9（H9）：制度规范异质性有助于强化知识资源异质性，进而改善中小型农业企业绩效。

Collins 和 Porras（1997）的研究发现，具有良好发展前景的企业都能够将其核心理念转变成各种层次的公司制度或者与其相结合。这一制度体系应该包括正式制度和非正式制度，并应实现二者的力量均衡和巧妙结合。这一制度体系涵盖从公司战略目标、政策体系、工作场所布局、运营程序、会计核算系统直至公司文化、管理方式以及激励机制等一系列内容。另一方面，企业会努力营造一种使员工安然嵌入其中的内部氛围。员工在这一组织氛围的影响下能够充分理解并认同企业的发展战略，自觉约束自身以及其他员工偏离该目标的可能的行为。

企业组织氛围的相关研究探讨组织环境对员工行为的各种影响机制（Shalley et al.，2004），认为员工对其所处的组织环境氛围感知以及由此产生的对组织未来的预期等，均会对个人行动产生影响。Tagiuri 等（1968）的早期研究就验证了良好的组织氛围会有效提高员工满意度、改善员工绩效，并降低员工离职率。黄盼盼（2010）的研究分别从六个维度构建了企业组织氛围和员工敬业度，并充分论证了良好的组织氛围对提升员工敬业度的作用机理。王端旭等（2011）通过对181份问卷调查分析发现，支持性组织氛围对员工创造力的发挥有着显著正向影响。也就是说，恰当的组织氛围有助于将员工目标与企业目标相统一，促进对知识资源异质性的充分调动和运用。

由此，提出假设10：

假设10（H10）：组织氛围异质性有助于强化知识资源异质性，进而改善中小型农业企业绩效。

## （三）中小型农业企业关系资源异质性与综合绩效关系假设

"关系"在中国传统社会的交往活动中一直发挥着重要的作用。血缘关系、亲缘关系、地缘关系；同学、同袍、同乡、同宗等，中国人依据各种关系确认与他人之间的远近亲疏，最终形成以自我为中心的关系网络。在社会经济转型的过程中，这种"关系"交往的方式不但没有被商品交换的市场经济规则打乱，反而成为中国企业家获得成功的基石之一。国外学者也从企业拓展营销实现收入增加的角度论证了企业营销活动不应仅关注消费者关系的培养，还应该努力延伸，将供应商、市场影响者等利益相关者纳入关系网络，全面构筑与各类利益相关者紧密互动的关系网络（Adrian Payne et al.，2001）。

**1. 关系资源异质性对中小型农业企业财务绩效的影响**

多数学者从资源获取的角度论证企业关系网络的重要意义（Bontis，1998；窦红宾等，2013）。通过社会关系网络，管理者能以较低的成本较快地获得资金、信息等外部支持。Zhao、Aram（1995）的研究发现，在创业过程中调动的关系节点数量、对关系网络节点的联系强度与新创企业绩效之间存在显著正向影响。因此关系网络在企业资源获取，尤其是在新创企业资源获取的过程中发挥着重要作用（Starr et al.，1990；Witt，2004；边燕杰、丘海雄，2000）。

并且，来自不同关系网络的资源存在差异，而这种差异可能会最终导致绩效的差异（Stuart et al.，1999）。石秀印（1998）论证了中国资源获得渠道的双层性，指出中国企业家与资源输出方的私人关系联结是影响其资源获得的重要因素。并且，通过此种渠道获得资源的效率受到双方关系亲密度以及关系平衡状况等因素的影响。也就是说，具备异质性的企业家私人关系联结对其成功具有重要影响。

Robert（2010）的研究揭示出企业与消费者、供应商、员工、竞争者等其他利益相关者建立的长期的合作关系，将最终有利于企业的财务成果。并且，这一结果又将进一步强化企业与上述利益相关者的关系维持。Boisot（1996）对我国转型经济期的相关研究，也证实了社会网络对企业经营活动方面的重要影响。并认为在市场体系尚不完善的背景下，社会关系网络能显著降低经济活动的不确定性和交易成本。杨俊等（2009）的研究认为企业社会关系有助于资源获取的效率和效果，充分的资源支持进而有助于提高企业绩效。

综上所述，企业关系资源有助于企业从外部网络联结中获取关键性资源，并同时在这一过程中实现交易成本的节约。企业与关系成员的关系强度、联系密度、互动频率等差异特征会显著影响企业资源获得进而对企业财务绩效产生影响。

由此，提出假设 11：

假设 11（H11）：关系资源异质性对中小型农业企业财务绩效有显著影响。

**2. 关系资源异质性对中小型农业企业非财务绩效的影响**

企业外部的利益相关者为企业提供的资源并不仅仅是生产性的物质资源，还包括很多不以物质为载体的其他形式资源。

企业与消费者关系的差异性可能意味着消费者向企业提供的关于市场需求的信息是否有效、丰富；可能意味着消费者是否会进行重复购买活动；甚至可能意味着消费者是否会主动帮助企业拓展已有的关系营销渠道，等等。在激烈的市场竞争中，消费者忠诚是企业最宝贵的资源（郝云宏等，2009）。与消费者关系的差异特征不仅意味着稳定的收入差异，同时还有企业声誉和社会影响力的差异。

在"现金为王"的经营理念下，与供应商之间的信任和承诺，将有助于企业的资金管理，确保资金周转正常。另外，随着存货管理中 JIT 方式的兴起，企业在正常生产经营中只会采购适量的存货。与供应商的长期稳定的合作关系，使企业在面临市场机遇时做出及时的资源配置调整而不必担心遭到供应商的讹诈，错失良机。与供应商关系的差异不仅意味着企业获得所需材料的正常供应的差异，还意味着企业市场搜寻成本的差异。

随着市场竞争的激烈，企业对产品研发等创新活动的重视与日俱增。但是创新活动中不仅蕴藏着未来的超额经济收益，同时还潜藏着巨大的风险。与科研院所的关系联结意味着企业能及时了解技术的更新等信息。与科研院所建立起长期、频繁的合作关系，有利于前沿信息和复杂知识的转移，能够极大地降低创新的不确定性。从另一方面来看，与科研院所的合作同时也是企业对员工知识的一种培养形式。

最后，社区、政府与企业的关系差异，影响着企业的社会声誉，并往往会降低企业经营的隐形成本。

由此，提出假设12：

假设12（H12）：关系资源异质性对中小型农业企业非财务绩效有显著影响。

**3. 制度支撑异质性模块对关系资源异质性及综合绩效的促进作用**

中国人重视"关系"，但是在经济活动中又往往避讳"关系"。这是因为在不够规范的市场机制中，关系资源异质性作用往往与腐败等寻租行为相联系。需要明确的是，在因果逻辑上，寻租等贪污腐败行为的发生是由不完善的制度设计导致的，不是由关系资源导致的。关系网络的构建是正常社会交往活动的产物；关系资源的形成、利用是人类社会活动的正常结果，其本身并不具有罪恶性，是个别利欲熏心的人在利用关系资源过程中扭曲了其本质。因此可以说，关系资源是为了弥补并不完善的市场机制下的种种缺陷而形成的非正式制度安排。

制度支撑体系对于规范关系资源异质性的影响起着重要的关键作用。企业内部规范的正式制度安排不仅维持了企业内部正常的生产管理秩序，同时也向利益相关者传递了积极、合规的制度信息，有助于建立起相互信任的合作关系。另一方面，企业所具有的积极企业文化环境、员工之间融洽的信任合作关系、内部良好的组织氛围等，能够轻易突破组织界限，向企业外部延展。在关系资源的联结下，企业内部的正式制度以及非正式制度将有助于企业与利益相关者之间形成理解和共识，促使各类资源异质性的正常发挥。

由此，提出假设13、假设14：

假设13（H13）：制度规范异质性有助于强化关系资源异质性，进而改善中小型农业企业绩效。

假设14（H14）：组织氛围异质性有助于强化关系资源异质性，进而改善中小型农业企业绩效。

# 五　本章小结

本章是本书的重点章节，完成了研究理论模型的构建。

第一小节在对 Barney 的资源三分法进行评价的基础上完成了企业资源构成的重构，将企业异质性资源投入结构设计为三个基础模块和一个支撑模块。

第二小节完成了中小型农业企业各项投入资源的异质性分析及衡量指标选择。具体包括各类资源定义及异质性分析；资源异质性模块构成分析和资源异质性衡量指标选择。本部分资源异质性衡量指标选择最终形成了本次研究的调查问卷，具体见附录2。

第三小节从评价主体、评价客体、评价依据、评价目标等方面进行了中小型农业企业绩效评价框架设计。

第四小节在大量相关文献的支撑下，完成了资源异质性与中小型农业企业综合绩效关系的理论模型构建，共计提出14个理论假设。理论模型如图3-8所示，研究假设如表3-9所示。

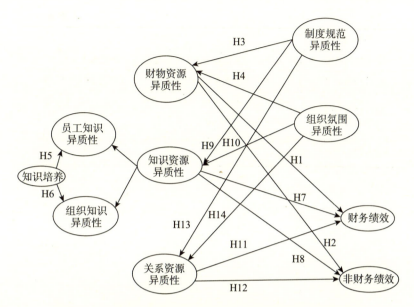

**图 3 - 8　资源异质性与中小型农业企业绩效关系理论模型**

**表 3 - 9　研究假设一览**

| 假设编号 | 假设内容 |
| --- | --- |
| 假设 1（H1） | 财物资源异质性对中小型农业企业财务绩效会产生显著影响 |
| 假设 2（H2） | 财物资源异质性对中小型农业企业非财务绩效有显著影响 |
| 假设 3（H3） | 制度规范异质性有助于强化财物资源异质性，进而改善中小型农业企业绩效 |
| 假设 4（H4） | 组织氛围异质性有助于强化财物资源异质性，进而改善中小型农业企业绩效 |
| 假设 5（H5） | 知识培养有助于促进员工知识异质性的发挥，进而对绩效产生正向影响 |
| 假设 6（H6） | 知识培养有助于促进组织知识异质性的发挥，进而对绩效产生正向影响 |
| 假设 7（H7） | 知识资源异质性对中小型农业企业财务绩效有显著影响 |
| 假设 8（H8） | 知识资源异质性对中小型农业企业非财务绩效有显著影响 |
| 假设 9（H9） | 制度规范异质性有助于强化知识资源异质性，进而改善中小型农业企业绩效 |
| 假设 10（H10） | 组织氛围异质性有助于强化知识资源异质性，进而改善中小型农业企业绩效 |

续表

| 假设编号 | 假设内容 |
|---|---|
| 假设 11（H11） | 关系资源异质性对中小型农业企业财务绩效有显著影响 |
| 假设 12（H12） | 关系资源异质性对中小型农业企业非财务绩效有显著影响 |
| 假设 13（H13） | 制度规范异质性有助于强化关系资源异质性，进而改善中小型农业企业绩效 |
| 假设 14（H14） | 组织氛围异质性有助于强化关系资源异质性，进而改善中小型农业企业绩效 |

第四章 ◀
# 问卷检验与数据收集

　　根据第三章的理论模型设计，本书采用问卷调查的方法完成了研究数据的收集。本章首先根据试调结果完成了调查问卷的信度检验；然后对问卷收集的样本数据进行了初步的描述分析。

　　根据研究目的，问卷的具体内容大体包括以下两部分：第一部分进行中小型农业企业基本资料的信息收集，涉及企业成立年数、员工人数、注册资本数额、企业性质及企业所属细分行业，共计5个问题。第二部分针对中小型农业企业财物资源异质性状况、知识资源异质性状况、关系资源异质性状况、制度支撑异质性状况以及综合绩效状况进行调查测量。

　　问卷采用李克特量表方式。在测量点数的选择上，有三点、五点、七点和九点的选择。三点法量表由于仅有三个选项，其所传达的态度信息区别度较低；而超过五点的选项设计，容易导致测试者的不配合行为，从而影响调查效果。五点法量表设计方式是目前较为常用的选项设计方式。因此，本书选择五点法量表设计。

## 一　问卷的小范围试调

　　问卷试调的目的主要是对题项设计进行进一步的检验，并通过试调结果进行问卷题项的净化。本次小范围试调采用随机走访的方式在杨凌地区的农业企业中进行，共取得试调数据 50 份。取得试调数据后，本书依次采用项目分析、信度分析的方法进行问卷质量的进一步改善。

## （一）问卷题项项目分析

项目分析用于检验量表设计以及题项设计的可靠程度，其结果可以作为题项筛选的依据。项目分析一般遵照如下程序（吴明隆，2013）。

首先，将试调数据进行题项值合计。进行合计分值的高低排序，以各排序 27% 处的合计数作为分组界限，分出高分组和低分组。本书中确定的分组合计数分别为 214 和 258，即 214 分及低于 214 分的数据为低分组数据，组别编号为 2；258 分及高于 258 分的数据为高分组数据，组别编号为 1。

其次，采用临界比值法进行判断。对上述分组数据进行独立样本的 T 检验，以判断高分组与低分组在各题项得分平均数上是否存在显著差异。本书以 0.05 作为显著性水平以判断前述差异是否显著。

表 4 - 1 列示了项目分析的结果。

表 4 - 1　项目分析结果

| 编号 | T | Sig.（双侧） | 差分的95%置信区间 | | 编号 | T | Sig.（双侧） | 差分的95%置信区间 | |
|---|---|---|---|---|---|---|---|---|---|
| | | | 下限 | 上限 | | | | 下限 | 上限 |
| A01 | 3.238 | .003 | 0.26083 | 1.16774 | C06 | 5.769 | .000 | 0.87360 | 1.84068 |
| A02 | 3.229 | .003 | 0.23361 | 1.05210 | C07 | 7.801 | .000 | 1.20998 | 2.07573 |
| A03 | 4.113 | .000 | 0.39301 | 1.17842 | C08 | 7.287 | .000 | 1.28202 | 2.28941 |
| A04 | 5.088 | .000 | 0.63855 | 1.50430 | C09 | 4.087 | .000 | 0.67453 | 2.03976 |
| A05 | 3.706 | .001 | 0.47712 | 1.66574 | C10 | 5.500 | .000 | 0.71577 | 1.56995 |
| A06 | 3.139 | .004 | 0.29584 | 1.41845 | C11 | 4.527 | .000 | 0.74091 | 1.97337 |
| A07 | 5.196 | .000 | 0.77710 | 1.79433 | D01 | 5.021 | .000 | 0.71722 | 1.71136 |
| A08 | 6.288 | .000 | 1.00965 | 1.99035 | D02 | 6.918 | .000 | 0.90371 | 1.66772 |

| 编号 | T | Sig.（双侧） | 差分的95%置信区间 下限 | 差分的95%置信区间 上限 | 编号 | T | Sig.（双侧） | 差分的95%置信区间 下限 | 差分的95%置信区间 上限 |
|---|---|---|---|---|---|---|---|---|---|
| A09 | 3.446 | .002 | 0.37470 | 1.48244 | D03 | 4.532 | .000 | 0.62456 | 1.66116 |
| A10 | 8.498 | .000 | 1.08304 | 1.77410 | D04 | 5.341 | .000 | 0.92267 | 2.07733 |
| B01 | 8.165 | .000 | 1.06893 | 1.78821 | D05 | 5.848 | .000 | 1.01905 | 2.12380 |
| B02 | 7.534 | .000 | 1.09075 | 1.90925 | D06 | 5.853 | .000 | 0.88051 | 1.83378 |
| B03 | 5.525 | .000 | 0.80734 | 1.76408 | D07 | 8.862 | .000 | 1.15208 | 1.84792 |
| B04 | 6.817 | .000 | 0.94790 | 1.76639 | D08 | 6.918 | .000 | 0.90371 | 1.66772 |
| B05 | 4.555 | .000 | 0.58789 | 1.55497 | D09 | 5.491 | .000 | 0.67037 | 1.47249 |
| B06 | 5.736 | .000 | 0.82500 | 1.74643 | D10 | 6.356 | .000 | 0.82158 | 1.60699 |
| B07 | 7.430 | .000 | 0.98171 | 1.73258 | D11 | 5.491 | .000 | 0.67037 | 1.47249 |
| B08 | 3.942 | .001 | 0.47851 | 1.52149 | D12 | 7.430 | .000 | 0.98171 | 1.73258 |
| B09 | 4.647 | .000 | 0.55765 | 1.44235 | D13 | 10.015 | .000 | 1.41922 | 2.15221 |
| B10 | 4.316 | .000 | 0.56119 | 1.58167 | P01 | 4.372 | .000 | 0.56773 | 1.57513 |
| B11 | 5.950 | .000 | 0.74805 | 1.53767 | P02 | 4.950 | .000 | 0.58472 | 1.41528 |
| B12 | 5.853 | .000 | 0.88051 | 1.83378 | P03 | 4.505 | .000 | 0.62137 | 1.66435 |
| C01 | 4.837 | .000 | 0.61615 | 1.52671 | P04 | 5.866 | .000 | 0.69599 | 1.44686 |
| C02 | 4.837 | .000 | 0.61615 | 1.52671 | P05 | 6.288 | .000 | 1.00965 | 1.99035 |
| C03 | 3.976 | .000 | 0.51756 | 1.62530 | P06 | 5.774 | .000 | 0.91996 | 1.93718 |
| C04 | 4.431 | .000 | 0.57436 | 1.56850 | P07 | 8.568 | .000 | 1.30302 | 2.12555 |
| C05 | 6.026 | .000 | 0.84713 | 1.72430 | P08 | 5.774 | .000 | 0.91996 | 1.93718 |

从表 4-1 可以看出，题项临界比值均达到显著性水平。问卷题项项目分析的结果较令人满意。

## （二）问卷题项信度分析

所谓信度，顾名思义就是指可信程度，也即题项得分结果可以被信赖的程度有多大。好的量表设计，其结果应该是可靠的。对量表内部一致性的检验通常采用计算 Cronbach's Alpha 系数方法进行。一般认为，系数越大，则量表题项的内部一致性越高，Cronbach's Alpha 系数至少应在 0.60 以上（余建英等，2003）。另外，计算校正的项总计相关性（Corrected Item Total Correlation，CITC 系数）也是进行信度检验的常用方法（Churchill，1979）。较低的 CITC 系数值表示该题项与剩余题项的相关性较低，会进一步影响因素构念的聚敛效度。对于 CITC 系数的判断标准，有的学者认为应达到 0.5，否则删除该题项（Churchill，1979）；也有学者认为 0.4 也可以成为判断标准（吴明隆，2010）；还有学者认为 0.3 也可以成为判断标准（卢纹岱，2002）。具体判断时，还应该结合考虑问卷题项的具体设计。如果某一因素构面题项设计较多，则可以考虑选择较高的判断标准，增大题项筛选力度。但是，CITC 系数最低不应低于 0.3。

1. 财物资源异质性量表的信度分析

本部分先进行中小型农业企业财物资源异质性各因素构念的 CITC 系数和 Cronbach's Alpha 系数的计算，然后进行量表整体的 CITC 系数和 Cronbach's Alpha 系数的计算。表 4 - 2 列示了信度分析结果。

表 4 - 2　财物资源异质性量表的信度分析结果

| 题项编号 | 校正的项总计相关性 | 项已删除的 Cronbach's Alpha 值 | Cronbach's Alpha | 校正的项总计相关性 | 项已删除的 Cronbach's Alpha 值 | Cronbach's Alpha | 筛选结果 |
|---|---|---|---|---|---|---|---|
| A01 | .498 | .562 | | .488 | .875 | | 保留 |
| A02 | .546 | .538 | 0.661 | .595 | .871 | | 保留 |
| A03 | .524 | .545 | | .564 | .872 | | 保留 |
| A04 | .790 | .756 | | .655 | .867 | | 保留 |
| A05 | .660 | .810 | 0.843 | .602 | .869 | 0.880 | 保留 |
| A06 | .708 | .789 | | .570 | .871 | | 保留 |
| A07 | .570 | .709 | | .656 | .866 | | 保留 |
| A08 | .657 | .675 | | .596 | .870 | | 保留 |
| A09 | .496 | .735 | 0.765 | .445 | .878 | | 保留 |
| A10 | .573 | .712 | | .537 | .873 | | 保留 |

由表 4 – 2 可以看出，从各因素构念来看，各因素构念的 Cronbach's Alpha 系数均 > 0.6，各题项的 CITC 系数均 > 0.4。从量表整体来看，总的 Cronbach's Alpha 系数为 0.880 > 0.6，并且各题项的 CITC 系数均 > 0.4，说明量表总体信度良好。

2. 知识资源异质性量表的信度分析

处理同上。表 4 – 3 列示了中小型农业企业知识资源异质性量表的信度分析结果。

表 4 – 3　知识资源异质性量表的信度分析结果

| 题项编号 | 校正的项总计相关性 | 项已删除的Cronbach's Alpha 值 | Cronbach's Alpha | 校正的项总计相关性 | 项已删除的Cronbach's Alpha 值 | Cronbach's Alpha | 筛选结果 |
|---|---|---|---|---|---|---|---|
| B01 | .803 | .908 | | .716 | .919 | | 保留 |
| B02 | .893 | .877 | 0.924 | .694 | .920 | | 保留 |
| B03 | .834 | .897 | | .666 | .921 | | 保留 |
| B04 | .768 | .920 | | .725 | .918 | | 保留 |
| B05 | .731 | .786 | | .632 | .922 | | 保留 |
| B06 | .731 | .784 | 0.851 | .732 | .918 | | 保留 |
| B07 | .706 | .806 | | .668 | .921 | 0.926 | 保留 |
| B08 | .602 | .887 | | .610 | .923 | | 保留 |
| B09 | .886 | .826 | | .690 | .920 | | 保留 |
| B10 | .771 | .850 | 0.891 | .678 | .920 | | 保留 |
| B11 | .720 | .862 | | .803 | .916 | | 保留 |
| B12 | .688 | .877 | | .651 | .922 | | 保留 |

由表 4 – 3 可以看出，从各因素构念来看，各题项 CITC 系数均 > 0.4。各因素构念的 Cronbach's Alpha 系数均 > 0.6，说明各因素构念信度良好。从量表整体来看，总的 Cronbach's Alpha 系数为 0.926 > 0.6，并且各题项的 CITC 系数均 > 0.4，删除任意一项都不会导致整体的 Cronbach's Alpha 系数提高，说明量表总体信度良好。

3. 关系资源异质性量表的信度分析

处理同上。表 4 - 4 列示了中小型农业企业关系资源异质性量表的信度分析结果。

表 4 - 4　关系资源异质性量表的信度分析结果

| 题项编号 | 校正的项总计相关性 | 项已删除的Cronbach's Alpha 值 | Cronbach's Alpha | 校正的项总计相关性 | 项已删除的Cronbach's Alpha 值 | Cronbach's Alpha | 筛选结果 |
|---|---|---|---|---|---|---|---|
| C01 | .786 | .841 | | .701 | .883 | | 保留 |
| C02 | .798 | .828 | 0.888 | .614 | .887 | | 保留 |
| C03 | .773 | .857 | | .632 | .885 | | 保留 |
| C04 | .781 | .873 | | .691 | .883 | | 保留 |
| C05 | .856 | .811 | 0.899 | .742 | .881 | | 保留 |
| C06 | .770 | .885 | | .732 | .880 | 0.895 | 保留 |
| C07 | .809 | | 0.894 | .710 | .881 | | 保留 |
| C08 | .809 | | | .736 | .879 | | 保留 |
| C09 | .695 | .772 | | .629 | .885 | | 保留 |
| C10 | .549 | .813 | 0.826 | .531 | .890 | | 保留 |
| C11 | .763 | .751 | | .538 | .891 | | 保留 |

由表 4 - 4 可以看出，从各因素构念来看，各因素构念的 Cronbach's Alpha 系数均 >0.6，各题项的 CITC 系数均 >0.4。从量表整体来看，总的 Cronbach's Alpha 系数为 0.895 >0.6，并且各题项的 CITC 系数均 >0.4，说明量表总体信度良好。

4. 制度支撑异质性量表的信度分析

处理同上。表 4 - 5 列示了中小型农业企业制度支撑异质性量表的信度分析结果。

由表 4 - 5 可以看出，从各因素构念来看，各题项 CITC 系数均 >0.4。各因素构念的 Cronbach's Alpha 系数均 >0.6，说明各因素构念信度良好。从量表整体来看，总的 Cronbach's Alpha 系数为

0.963 > 0.6，并且各题项的 CITC 系数均 > 0.4，说明量表总体信度良好。

表 4 − 5　制度支撑异质性量表的信度分析结果

| 题项编号 | 校正的项总计相关性 | 项已删除的 Cronbach's Alpha 值 | Cronbach's Alpha | 校正的项总计相关性 | 项已删除的 Cronbach's Alpha 值 | Cronbach's Alpha | 筛选结果 |
|---|---|---|---|---|---|---|---|
| D01 | .699 | .915 | | .710 | .962 | | 保留 |
| D02 | .824 | .899 | | .815 | .959 | | 保留 |
| D03 | .731 | .911 | 0.920 | .705 | .962 | | 保留 |
| D04 | .775 | .905 | | .791 | .960 | | 保留 |
| D05 | .801 | .902 | | .791 | .960 | | 保留 |
| D06 | .838 | .943 | | .812 | .959 | | 保留 |
| D07 | .815 | .945 | | .820 | .959 | 0.963 | 保留 |
| D08 | .780 | .947 | | .797 | .960 | | 保留 |
| D09 | .867 | .942 | | .877 | .958 | | 保留 |
| D10 | .808 | .945 | 0.951 | .758 | .961 | | 保留 |
| D11 | .871 | .941 | | .867 | .959 | | 保留 |
| D12 | .835 | .943 | | .817 | .959 | | 保留 |
| D13 | .774 | .949 | | .761 | .961 | | 保留 |

5. 综合绩效考核量表的信度分析

处理同上。表 4 − 6 列示了综合绩效考核量表的信度分析结果。

由表 4 − 6 可以看出，从各因素构念来看，各题项 CITC 系数均 > 0.4。各因素构念的 Cronbach's Alpha 系数均 > 0.6，说明各因素构念信度良好。从量表整体来看，总的 Cronbach's Alpha 系数为 0.925 > 0.6，并且各题项的 CITC 系数均 > 0.4，删除任意一项都不会导致整体的 Cronbach's Alpha 系数提高，说明量表总体信度良好。

表 4 - 6　综合绩效考核量表的信度分析结果

| 题项编号 | 校正的项总计相关性 | 项已删除的Cronbach's Alpha 值 | Cronbach's Alpha | 校正的项总计相关性 | 项已删除的Cronbach's Alpha 值 | Cronbach's Alpha | 筛选结果 |
|---|---|---|---|---|---|---|---|
| P01 | .819 | .845 | | .711 | .918 | | 保留 |
| P02 | .701 | .889 | 0.895 | .710 | .918 | | 保留 |
| P03 | .839 | .838 | | .718 | .917 | | 保留 |
| P04 | .724 | .881 | | .675 | .920 | 0.925 | 保留 |
| P05 | .801 | .940 | | .787 | .912 | | 保留 |
| P06 | .928 | .900 | 0.940 | .809 | .910 | | 保留 |
| P07 | .840 | .928 | | .786 | .912 | | 保留 |
| P08 | .865 | .920 | | .768 | .913 | | 保留 |

# 二　数据收集与样本描述

## （一）问卷的发放与回收

应用结构方程模型进行经济问题研究，对样本数量的多少并没有一个绝对的要求标准。但是，样本数量的多少确实对结构方程模型统计分析的稳定性有着较为显著的影响（吴明隆，2010）。大多数的结构方程模型研究样本数在 200 ~ 500（Schumacker & Lomax，1996）。如果研究的变量符合正态分布，则每个观察变量有 5 个样本就足够了（Bentler & Chou，1987）。本书中的测量变量有 54 个，在样本数据符合正态分布的情况下，至少需要 270 个样本数据。

本书中，数据收集进行了两次。第一次是在 2013 年暑假期间，先后在河南、陕西、宁夏、山东等随机抽取二级市，向当地农业企业发放问卷并回收。此种方式先后共发放问卷 320 份，回收问卷 295 份，剔除问题回答不完全以及连续 10 题为同一答案的，得到有效问卷 222 份。第二次是在 2013 年 10 月至 12 月，在江苏省随机抽取二级市，向当地农业企业发放问卷并回收。此种方式共发出问卷 300 份，回收问卷 298 份，剔除问题回答不完全以及连续 10 题为同一答案的，得到有效问卷 258 份。两种方式共收集有效数据 480 个。

那么，这两种方式获得的问卷是否可以被当作同一样本进行合并处理？即两种方式获得的问卷数据之间是否存在显著差异？对这一问题的回答需要进行问卷数据的独立样本 T 检验分析。分析结果如表 4-7 所示。

独立样本 T 检验分析通过两步进行：第一步，通过 F 检验判断两样本的方差是否存在显著差异；第二步，若 F 检验的相伴概率大于显著性水平 0.05，则认为两样本方差无显著性差异，需读取方差相等时的 T 检验结果，否则，读取方差不相等时的 T 检验结果。

表 4-7 直接列示了最终结果。存货异质性、固定资产异质性、员工知识异质性三个因素构念方差存在显著差异，需读取方差不相等时的 T 检验结果。其余因素构念方差均不存在显著差异，需读取方差相等时的 T 检验结果。从各因素构念的 T 检验分析结果来看，T 统计量的相伴概率都大于 0.05 的显著性水平。另外，从差分的 95% 置信区间数值来看，取值区间跨 0，说明两种方式取得的问卷数据不存在显著差异，可以合并在一起作为同一样本进行分析。

## （二）企业结构信息分析

根据问卷内容设计，本次调研企业结构信息包括成立年数、员工数量、注册资本量、企业性质及所属细分行业等内容。

### 1. 关于样本企业成立年数的描述

表 4-8 列示了样本企业成立年数的信息。

表 4 - 7 独立样本 T 检验结果

|  | 方差方程的 Levene 检验 | | 均值方程的 T 检验 | | | | | 差分的 95% 置信区间 | |
|  | F | Sig. | T | df | Sig.（双侧） | 均值差值 | 标准误差值 | 下限 | 上限 |
| --- | --- | --- | --- | --- | --- | --- | --- | --- | --- |
| 资金异质性 | 1.529 | .217 | -.606 | 478 | .545 | -.04190 | .06911 | -.17771 | .09390 |
| 存货异质性 | 5.936 | .015 | 1.895 | 478 | .059 | .32212 | .16995 | -.01181 | .65606 |
| 固定资产异质性 | 14.024 | .000 | -.197 | 478 | .844 | -.04955 | .25168 | -.54408 | .44498 |
| 员工知识异质性 | 11.931 | .001 | .997 | 478 | .319 | .07186 | .07208 | -.06978 | .21350 |
| 知识培养 | .646 | .422 | 1.762 | 478 | .079 | .33490 | .19005 | -.03853 | .70834 |
| 组织知识异质性 | 2.009 | .157 | -.723 | 478 | .470 | -.22229 | .30734 | -.82620 | .38162 |
| 消费者关系异质性 | .069 | .793 | -.555 | 478 | .579 | -.08401 | .15130 | -.38132 | .21329 |
| 供应商关系异质性 | 1.017 | .314 | -.482 | 478 | .630 | -.08244 | .17094 | -.41833 | .25345 |
| 科研院所关系异质性 | .750 | .387 | .578 | 478 | .564 | .09239 | .15993 | -.22186 | .40665 |
| 政府关系异质性 | .386 | .535 | -.466 | 478 | .641 | -.10203 | .21882 | -.53200 | .32794 |
| 制度规范异质性 | 1.467 | .226 | -.528 | 478 | .598 | -.15074 | .28556 | -.71184 | .41036 |
| 组织氛围异质性 | 2.548 | .111 | -.629 | 478 | .530 | -.27886 | .44325 | -1.14983 | .59210 |
| 财务绩效 | 1.907 | .168 | -.804 | 478 | .422 | -.19547 | .24298 | -.67291 | .28197 |
| 非财务绩效 | 2.317 | .129 | .311 | 478 | .756 | .07459 | .23959 | -.39619 | .54537 |

**表 4 - 8　样本企业成立年数信息**

单位：%

| | | 频率 | 百分比 | 有效百分比 | 累计百分比 |
|---|---|---|---|---|---|
| 有效 | 5 年以下 | 140 | 29.2 | 29.2 | 29.2 |
| | 6～10 年 | 179 | 37.3 | 37.3 | 66.5 |
| | 11～15 年 | 94 | 19.6 | 19.6 | 86.1 |
| | 16～20 年 | 41 | 8.5 | 8.5 | 94.6 |
| | 20 年以上 | 26 | 5.4 | 5.4 | 100.0 |
| | 合计 | 480 | 100.0 | 100.0 | |

可以看出，成立年数在 6～10 年的样本企业占多数。成立年数 5 年以上的企业累计占比 70.8%，5 年以下的企业占比 29.2%。这一分布结果说明样本企业绝大多数已经渡过不确定性较大、风险较多的经营初创期，进入相对较为平稳的经营阶段。这对合理推测中小型农业企业资源投入与综合绩效关系的研究是有所助力的。

2. 关于样本企业人员数量的描述

表 4-9 列示了样本企业人员数量的信息。从表 4-9 中可以看出，人员数量在 100 人以下的小企业在本次研究中所占比例过半。因此，样本企业人员规模小会成为本次实证研究的特征之一。

**表 4-9　样本企业人员数量信息**

单位：%

| | | 频率 | 百分比 | 有效百分比 | 累计百分比 |
|---|---|---|---|---|---|
| 有效 | 100 人以下 | 279 | 58.1 | 58.1 | 58.1 |
| | 101～300 人 | 127 | 26.5 | 26.5 | 84.6 |
| | 301～600 人 | 37 | 7.7 | 7.7 | 92.3 |
| | 601～1000 人 | 19 | 4.0 | 4.0 | 96.3 |
| | 1000 人以上 | 18 | 3.8 | 3.8 | 100.0 |
| | 合计 | 480 | 100.0 | 100.0 | |

### 3. 关于样本企业注册资本的描述

表 4 - 10 列示了样本企业注册资本的信息。从表 4 - 10 中可以看出，样本企业注册资本的分布相对较为平均。总体来说，注册资本 500 万元以下的企业累计占比达 73.1%。因此，样本企业资金规模偏小是本次实证研究的特征之一。

表 4 - 10  样本企业注册资本信息

单位：元，%

| | | 频率 | 百分比 | 有效百分比 | 累计百分比 |
|---|---|---|---|---|---|
| 有效 | 50 万以下 | 76 | 15.8 | 15.8 | 15.8 |
| | 51 万 ~ 100 万 | 115 | 24.0 | 24.0 | 39.8 |
| | 101 万 ~ 500 万 | 160 | 33.3 | 33.3 | 73.1 |
| | 501 万 ~ 1000 万 | 106 | 22.1 | 22.1 | 95.2 |
| | 1000 万以上 | 23 | 4.8 | 4.8 | 100.0 |
| | 合计 | 480 | 100.0 | 100.0 | |

### 4. 关于样本企业性质的描述

表 4 - 11 列示了样本企业性质的信息。其中"其他"类包括联营企业、股份制企业、个体企业、合伙企业等企业性质。从表 4 - 11 中可以看出，民营企业在本次研究样本企业中占比过半。

表 4 - 11  样本企业企业性质信息

单位：%

| | | 频率 | 百分比 | 有效百分比 | 累计百分比 |
|---|---|---|---|---|---|
| 有效 | 国有 | 56 | 11.7 | 11.7 | 11.7 |
| | 民营 | 277 | 57.7 | 57.7 | 69.4 |
| | 合资 | 71 | 14.8 | 14.8 | 84.2 |
| | 集体 | 29 | 6.0 | 6.0 | 90.2 |
| | 其他 | 47 | 9.8 | 9.8 | 100.0 |
| | 合计 | 480 | 100.0 | 100.0 | |

5. 关于样本企业细分行业的描述

表 4 - 12 列示了样本企业细分行业的分布信息。从表 4 - 12 中可以看出，对知识技术含量需求较低的种植业和农产品加工业在本次研究样本企业中占比较高，达到 63.8%。对知识技术含量要求较高的种业和农业技术服务业占比仅为 28.5%。

**表 4 - 12　样本企业细分行业信息**

单位：%

| | | 频率 | 百分比 | 有效百分比 | 累计百分比 |
|---|---|---|---|---|---|
| 有效 | 种业 | 63 | 13.1 | 13.1 | 13.1 |
| | 种植业 | 117 | 24.4 | 24.4 | 37.5 |
| | 农产品加工业 | 189 | 39.4 | 39.4 | 76.9 |
| | 农业技术服务 | 74 | 15.4 | 15.4 | 92.3 |
| | 其他 | 37 | 7.7 | 7.7 | 100.0 |
| | 合计 | 480 | 100.0 | 100.0 | |

## （三）数据统计性描述

本书中拟采用的区别分析和结构方程模型，都是通过最大似然估计法进行参数估计的。因此，数据是否服从正态分布对于进行区别分析至关重要。

统计描述中通常使用偏度和峰度进行数据分布形态的描述，依据偏度描述数据取值分布的对称性状态、峰度描述数据取值分布的陡峭形态，判断数据是否服从正态分布。一般当偏度绝对值小于 3、峰度绝对值小于 10 时，可以判断数据分布基本上符合正态分布（Kline，1998）。结构方程模型分析过程中关注协方差的运用，而峰度能较为显著地影响协方差。因此有学者提出较为严格的判断标准，认为峰度系数值应小于 7，否则判断数据分布为偏态分布（West et al.，1995）。表 4 - 13 列示了通过 AMOS 软件进行的各测量变量数据的正态性评估结果。

在正态分布状态下，偏度系数和峰度系数的取值应该在 0 左右，其系数的显著性检验（即临界值）应大于 0.05 的显著性水平。从表 4 - 13 可以看出，54 个测量变量的偏度系数取值范围处于 - 0.464 ~ 0.124 之间，绝对值小于 1；峰度系数取值范围处于 - 1.051 ~ 0.720 之间，绝对值小于 2。54 个测量变量中仅有极个别变量（B09 偏度系数临界值为 0.016，C04 峰度系数临界值为 0.049）的偏度系数或峰度系数未达显著性水平。

表 4 - 13　各测量变量数据的正态性评估结果

| Variable 变量 | Min 最小值 | Max 最大值 | Skew 偏度系数 | c. r. 临界比 | Kurtosis 峰度系数 | c. r. 临界比 |
|---|---|---|---|---|---|---|
| A01 | 1 | 5 | - .078 | - .701 | - .392 | - 1.752 |
| A02 | 1 | 5 | - .232 | - 2.073 | .112 | .503 |
| A03 | 1 | 5 | - .247 | - 2.212 | .261 | 1.167 |
| A04 | 2 | 5 | - .104 | - .926 | - .166 | - .744 |
| A05 | 1 | 5 | - .464 | - 4.154 | .720 | 3.220 |
| A06 | 1 | 5 | - .129 | - 1.151 | - .060 | - .268 |
| A07 | 1 | 5 | - .186 | - 1.660 | - .304 | - 1.358 |
| A08 | 1 | 5 | - .029 | - .262 | - .700 | - 3.128 |
| A09 | 1 | 5 | - .210 | - 1.877 | - .061 | - .271 |
| A10 | 1 | 5 | - .290 | - 2.594 | - .042 | - .186 |
| B01 | 2 | 5 | - .173 | - 1.544 | - .878 | - 3.926 |
| B02 | 2 | 5 | .014 | .129 | - 1.051 | - 4.698 |
| B03 | 1 | 5 | - .044 | - .398 | - .196 | - .876 |
| B04 | 2 | 5 | - .039 | - .352 | - .615 | - 2.752 |
| B05 | 1 | 5 | - .180 | - 1.611 | .290 | 1.297 |
| B06 | 1 | 5 | .015 | .130 | .219 | .977 |
| B07 | 1 | 5 | - .106 | - .950 | .146 | .654 |
| B08 | 1 | 5 | .022 | .199 | - .180 | - .804 |
| B09 | 1 | 5 | - .002 | - .016 | - .051 | - .229 |
| B10 | 1 | 5 | - .032 | - .286 | - .171 | - .766 |

| Variable<br>变量 | Min<br>最小值 | Max<br>最大值 | Skew<br>偏度系数 | c. r.<br>临界比 | Kurtosis<br>峰度系数 | c. r.<br>临界比 |
|---|---|---|---|---|---|---|
| B11 | 1 | 5 | − . 145 | − 1. 299 | − . 307 | − 1. 372 |
| B12 | 1 | 5 | − . 204 | − 1. 821 | − . 028 | − . 125 |
| C01 | 1 | 5 | − . 303 | − 2. 708 | . 536 | 2. 399 |
| C02 | 2 | 5 | − . 189 | − 1. 691 | . 142 | . 637 |
| C03 | 2 | 5 | − . 198 | − 1. 770 | − . 069 | − . 309 |
| C04 | 2 | 5 | − . 292 | − 2. 610 | − . 011 | − . 049 |
| C05 | 2 | 5 | − . 136 | − 1. 214 | − . 339 | − 1. 515 |
| C06 | 2 | 5 | − . 222 | − 1. 984 | − . 366 | − 1. 639 |
| C07 | 1 | 5 | − . 311 | − 2. 785 | − . 310 | − 1. 388 |
| C08 | 1 | 5 | − . 284 | − 2. 536 | − . 481 | − 2. 153 |
| C09 | 1 | 5 | − . 330 | − 2. 952 | − . 270 | − 1. 206 |
| C10 | 1 | 5 | − . 291 | − 2. 601 | − . 141 | − . 628 |
| C11 | 1 | 5 | − . 237 | − 2. 124 | − . 212 | − . 946 |
| D01 | 2 | 5 | − . 048 | − . 426 | − . 662 | − 2. 959 |
| D02 | 1 | 5 | . 090 | . 808 | − . 169 | − . 757 |
| D03 | 1 | 5 | − . 125 | − 1. 118 | − . 135 | − . 605 |
| D04 | 1 | 5 | − . 130 | − 1. 164 | − . 242 | − 1. 082 |
| D05 | 2 | 5 | − . 068 | − . 608 | − . 577 | − 2. 579 |
| D06 | 1 | 5 | − . 203 | − 1. 813 | − . 225 | − 1. 007 |
| D07 | 1 | 5 | − . 239 | − 2. 138 | − . 131 | − . 586 |
| D08 | 1 | 5 | − . 332 | − 2. 967 | . 119 | . 533 |
| D09 | 1 | 5 | − . 228 | − 2. 036 | . 307 | 1. 374 |
| D10 | 2 | 5 | . 021 | . 186 | − . 786 | − 3. 514 |
| D11 | 2 | 5 | − . 046 | − . 407 | − . 542 | − 2. 424 |
| D12 | 1 | 5 | . 124 | 1. 107 | − . 498 | − 2. 229 |
| D13 | 1 | 5 | . 071 | . 635 | − . 221 | − . 990 |
| P01 | 1 | 5 | − . 329 | − 2. 940 | . 488 | 2. 181 |
| P02 | 1 | 5 | − . 394 | − 3. 525 | . 680 | 3. 040 |
| P03 | 1 | 5 | − . 297 | − 2. 653 | . 248 | 1. 108 |

| Variable 变量 | Min 最小值 | Max 最大值 | Skew 偏度系数 | c. r. 临界比 | Kurtosis 峰度系数 | c. r. 临界比 |
|---|---|---|---|---|---|---|
| P04 | 1 | 5 | − . 163 | − 1. 457 | . 053 | . 239 |
| P05 | 2 | 5 | − . 083 | − . 743 | − . 522 | − 2. 334 |
| P06 | 1 | 5 | − . 117 | − 1. 043 | − . 084 | − . 377 |
| P07 | 1 | 5 | − . 226 | − 2. 022 | . 036 | . 163 |
| P08 | 1 | 5 | − . 238 | − 2. 131 | − . 071 | − . 316 |
| Multivariate | | | | | 489. 280 | 68. 920 |

因此，可以认为数据分布符合正态分布要求，适宜采用最大似然法进行参数估计。

# 三　本章小结

本章共包括两部分内容。第一小节是通过试调数据完成了问卷题项的项目分析及信度分析，验证了问卷设计的有效性。第二小节对所收集数据进行了统计描述，为后续的实证分析做准备。

本章内容完成了以下工作。

（1）本次研究分两次共发放问卷 620 份，回收问卷 593 份，其中有效问卷共计 480 份。问卷有效率为 77. 42% 。通过独立样本 T 检验分析，可以认为两种方式取得的问卷数据不存在显著差异，可作为同一样本进行分析。

（2）问卷数据的企业构成分析显示本次研究对象主要为成立年限 5 年以上的民营中小型农业企业；人员规模和资金规模都偏小；且在所属细分行业上主要是对知识技术含量要求不高的种植业和农产品加工业。这些特征可能会对本次研究结论产生一定的影响。

（3）题项数据的统计性描述检验了数据分布的正态性，说明后续研究可以采用最大似然法进行模型参数估计。

## 第五章 ◀
# 资源异质性对中小型农业企业
# 综合绩效影响机制研究

机制可以理解为"在正视事物各个部分的存在的前提下，协调各个部分之间关系以更好地发挥作用的具体运行方式"。具体在本章中，影响机制研究通过以下两个步骤完成：一是从资源异质性视角进行的中小型农业企业综合绩效影响因素的实证分析；二是对中小型农业企业综合绩效的具体影响路径和影响效果的实证检验。

## 一 中小型农业企业绩效表现差异
## 影响因素分析

在第三章理论模型的构建中，本书试图通过企业所投入的具有异质性特征的财物资源、知识资源、关系资源和制度支撑体系来解释中小型农业企业综合绩效差异。为此，将各量表的测量数据进行汇总，分别得到样本企业的"财物资源异质性"、"知识资源异质性①"、"关系资源异质性"和"制度体系异质性"变量。根据样本

① 汇总知识资源异质性变量时，仅将表示"员工知识异质性"和"组织知识异质性"的题项得分进行汇总。

企业在"综合绩效评价量表"的得分高低，将样本企业的绩效表现分为"高绩效表现""中等绩效表现"和"低绩效表现"三组，分别编码为3、2、1，变量定义为"绩效表现"。即具体研究问题是：中小型农业企业的财物资源异质性、知识资源异质性、关系资源异质性和制度体系异质性是否可以有效区别其绩效表现。

本部分采用 SPSS 20.0 进行区别分析。

## （一）变量数据描述性统计及相关分析

表5-1列示了区别分析中自变量的描述性统计量。

表5-1 自变量描述性统计

| 绩效分组 | | 均值 | 标准差 | 有效的 N（列表状态） | |
|---|---|---|---|---|---|
| | | | | 未加权的 | 已加权的 |
| 低绩效表现 | 财物资源异质性 | 33.2482 | 3.70936 | 141 | 141.000 |
| | 知识资源异质性 | 31.1348 | 4.39678 | 141 | 141.000 |
| | 关系资源异质性 | 37.2057 | 4.84697 | 141 | 141.000 |
| | 制度体系异质性 | 43.7943 | 5.79596 | 141 | 141.000 |
| 中等绩效表现 | 财物资源异质性 | 36.8421 | 3.75009 | 171 | 171.000 |
| | 知识资源异质性 | 32.3450 | 4.25278 | 171 | 171.000 |
| | 关系资源异质性 | 40.3275 | 3.82381 | 171 | 171.000 |
| | 制度体系异质性 | 47.7076 | 4.24914 | 171 | 171.000 |
| 高绩效表现 | 财物资源异质性 | 40.6726 | 4.90813 | 168 | 168.000 |
| | 知识资源异质性 | 37.5119 | 4.81389 | 168 | 168.000 |

续表

| 绩效分组 | | 均值 | 标准差 | 有效的 N（列表状态） | |
|---|---|---|---|---|---|
| | | | | 未加权的 | 已加权的 |
| 高绩效表现 | 关系资源异质性 | 45.2679 | 4.88610 | 168 | 168.000 |
| | 制度体系异质性 | 54.9643 | 6.86647 | 168 | 168.000 |
| 合计 | 财物资源异质性 | 37.1271 | 5.12622 | 480 | 480.000 |
| | 知识资源异质性 | 33.7979 | 5.27518 | 480 | 480.000 |
| | 关系资源异质性 | 41.1396 | 5.58099 | 480 | 480.000 |
| | 制度体系异质性 | 49.0979 | 7.32833 | 480 | 480.000 |

由表 5-1 可知，总计 480 个样本企业数据中，高绩效表现组的样本数据有 168 个、中等绩效表现组的样本数据有 171 个、低绩效表现组的样本数据有 141 个。

以高、中、低绩效表现三组为自变量，以财物资源异质性、知识资源异质性、关系资源异质性和制度体系异质性为因变量，进行单变量方差分析。表 5-2 列示了三个组均值的均等性检验结果。

表 5-2　各组均值的均等性检验结果

| | Wilks 的 Lambda | F | df1 | df2 | Sig. |
|---|---|---|---|---|---|
| 财物资源异质性 | .663 | 121.457 | 2 | 477 | .000 |
| 知识资源异质性 | .724 | 90.900 | 2 | 477 | .000 |
| 关系资源异质性 | .654 | 126.022 | 2 | 477 | .000 |
| 制度体系异质性 | .608 | 153.625 | 2 | 477 | .000 |

由表 5-2 可知，Wilks' $\Lambda$ 值都很小，F 值分别为 121.457、90.900、126.022、153.625，并且与之相伴随的显著性水平都为

0.000。上述结果说明不同绩效组别的样本在"财物资源异质性"、"知识资源异质性"、"关系资源异质性"和"制度体系异质性"得分上存在显著的不同。

另外，变量间的多重共线性问题会极大地影响分析结果。为避免此种情况，本章进行了自变量间的多重共线性检验。表 5 - 3 列示了自变量"财物资源异质性"、"知识资源异质性"、"关系资源异质性"和"制度体系异质性"间的多重共线性检验结果。

表 5 - 3　自变量多重共线性检验结果

| 绩效分组 | 秩 | 对数行列式 |
| --- | --- | --- |
| 低绩效表现 | 4 | 11. 327 |
| 中等绩效表现 | 4 | 10. 432 |
| 高绩效表现 | 4 | 11. 618 |
| 汇聚的组内 | 4 | 11. 312 |

由表 5 - 3 可知，三组绩效表现的对数行列式值分别为 11. 327、10. 432、11. 618 和 11. 312，数值远大于 0。并且，秩的数值与自变量的数目相等。这也就意味着区别分析中不存在自变量的多重共线性问题。

### （二）区别分析结果及其解释

在本次区别分析中，有四个自变量、三个组别，因此可以得到两个区别函数。表 5 - 4 摘录了本次区别分析的结果。

表 5 - 4　区别分析摘要表

| 自变量 | 标准化典型区别系数 | | 非标准化区别函数 | |
| --- | --- | --- | --- | --- |
| | 区别函数 1 | 区别函数 2 | 区别函数 1 | 区别函数 2 |
| 财物资源异质性 | .423 | - .735 | .101 | - .176 |
| 知识资源异质性 | .055 | 1. 077 | .012 | .239 |

续表

| 自变量 | 标准化典型区别系数 | | 非标准化区别函数 | |
|---|---|---|---|---|
| | 区别函数1 | 区别函数2 | 区别函数1 | 区别函数2 |
| 关系资源异质性 | .297 | -.258 | .066 | -.057 |
| 制度体系异质性 | .491 | .077 | .086 | .013 |
| 截距 | | | -11.080 | .124 |

区别函数1: $\lambda = .889$　方差的% = 95.5　Wilks' $\Lambda = .508$　卡方值 = 321.909 ***

区别函数2: $\lambda = .042$　方差的% = 4.5　Wilks' $\Lambda = .960$　卡方值 = 19.507 ***

说明: *** 表示 $p < .001$。

由表 5 - 4 可以写出两个标准化典型区别函数:

$$D_1 = 0.491 \times ISH + 0.423 \times FRH + 0.297 \times GRH + 0.055 \times KRH$$

$$D_2 = 1.077 \times KRH - 0.735 \times FRH - 0.258 \times GRH + 0.077 \times ISH$$

区别函数 1 的特征值为 0.889,可解释因变量 95.5% 的变异量;区别函数 2 的特征值为 0.042,可解释因变量 4.5% 的变异量,说明区别函数具备区别力。Wilks' $\Lambda$ 值分别为 0.508 和 0.960;卡方值分别为 321.909 和 19.507;*** 表示达到显著水平。上述结果说明两个区别函数都通过了显著性检验,能够有效解释样本在因变量上的变异水平。

由自变量系数值的大小比较可知,"关系资源异质性" 和 "制度体系异质性" 变量与区别函数 1 关系较为紧密;"财物资源异质性" 和 "知识资源异质性" 变量与区别函数 2 关系较为紧密。这说明区别函数 1 主要依赖 "关系资源异质性" 和 "制度体系异质性" 变量区分绩效表现;区别函数 2 主要依赖 "财物资源异质性" 和 "知识资源异质性" 区分绩效表现。

由表 5 - 5 提供的数据可以看出,在 141 个低绩效表现组样本中,被 "财物资源异质性"、"知识资源异质性"、"关系资源异质性" 和 "制度体系异质性" 区别分类正确的样本有 104 个,分类正确率为 73.8%。在 171 个中等绩效表现组样本中,被区别分类正确的样本有 100 个，分类正确率为 58.5%。在 168 个高绩效表现组样本中，被区别分类正确的样本有 117 个，分类正确率为 69.6%。综合来看，四个自变量区别不同绩效表现组样本的正确率为 66.9%，说明区别能力尚可。

表 5 - 5　分类预测结果表

| 绩效表现 | 实际分组样本 | 区别预测结果分类 | | |
| --- | --- | --- | --- | --- |
| | | 低绩效表现 | 中等绩效表现 | 高绩效表现 |
| 低绩效表现 | 141 | 104（73.8%） | 28（19.8%） | 9（6.4%） |
| 中等绩效表现 | 171 | 48（28.1%） | 100（58.5%） | 23（13.4%） |
| 高绩效表现 | 168 | 12（7.1%） | 39（23.2%） | 117（69.6%） |
| 总预测正确率 = 66.9% | | | | |

　　综上所述，区别分析的结果说明，本书的基础框架设计是可行的。中小型农业企业绩效差异表现可以通过理论模型中的资源异质性进行较为有效的预测。也就是说，"财物资源异质性"、"知识资源异质性"、"关系资源异质性"和"制度体系异质性"四个因素，可以用于解释中小型农业企业综合绩效表现的差异，它们是中小型农业企业综合绩效的重要影响因素。

## 二　资源异质性对中小型农业企业综合绩效影响路径实证分析

### （一）探索性因子分析

　　首先采用探索性因子分析的方法进行各测量题项的区别效度检验。对于抽取特征值大于 1 的因子，再以最大方差转轴旋转法进行旋转，进而观察所提取的因子和初始理论模型中的因子设计是否相符，从而初步判断研究数据与理论模型的拟合效果。

进行 EFA 分析之前首先要计算数据的 KMO 值并进行 Bartlett 的球形度检验，以判断数据是否适合进行探索性因子分析。KMO 值的最低标准为 0.5，Bartlett 的球形度检验结果要求相伴概率低于显著性水平。以下内容对各个量表的测量变量数据分别进行了 EFA 分析。

1. 财物资源异质性量表因子分析

表 5 - 6 列示了财物资源异质性量表探索性因子分析的结果。

表 5 - 6　财物资源异质性量表 EFA 分析

| 题项 | EFA 因子载荷 | | | |
|---|---|---|---|---|
| | 因子 1 | 因子 2 | 因子 3 | |
| A01 | | | 0.838 | |
| A02 | | | 0.876 | |
| A03 | | | 0.645 | |
| A04 | | 0.813 | | |
| A05 | | 0.803 | | |
| A06 | | 0.792 | | |
| A07 | 0.796 | | | |
| A08 | 0.819 | | | |
| A09 | 0.809 | | | |
| A10 | 0.685 | | | |
| 解释变异% | 26.266 | 22.420 | 20.543 | 69.230 |
| KMO 值 | 0.780 | 0.708 | 0.637 | 0.820 |
| Bartlett 的球形度检验显著性 | 0.000 | 0.000 | 0.000 | 0.000 |

从表 5 - 6 中可以看出，财物资源异质性量表的 KMO 值为 0.820，Bartlett 的球形度检验相伴概率低于显著性水平，说明测量变量数据适合进行因子分析。对财物资源异质性量表 10 个题项进行的因子分析共提取了 3 个因子，其累计贡献率为 69.230%。可以认为以这 3 个因子进行中小型农业企业财物资

源异质性的描述是可以接受的。另外，各题项在各因素构念上的因子载荷水平均大于 0.6，说明量表数据显示出了良好的建构效度。

2. 知识资源异质性量表因子分析

表 5-7 列示了知识资源异质性量表探索性因子分析的结果。

**表 5-7　知识资源异质性量表 EFA 分析**

| 题项 | EFA 因子载荷 | | | |
|---|---|---|---|---|
| | 因子 1 | 因子 2 | 因子 3 | |
| B01 | | 0.870 | | |
| B02 | | 0.867 | | |
| B03 | | 0.747 | | |
| B04 | | 0.679 | | |
| B05 | | | 0.881 | |
| B06 | | | 0.801 | |
| B07 | | | 0.857 | |
| B08 | 0.626 | | | |
| B09 | 0.830 | | | |
| B10 | 0.881 | | | |
| B1¹ | 0.773 | | | |
| B12 | 0.714 | | | |
| 解释变异% | 28.312 | 24.015 | 22.369 | 74.696 |
| KMO 值 | 0.826 | 0.784 | 0.735 | 0.878 |
| Bartlett 的球形度检验显著性 | 0.000 | 0.000 | 0.000 | 0.000 |

从表 5-7 中可以看出，知识资源异质性量表的 KMO 值为 0.878，Bartlett 的球形度检验相伴概率低于显著性水平，说明测量变量数据适合进行因子分析。对知识资源异质性量表 12 个题项进行的因子分析共提取了 3 个因子，其累计贡献率为 74.696%。可以认为以这 3 个因子进行中小型农业企业知识资源

异质性的描述是可以接受的。另外，各题项在各因素构念上的因子载荷水平均大于 0.6，说明量表数据显示出了良好的建构效度。

3. 关系资源异质性量表因子分析

表 5 - 8 列示了关系资源异质性量表探索性因子分析的结果。

**表 5 - 8　关系资源异质性量表 EFA 分析**

| 题项 | EFA 因子载荷 | | | | |
|---|---|---|---|---|---|
| | 因子 1 | 因子 2 | 因子 3 | 因子 4 | |
| C01 | | 0.814 | | | |
| C02 | | 0.818 | | | |
| C03 | | 0.699 | | | |
| C04 | 0.770 | | | | |
| C05 | 0.835 | | | | |
| C06 | 0.796 | | | | |
| C07 | | | | 0.882 | |
| C08 | | | | 0.882 | |
| C09 | | | 0.679 | | |
| C10 | | | 0.860 | | |
| C11 | | | 0.877 | | |
| 解释变异% | 20.830 | 19.233 | 18.926 | 17.036 | 76.025 |
| KMO 值 | 0.716 | 0.700 | 0.673 | 0.500 | 0.811 |
| Bartlett 的球形度检验显著性 | 0.000 | 0.000 | 0.000 | 0.000 | 0.000 |

从表 5 - 8 中可以看出，关系资源异质性量表的 KMO 值为 0.811，Bartlett 的球形度检验相伴概率低于显著性水平，说明测量变量数据适合进行因子分析。对关系资源异质性量表 11 个题项进行的因子分析共提取了 4 个因子，其累计贡献率为 76.025%。可以认为以这 4 个因子进行中小型农业企业关系资源异质性的描述是可以接受的。另外，各题项在各因素构念上的因子载荷水平均大于 0.6，说明量表数据显示出了良好的建构效度。

4. 制度支撑体系异质性量表因子分析

表 5-9 列示了制度支撑体系异质性量表探索性因子分析的结果。

表 5-9　制度支撑体系异质性量表 EFA 分析

| 题项 | EFA 因子载荷 | | |
|---|---|---|---|
| | 因子 1 | 因子 2 | |
| D01 | | 0.625 | |
| D02 | | 0.738 | |
| D03 | | 0.814 | |
| D04 | | 0.804 | |
| D05 | | 0.716 | |
| D06 | 0.658 | | |
| D07 | 0.714 | | |
| D08 | 0.658 | | |
| D09 | 0.800 | | |
| D10 | 0.810 | | |
| D11 | 0.874 | | |
| D12 | 0.747 | | |
| D13 | 0.672 | | |
| 解释变异% | 37.276 | 27.725 | 65.001 |
| KMO 值 | 0.913 | 0.847 | 0.928 |
| Bartlett 的球形度检验显著性 | 0.000 | 0.000 | 0.000 |

从表 5-9 中可以看出，制度支撑体系异质性量表的 KMO 值为 0.928，Bartlett 的球形度检验相伴概率低于显著性水平，说明测量变量数据适合进行因子分析。对资源整合量表 13 个题项进行的因子分析共提取了 2 个因子，其累计贡献率为 65.001%。可以认为以这 2 个因子进行中小型农业企业资源整合的描述是可以接受的。另外，各题项在各因素构念上的因子载荷水平均大于

0.6，说明量表数据显示出了良好的建构效度。

5. 综合绩效考核量表因子分析

表 5 - 10 列示了综合绩效评价量表探索性因子分析的结果。

表 5 - 10　综合绩效评价量表 EFA 分析

| 题项 | EFA 因子载荷 | | |
|---|---|---|---|
| | 因子 1 | 因子 2 | |
| P01 | 0.919 | | |
| P02 | 0.816 | | |
| P03 | 0.910 | | |
| P04 | 0.701 | | |
| P05 | | 0.749 | |
| P06 | | 0.830 | |
| P07 | | 0.812 | |
| P08 | | 0.784 | |
| 解释变异% | 38.887 | 35.545 | 74.433 |
| KMO 值 | 0.808 | 0.825 | 0.871 |
| Bartlett 的球形度检验显著性 | 0.000 | 0.000 | 0.000 |

从表 5 - 10 中可以看出，综合绩效评价量表的 KMO 值为 0.871，Bartlett 的球形度检验相伴概率低于显著性水平，说明测量变量数据适合进行因子分析。对资源整合量表 8 个题项进行的因子分析共提取了 2 个因子，其累计贡献率为 74.433%。可以认为以这 2 个因子进行中小型农业企业综合绩效的描述是可以接受的。另外，各题项在各因素构念上的因子载荷水平均大于 0.7，说明量表数据显示出了良好的建构效度。

## （二）资源异质性与综合绩效关系的结构方程模型描述

应用结构方程模型进行经济问题研究时，对样本数量的多少并没有一个绝对的要求标准。但是，样本数量的多少确实对结构方程模型统计分析的稳定性有着较为显著的影响（吴明隆，2010）。大多数的结构方程模型研究样本数在 200~500。如果研究的变量符合正态分布，则每个观察变量有 5 个样本就足够了（Bentler & Chou，1987）。

本次研究中的测量变量有 54 个，在样本数据符合正态分布的情况下，至少需要 270 个样本数据。本次研究获得 480 个有效样本数据，数据量符合结构方程方法要求。

1. 资源异质性与综合绩效关系的结构方程模型

本次结构方程模型具体包含两个次模型：测量模型和结构模型。其中，测量模型用于描述 54 个测量变量与其描述的 14 个一阶潜在变量之间的关系；结构模型用于描述共计 17 个潜在变量之间的关系。在结构方程模型图中，用方框代表测量变量，用圆圈代表潜在变量。另外，本书在模型中构建了三个高阶模块。即以一阶因素构念"资金异质性 CH"、"存货异质性 IH"和"固定资产异质性 FH"描述二阶因素构念"财物资源异质性 FRH"；以一阶因素构念"员工知识异质性 EKH"和"组织知识异质性 OKH"描述二阶因素构念"知识资源异质性 KRH"；以一阶因素构念"消费者关系异质性 CGH"、"供应商关系异质性 SGH"、"科研院所关系异质性 RGH"和"政府关系异质性 GGH"描述二阶因素构念"关系资源异质性 GRH"。这些二阶因素构念在结构模型中充当了中介变量的角色，因此也是模型中的内因潜在变量，需增列残差项。

如图 5-1 所示，模型中共有变量 139 个。其中可观测变量 54 个（即问卷中设定的 54 个题项）；不可观测变量 85 个（即 54 个观测变量的残差项、14 个内因潜在变量的残差项和 17 个潜在变量）。还可以将上述 139 个变量区分为 71 个外因变量和 68 个内因变量。71 个外因变量包括 54 个观测变量的残差项、14 个内因潜在变量的残差项和 3 个外因潜在变量。68 个内因变量包括 54 个观测变量以及 14 个内因潜在变量。模型中全部参数共计 217 个。其中，固定参数 85 个；待估计参数 132 个（包括：60 个待估计回归系数参数、1 个待估计协方差、71 个待估计方差）。

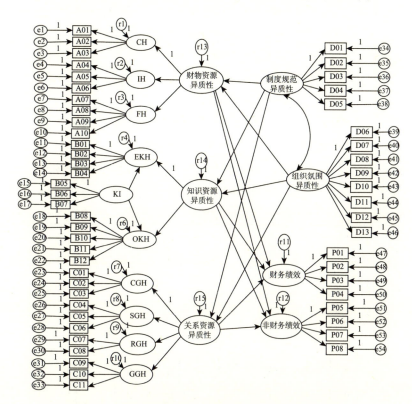

**图 5 - 1　资源异质性与综合绩效关系的结构方程模型**

2. 资源异质性与综合绩效关系的结构方程模型矩阵表达

接下来进行结构方程模型的符号命名，进而将上述模型图进行矩阵表达。

**表 5 - 11　结构方程模型符号**

| 符号 | 意义 | 说明 |
|---|---|---|
| $\xi_n$ | 外因潜在变量 | $n = 1, 2, 3$ |

| 符号 | 意义 | 说明 |
|---|---|---|
| $\eta_m$ | 一阶的内因潜在变量 | $m = 1, 2, 3, \cdots, 11$ |
| $R_i$ | 二阶的内因潜在变量 | $i = 1, 2, 3$ |
| $X_q$ | 外因潜在变量的观测变量 | $q = 1, 2, 3, \cdots, 16$ |
| $Y_p$ | 内因潜在变量的观测变量 | $p = 1, 2, 3, \cdots, 38$ |
| $\delta$ | X 变量的残差项 | 共计 q 个 |
| $\varepsilon$ | Y 变量的残差项 | 共计 p 个 |
| $\zeta$ | 内因潜在变量的误差 | 共计 m + i 个 |
| $\alpha$ | 二阶内因潜在变量与一阶内因潜在变量间的关联系数矩阵 | 维度：$11 \times 3$ |
| $\beta$ | 外因潜在变量 $\xi_3$ 与 $\eta_4$、$\eta_5$ 间的关联系数矩阵 | 维度：$2 \times 3$ |
| $\gamma$ | $\xi$ 与 $\eta$ 间的关联系数矩阵 | 维度：$m \times n$ |
| $\lambda^{(x)}$ | X 与 $\xi$ 间的关联系数矩阵 | 维度：$q \times n$ |
| $\lambda^{(y)}$ | Y 与 $\eta$ 间的关联系数矩阵 | 维度：$p \times m$ |

根据上述定义的符号，可以将结构方程模型进行如下矩阵表达。

结构模型矩阵：

$$
\begin{pmatrix} \eta_1 \\ \eta_2 \\ \eta_3 \\ \eta_4 \\ \eta_5 \\ \eta_6 \\ \eta_7 \\ \eta_8 \\ \eta_9 \\ \eta_{10} \\ \eta_{11} \end{pmatrix} =
\begin{pmatrix}
\alpha_{1,1} & 0 & 0 \\
\alpha_{2,1} & 0 & 0 \\
\alpha_{3,1} & 0 & 0 \\
0 & \alpha_{4,2} & 0 \\
0 & \alpha_{5,2} & 0 \\
0 & 0 & \alpha_{6,3} \\
0 & 0 & \alpha_{7,3} \\
0 & 0 & \alpha_{8,3} \\
0 & 0 & \alpha_{9,3} \\
\alpha_{10,1} & \alpha_{10,2} & \alpha_{10,3} \\
\alpha_{11,1} & \alpha_{11,2} & \alpha_{11,3}
\end{pmatrix}
\begin{pmatrix} R_1 \\ R_2 \\ R_3 \end{pmatrix} +
\begin{pmatrix}
0 & 0 & 0 \\
0 & 0 & 0 \\
0 & 0 & 0 \\
0 & 0 & \beta_{4,3} \\
0 & 0 & \beta_{5,3} \\
0 & 0 & 0 \\
0 & 0 & 0 \\
0 & 0 & 0 \\
0 & 0 & 0 \\
0 & 0 & 0 \\
0 & 0 & 0
\end{pmatrix}
\begin{pmatrix} \xi_1 \\ \xi_2 \\ \xi_3 \end{pmatrix} +
\begin{pmatrix} \zeta_1 \\ \zeta_2 \\ \zeta_3 \\ \zeta_4 \\ \zeta_5 \\ \zeta_6 \\ \zeta_7 \\ \zeta_8 \\ \zeta_9 \\ \zeta_{10} \\ \zeta_{11} \end{pmatrix}
$$

　　结构模型（1）描述了 11 个一阶内因潜在变量与 3 个二阶内因潜在变量间的关系。

$$\begin{pmatrix} R_1 \\ R_2 \\ R_3 \end{pmatrix} = \begin{pmatrix} \gamma_{1,1} & \gamma_{1,2} & 0 \\ \gamma_{2,1} & \gamma_{2,2} & 0 \\ \gamma_{3,1} & \gamma_{3,2} & 0 \end{pmatrix} \begin{pmatrix} \xi_1 \\ \xi_2 \\ \xi_3 \end{pmatrix} + \begin{pmatrix} \zeta_{12} \\ \zeta_{13} \\ \zeta_{14} \end{pmatrix}$$

　　结构模型（2）描述了 3 个二阶内因潜在变量与 3 个外因潜在变量间的关系。测量模型矩阵：

$$\begin{pmatrix} X_1 \\ X_2 \\ X_3 \\ X_4 \\ X_5 \\ X_6 \\ X_7 \\ X_8 \\ X_9 \\ X_{10} \\ X_{11} \\ X_{12} \\ X_{13} \\ X_{14} \\ X_{15} \\ X_{16} \end{pmatrix} = \begin{pmatrix} \lambda_{1,1}^{(x)} & & \\ \lambda_{2,1}^{(x)} & & \\ \lambda_{3,1}^{(x)} & & \\ \lambda_{4,1}^{(x)} & & \\ \lambda_{5,1}^{(x)} & & \\ & \lambda_{6,2}^{(x)} & \\ & \lambda_{7,2}^{(x)} & \\ & \lambda_{8,2}^{(x)} & \\ & \lambda_{9,2}^{(x)} & \\ & \lambda_{10,2}^{(x)} & \\ & \lambda_{11,2}^{(x)} & \\ & \lambda_{12,2}^{(x)} & \\ & \lambda_{13,2}^{(x)} & \\ & & \lambda_{14,3}^{(x)} \\ & & \lambda_{15,3}^{(x)} \\ & & \lambda_{16,3}^{(x)} \end{pmatrix} \begin{pmatrix} \xi_1 \\ \xi_2 \\ \xi_3 \end{pmatrix} + \begin{pmatrix} \delta_1 \\ \delta_2 \\ \delta_3 \\ \delta_4 \\ \delta_5 \\ \delta_6 \\ \delta_7 \\ \delta_8 \\ \delta_9 \\ \delta_{10} \\ \delta_{11} \\ \delta_{12} \\ \delta_{13} \\ \delta_{14} \\ \delta_{15} \\ \delta_{16} \end{pmatrix}$$

　　测量模型（1）描述了 3 个外因潜在变量与其 16 个观测变量间的矩阵关系。

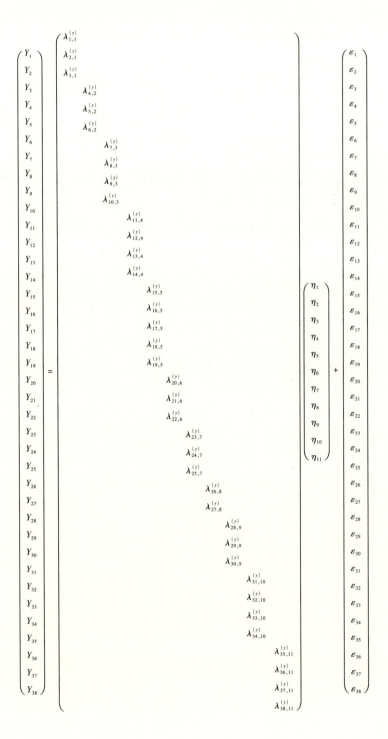

测量模型（2）描述了 11 个内因潜在变量与其 38 个观测变量间的矩阵关系。

上述测量模型的矩阵表达也可以简化成如下矩阵方程式:

$$X = \Lambda_x \xi + \delta$$
$$Y = \Lambda_y \eta + \varepsilon$$

其中，$\Lambda_x$ 指外因潜在变量的观测变量的因素负荷量；$\Lambda_y$ 指内因潜在变量的观测变量的因素负荷量。根据 SEM 建模要求，$\xi$、$\eta$ 与 $\delta$、$\varepsilon$ 之间不能建立共变关系或者联结因果路径。

## （三）初始模型的参数估计和检验

在模型初始的版本中，假设测量变量间不存在误差共变关系，每个测量变量仅受到一个一阶因素构念的影响。

本节利用问卷调查所得 480 个样本数据，进行异质性资源投入与综合绩效关系的结构方程初始模型估计。在进行了模型运算后，估计结果显示：模型可以辨识收敛。非标准化估计值（Unstandardized Estimates）模型图中没有报告负的误差项方差，表示模型辨认规则没有被违反，模型中参数的解值合理。标准化估计值（Standardized Estimates）模型图中，标准化路径系数未报告异常值，模型中参数估计值均可接受。

### 1. 验证性因子分析方法与检验内容

前述进行了探索性因素分析，其目的是确认量表设计的建构效度，得到量表最佳的因素结构。换句话说，探索性因素分析是由数据导向理论的分析，理论架构是因素分析后，根据研究者主观判断得到的一个符合数理分析并具备可解释性的结构。理论架构是探索性因素分析的结果，而并非其检验。与此相反，验证性因子分析是以理论架构为基础的，然后通过数据检验来判断该理论模型是否与实践数据相契合，各题项是否可以作为因素构念的测量变量。它是由理论导向数据的分析，要求分析过程是对理论架构的检验，检验与报告的内容包括模型适配度检验结果和聚敛效度。

（1）模型适配度分析

第一，模型适配度指标的含义和选择。

值得注意的是，模型适配度仅用于判断由理论假设提出的路径分析模型与实证数据是否能够实现适配，并不能用于判断理论假设模型的好坏。那么，应选择哪些指标进行模型适配度的检验，学者们尚未形成一致的意见。

Bagozzi、Yi 的观点认为模型适配度的检验应从三个方面入手：基本适配度、整体模型适配度和内在结构适配度。其中，整体模型适配度可以用于进行模型外在质量的检验；模型内在结构适配度既是对各测量模型信度及效度的检验，又是对模型内在质量的检验。更进一步，整体模型适配度的检验可以通过绝对适配指标、相对适配指标和简约适配指标进行（Bagozzi & Yi，1988）。

Diamantopoulos、Siguaw 的观点认为模型适配度的检验应从四个方面入手：整体模型适配度检验、测量模型适配度检验、结构模型适配度检验及统计检验力的评价（Diamantopoulos & Siguaw，2000）。其中，整体模型适配度衡量指标具体包括绝对适配指标、相对适配指标和简约适配指标，是对模型外在质量的检验。而测量模型适配度检验、结构模型适配度检验也即 Bagozzi、Yi 观点中的基本适配度检验和内在适配度检验。

虽然对模型适配度指标的具体选择并未达成一致，但是较为统一的观点是：在进行模型适配度检验时，最好能结合考虑各种类型的适配度指标，只有这样才能对接受或者拒绝模型产生较为客观的认识（Hair et al.，1998）。另外需要注意的是，不能依据适配度指标的优劣来判断模型的可靠程度。模型的构建基于理论分析的基础之上，适配度指标仅用来衡量理论模型与样本数据的契合程度，并不能用来证明理论模型的正确性。

综合上述观点，本书主要借鉴 Bagozzi、Yi 的观点，从模型基本适配度、整体模型适配度和内在结构适配度三个方面进行适配度检验。其中，内在结构适配度通过检验模型的聚敛效度和区别效度进行。模型基本适配度和整体适配度检验的具体项目、指标及评价标准如表 5 – 12、表 5 – 13 所示。

表 5 – 12　结构方程模型基本适配度检验表

| 检验项目 | 评价标准 |
| --- | --- |
| 是否存在负的误差变异量 | 不存在 |
| 所有误差变异达到显著水平 | t 值 > 1.96 |
| 标准误的大小 | 标准误值很小 |
| 因素负荷量取值范围 | 0.5 ~ 0.95 |

第二，初始模型基本适配度结果分析。

表 5 – 14 列示了测量模型中各测量变量以及模型中各潜在变量的残差变异量的估计值。

表 5 – 14 报告了本书中共计 71 个待估计方差结果，包括 54 个观测变量的残差方差、14 个内因潜在变量的残差方差和 3 个外因潜在变量方差。并按照前述模型基本适配度检验表的要求，分别报告了测量残差变异量、变异标准误估计值以及残差变异量的显著性水平及其相伴概率三个项目。表中第一列数据报告的是测量残差变异量，可以看出，这 71 个测量残差变异量估计值均为正数，满足第 1 个检验项目的评价标准。表中第二列数据报告的是变异标准误估计值，其数值介于 0.006 ~ 0.042 之间，其值均很小，说明模型界定无错误，满足第 3 个检验项目的评价标准。表中第三列数据报告的是残差变异量的 t 值，第四列数据报告的是其相伴概率。可以看出，这 71 个残差变异量的 t 值均 > 1.96，并且达到 0.05 的显著性水平，满足第 2 个检验项目的评价标准。

表 5－13　结构方程模型整体适配度指标及含义

| 指标类型 | 适配度指标 | 指标含义 | 评价标准 |
|---|---|---|---|
| 绝对适配度指标 | NC 值（卡方自由度比） | 检验理论模型的协方差矩阵与样本数据的契合程度 | NC ＜1：模型过度适配；1＜NC＜3：模型适配良好；NC＞5：模型适配不佳 |
| | RMR 值 | 适配残差均方和平方根，衡量理论模型协方差矩阵与样本数据的方差协方差矩阵的差异值 | RMR ＜0.05：模型适配 |
| | RMSEA 值 | 渐进残差均方和平方根，衡量每个自由度的平均总体协方差矩阵与基于总体的理论模型的隐含的协方差矩阵的差异值 | RMSEA＞0.10：模型适配不佳；0.08＜RMSEA＜0.10：模型适配尚可；0.05＜RMSEA＜0.08：模型适配良好；RMSEA＜0.05：模型适配非常好 |
| 增值适配度指标 | IFI 值 | 虚无模型卡方值与假设模型卡方值的差异量同虚无模型卡方值与假设模型自由度的差异量的比值 | IFI＞0.90：模型可以适配；IFI＞0.95：模型适配完美 |
| | TLI 值 | 用于进行两个对立模型的适配度比较，越接近1，模型适配度越好 | TLI＞0.90：模型可以适配；TLI＞0.95：模型适配完美 |
| | CFI 值 | 表示从限制模型到饱和模型的测量过程中，非集中参数的改善程度，越接近1，模型适配度越好 | CFI＞0.90：模型可以适配；CFI＞0.95：模型适配完美 |
| 简约适配度指标 | PNFI 值 | 考虑了自由度数量的理论模型与虚无模型间的卡方值差异量 | PNFI＞0.50：模型适配通过 |
| | PGFI 值 | 性质与 PNFI 指标相同 | PGFI＞0.50：模型适配通过 |
| | CAIC 值 | 考虑了样本大小的 Akaike 信息指标 | 理论模型值小于独立模型值且同时小于饱和模型值 |

表 5 - 14　测量残差变量异量估计值一览

| | Estimate | S. E. | C. R. | p | | Estimate | S. E. | C. R. | p |
|---|---|---|---|---|---|---|---|---|---|
| 制度规范异质性 | .237 | .031 | 7.549 | *** | e20 | .098 | .011 | 8.531 | *** |
| 组织氛围异质性 | .335 | .035 | 9.493 | *** | e21 | .269 | .020 | 13.669 | *** |
| 知识培养 | .447 | .039 | 11.488 | *** | e22 | .398 | .028 | 14.314 | *** |
| r1 | .246 | .029 | 8.379 | *** | e23 | .175 | .017 | 10.256 | *** |
| r2 | .171 | .022 | 7.746 | *** | e24 | .157 | .016 | 9.899 | *** |
| r3 | .172 | .026 | 6.558 | *** | e25 | .255 | .020 | 12.548 | *** |
| r4 | .098 | .020 | 4.867 | *** | e26 | .229 | .019 | 12.306 | *** |
| r5 | .157 | .022 | 7.159 | *** | e27 | .141 | .015 | 9.471 | *** |
| r6 | .124 | .017 | 7.232 | *** | e28 | .195 | .018 | 10.595 | *** |
| r7 | .119 | .017 | 7.174 | *** | e29 | .180 | .032 | 5.569 | *** |
| r8 | .358 | .039 | 9.158 | *** | e30 | .206 | .034 | 5.974 | *** |
| r9 | .250 | .037 | 6.695 | *** | e31 | .554 | .042 | 13.144 | *** |
| r10 | .266 | .024 | 10.958 | *** | e32 | .240 | .038 | 6.268 | *** |
| r11 | .084 | .014 | 6.097 | *** | e33 | .430 | .039 | 10.876 | *** |
| r12 | .051 | .012 | 4.407 | *** | e34 | .332 | .024 | 14.082 | *** |
| r13 | .067 | .018 | 3.756 | *** | e35 | .257 | .019 | 13.275 | *** |
| r14 | .027 | .006 | 4.175 | *** | e36 | .229 | .019 | 12.215 | *** |
| e1 | .244 | .025 | 9.791 | *** | e37 | .269 | .021 | 12.656 | *** |

续表

| | Estimate | S.E. | C.R. | p | | Estimate | S.E. | C.R. | p |
|---|---|---|---|---|---|---|---|---|---|
| e2 | .134 | .021 | 6.295 | *** | e38 | .310 | .024 | 13.051 | *** |
| e3 | .338 | .024 | 13.877 | *** | e39 | .258 | .018 | 14.170 | *** |
| e4 | .194 | .019 | 10.085 | *** | e40 | .226 | .016 | 13.833 | *** |
| e5 | .275 | .027 | 10.360 | *** | e41 | .250 | .018 | 14.164 | *** |
| e6 | .249 | .022 | 11.122 | *** | e42 | .169 | .013 | 13.463 | *** |
| e7 | .297 | .026 | 11.316 | *** | e43 | .202 | .015 | 13.684 | *** |
| e8 | .301 | .027 | 11.289 | *** | e44 | .142 | .011 | 12.782 | *** |
| e9 | .331 | .026 | 12.631 | *** | e45 | .255 | .018 | 14.287 | *** |
| e10 | .368 | .027 | 13.390 | *** | e46 | .285 | .020 | 14.411 | *** |
| e11 | .203 | .016 | 12.355 | *** | e47 | .053 | .007 | 7.145 | *** |
| e12 | .146 | .015 | 10.021 | *** | e48 | .215 | .015 | 14.344 | *** |
| e13 | .199 | .016 | 12.306 | *** | e49 | .058 | .008 | 7.576 | *** |
| e14 | .261 | .020 | 13.019 | *** | e50 | .285 | .019 | 14.804 | *** |
| e15 | .137 | .016 | 8.696 | *** | e51 | .224 | .018 | 12.400 | *** |
| e16 | .223 | .018 | 12.392 | *** | e52 | .220 | .018 | 12.110 | *** |
| e17 | .135 | .016 | 8.245 | *** | e53 | .275 | .022 | 12.710 | *** |
| e18 | .378 | .026 | 14.359 | *** | e54 | .261 | .020 | 12.758 | *** |
| e19 | .134 | .012 | 10.939 | *** | | | | | |

*** $p < 0.001$。

表 5 - 15 列示了本章中各测量变量与其相应的一阶潜在变量间的因素负荷量，即结构方程模型中测量模型的因素负荷量。

表 5 - 15　测量模型中的因素负荷量

| 测量变量 | 因素负荷量 | 测量变量 | 因素负荷量 | 测量变量 | 因素负荷量 | 测量变量 | 因素负荷量 | 测量变量 | 因素负荷量 |
| --- | --- | --- | --- | --- | --- | --- | --- | --- | --- |
| A01 | .789 | B01 | .775 | C01 | .769 | D01 | .646 | P01 | .952 |
| A02 | .869 | B02 | .851 | C02 | .780 | D02 | .727 | P02 | .781 |
| A03 | .597 | B03 | .777 | C03 | .675 | D03 | .789 | P03 | .949 |
| A04 | .763 | B04 | .737 | C04 | .744 | D04 | .767 | P04 | .696 |
| A05 | .755 | B05 | .875 | C05 | .836 | D05 | .743 | P05 | .779 |
| A06 | .729 | B06 | .785 | C06 | .807 | D06 | .751 | P06 | .792 |
| A07 | .780 | B07 | .883 | C07 | .885 | D07 | .787 | P07 | .763 |
| A08 | .781 | B08 | .655 | C08 | .876 | D08 | .752 | P08 | .760 |
| A09 | .719 | B09 | .860 | C09 | .631 | D09 | .816 | | |
| A10 | .665 | B10 | .905 | C10 | .855 | D10 | .800 | | |
| | | B11 | .738 | C11 | .734 | D11 | .853 | | |
| | | B12 | .662 | | | D12 | .736 | | |
| | | | | | | D13 | .717 | | |

由表 5 - 15 可知，各测量变量的因素负荷量取值范围都处于 0.5 ~ 0.95 的区间范围内，测量变量 P01 是唯一例外，其因素负荷量为 0.952，略微高于 0.95 的范围上限。也就是说，表 5 - 15 列示的因素负荷量满足结构方程模型基本适配度检验表中第 4 个检验项目的评价标准。

综上所述，初始模型基本适配效果良好。

第三，初始模型整体适配度结果分析。

表 5 - 16 列示了初始模型整体适配度结果。

从表 5 - 16 所列示的模型整体适配度检验结果来看，简约适配度指标全部达标；3 个绝对适配度指标中 2 个达标、1 个未达标；增值适配度指标接近标准但未达标。造成这一结果的原因可能是模型设计较为复杂，包含共计 17 个潜在变量。而 Bagozzi、Yi 的研究就曾经指出，运用结构方程模型进行实际问题分析时，模型适配度指标有时会出现相互矛盾的情况（Bagozzi & Yi，1988）。即有些适配度指标检验结果建议接受模型，而有些适配度指标检验结果建议却可能恰好相反。有鉴于此，本书认为理论模型的构建是有着充分理论基础的，个别适配度指标效果不理想并不能直接否定理论模型，只能说明模型仍存在修正改善的空间。

表 5 – 16　初始模型整体适配度检验

| 统计检验量 | 适配的标准或临界值 | 检验结果数据 |
| --- | --- | --- |
| 绝对适配度指数 | | |
| 卡方自由度比 | <3.00（普通），<5.00（尚可） | 3.546 |
| RMR 值 | <0.05 | 0.077 |
| RMSEA 值 | <0.08 | 0.073 |
| 增值适配度指数 | | |
| IFI 值 | >0.90 | 0.812 |
| TLI 值 | >0.90 | 0.800 |
| CFI 值 | >0.90 | 0.811 |
| 简约适配度指数 | | |
| PNFI 值 | >0.50 | 0.714 |
| PGFI 值 | >0.50 | 0.666 |
| CAIC 值 | 理论模型值小于独立模型值，且同时小于饱和模型值 | 5744.439 < 20013.838<br>5744.439 < 10653.072 |

（2）模型聚敛效度分析

第一，聚敛效度含义及其检验指标。

聚敛效度又称聚合效度，是指在测量过程中，测量相同潜在变量的测量变量收敛于该因素构念的程度。聚敛效度良好，意味着各测量变量在相应因素构念上的因素负荷量较高，并且同一因素构念上的测量变量之间具有较高的相关性。聚敛效度同时也是对模型内在质量适配度的衡量。

聚敛效度的检验可以从以下方面进行。

因素负荷量 λ。如果一个测量变量在其对应的因素构念上有较高的负荷量，则表示这一测量变量可以有效反映该因素构念。一般要求因素负荷量值 > 0.50，较严格的要求值为 0.70。对这一指标同时还要求，测量变量和其对应的潜在变量间的直接关系应具有非 0 的显著性，即 $p$ 值 < 0.05，t 的绝对值 > 1.96。满足这一条件意味着测量变量能有效反映其所对应的因素构念；否则，则表示测量变量无法有效反映其所对应的因素构念，测量变量的效度低。

测量变量多元相关系数的 $R^2$ 值也被称为测量变量的信度系数，表示测量变量的方差能被其所描述的因素构念解释的程度，反映出测量变量在相应因素构念的信度。$R^2$ 值越大，说明测量变量越具有较好的信度。测量变量的 $R^2$ 值即为其标准化因素负荷量的平方。一般认为 $R^2$ 值应 > 0.50，较低的标准值为 0.30。

组合信度 $\rho_c$。组合信度用于评价因素构念的一致性程度，即检验各因素构念内所有观测变量间的一致性程度高低。组合信度越高，表示测量指标间有越高的内在关联，其所测量的因素构念有越高的一致性；组合信度越低，则表示测量指标间的一致性程度越低。组合信度的衡量采用 Cronbach α 系数。关于组合信度评价标准的取值问题，研究者们有着不同的观点。Bagozzi、Yi 认为组合信度在 0.60 以上，就说明因素构念的信度良好（Bagozzi & Yi，1988）。但 Hair 等人则认为标准值应设置为 0.70（Hair et al.，1998）。Raine-Eudy 所采用的标准值仅为 0.50（Raine-Eudy，2000）。由于 AMOS 报告中没有直接报告组合信度值，需要根据下列公式计算。

$$组合信度\ \rho_c = \frac{(\sum 因素负荷量)^2}{[(\sum 因素负荷量)^2 + \sum 测量残差变异量]}$$

平均方差抽取量 AVE。因素构念的平均方差抽取量表示测量变量变异量能够被因素构念进行解释的程度。若因素构念的平均方差抽取量越大，则表示测量变量能够被因素构念解释的变异量越大。一般以 0.50 作为判断标准。若 AVE 值 < 0.50，则意味着因素构念解释的变异量甚至低于测量误差所解释的变异量，说明测量变量对其因素构念的反映力不高，因素构念的信度与效度不理想。若 AVE 值 > 0.50，则意味着测量变量能够有效反映其因素构念，说明因素构念的信度与效度较好。平均方差抽取量 AVE 的计算公式列示如下。

$$平均方差抽取量\ AVE = \frac{(\sum 因素负荷量^2)}{[(\sum 因素负荷量^2) + \sum 测量残差变异量]}$$

将上述聚敛效度检验项目及其判断标准列示在表 5 – 17 中。

表 5 – 17　聚敛效度检验项目及其标准

| 检验项目 | 判断标准 |
| --- | --- |
| 因素负荷量 λ | 一般标准 > 0.50；较高标准 > 0.70 |
| 因素负荷量的显著性 | $p < 0.05$ |
| 测量变量的信度系数 | 一般标准 > 0.50；较低标准 > 0.30 |
| 组合信度 $\rho_c$ | 一般标准 > 0.60 |
| 平均方差抽取量 AVE | 一般标准 > 0.50 |

第二，一阶因素构念聚敛效度检验及结果分析。

由于总体模型中包括一阶因素构念和二阶因素构念，在进行聚敛效度检验时分别进行报告。表 5 – 18 列示了总模型中共计 14 个一阶因素构念聚敛效度的检验结果，随后进行简要分析。

### 表5-18　一阶因素构念聚敛效度检验

| 因素构念 | 测量指标 | 标准化因素负荷量 λ | C. R. | 信度系数 | 测量误差 | 组合信度 $\rho_c$ | 平均变异量抽取值 AVE |
|---|---|---|---|---|---|---|---|
| CH | A01 | 0.789 | 16.757*** | 0.623 | 0.377 | 0.8007 | 0.578 |
| | A02 | 0.869 | 17.604*** | 0.755 | 0.245 | | |
| | A03 | 0.597 | 12.573*** | 0.356 | 0.644 | | |
| IH | A04 | 0.763 | 15.492*** | 0.582 | 0.418 | 0.7932 | 0.5612 |
| | A05 | 0.755 | 15.351*** | 0.570 | 0.430 | | |
| | A06 | 0.729 | 14.888*** | 0.531 | 0.469 | | |
| FH | A07 | 0.780 | 13.116*** | 0.608 | 0.392 | 0.8264 | 0.5444 |
| | A08 | 0.781 | 13.126*** | 0.610 | 0.390 | | |
| | A09 | 0.719 | 12.458*** | 0.517 | 0.483 | | |
| | A10 | 0.665 | 11.772*** | 0.442 | 0.558 | | |
| EKH | B01 | 0.775 | 9.735*** | 0.601 | 0.399 | 0.8658 | 0.6179 |
| | B02 | 0.851 | 10.002*** | 0.724 | 0.276 | | |
| | B03 | 0.777 | 9.745*** | 0.604 | 0.396 | | |
| | B04 | 0.737 | 9.560*** | 0.543 | 0.457 | | |
| KI | B05 | 0.875 | 22.976*** | 0.766 | 0.234 | 0.8852 | 0.7205 |
| | B06 | 0.785 | 19.740*** | 0.616 | 0.384 | | |
| | B07 | 0.883 | 23.275*** | 0.780 | 0.220 | | |
| OKH | B08 | 0.655 | 14.318*** | 0.429 | 0.571 | 0.8779 | 0.5941 |
| | B09 | 0.860 | 19.340*** | 0.740 | 0.260 | | |
| | B10 | 0.905 | 20.338*** | 0.819 | 0.181 | | |
| | B11 | 0.738 | 16.336*** | 0.545 | 0.455 | | |
| | B12 | 0.662 | 14.492*** | 0.438 | 0.562 | | |
| CGH | C01 | 0.769 | 14.464*** | 0.591 | 0.409 | 0.7863 | 0.5518 |
| | C02 | 0.780 | 14.573*** | 0.608 | 0.392 | | |
| | C03 | 0.675 | 13.037*** | 0.456 | 0.544 | | |
| SGH | C04 | 0.744 | 14.348*** | 0.554 | 0.446 | 0.8386 | 0.6346 |
| | C05 | 0.836 | 15.573*** | 0.699 | 0.301 | | |
| | C06 | 0.807 | 15.276*** | 0.651 | 0.349 | | |

续表

| 因素构念 | 测量指标 | 标准化因素负荷量 λ | C. R. | 信度系数 | 测量误差 | 组合信度 ρ_c | 平均变异量抽取值 AVE |
|---|---|---|---|---|---|---|---|
| RGH | C07 | 0.885 | 18.316 *** | 0.783 | 0.217 | 0.8734 | 0.7753 |
| | C08 | 0.876 | 18.365 *** | 0.767 | 0.233 | | |
| GGH | C09 | 0.631 | 13.390 *** | 0.398 | 0.602 | 0.7872 | 0.556 |
| | C10 | 0.855 | 17.467 *** | 0.731 | 0.269 | | |
| | C11 | 0.734 | 15.732 *** | 0.539 | 0.461 | | |
| 制度规范异质性 | D01 | 0.646 | 15.099 *** | 0.417 | 0.583 | 0.8548 | 0.5417 |
| | D02 | 0.727 | 17.675 *** | 0.529 | 0.471 | | |
| | D03 | 0.789 | 19.851 *** | 0.623 | 0.377 | | |
| | D04 | 0.767 | 19.058 *** | 0.588 | 0.412 | | |
| | D05 | 0.743 | 18.221 *** | 0.552 | 0.448 | | |
| 组织氛围异质性 | D06 | 0.751 | 18.986 *** | 0.564 | 0.436 | 0.9243 | 0.6048 |
| | D07 | 0.787 | 20.309 *** | 0.619 | 0.381 | | |
| | D08 | 0.752 | 19.016 *** | 0.566 | 0.434 | | |
| | D09 | 0.816 | 21.437 *** | 0.666 | 0.334 | | |
| | D10 | 0.800 | 20.798 *** | 0.640 | 0.360 | | |
| | D11 | 0.853 | 22.962 *** | 0.728 | 0.272 | | |
| | D12 | 0.736 | 18.439 *** | 0.542 | 0.458 | | |
| | D13 | 0.717 | 17.790 *** | 0.514 | 0.486 | | |
| 财务绩效 | P01 | 0.952 | 21.916 *** | 0.906 | 0.094 | 0.9122 | 0.7253 |
| | P02 | 0.781 | 17.614 *** | 0.610 | 0.390 | | |
| | P03 | 0.949 | 21.845 *** | 0.901 | 0.099 | | |
| | P04 | 0.696 | 15.520 *** | 0.484 | 0.516 | | |
| 非财务绩效 | P05 | 0.779 | 12.193 *** | 0.607 | 0.393 | 0.8563 | 0.5985 |
| | P06 | 0.792 | 12.295 *** | 0.627 | 0.373 | | |
| | P07 | 0.763 | 12.060 *** | 0.582 | 0.418 | | |
| | P08 | 0.760 | 12.036 *** | 0.578 | 0.422 | | |

*** $p < 0.001$，** $p < 0.01$，* $p < 0.05$。

从表 5 - 18 可以看出，数据第一列为表示一阶因素构念对测量变量影响程度的标准化的因素负荷量，该指标反映了测量变量对于潜在变量的相对重要性。在本书中，54 个测量变量在各自的因素构念上的因素负荷量都处于 0.50～0.95 的区间之内，满足聚敛效度检验表中的第 1 个检验项目标准要求。

数据第二列列示临界比（critical ratio）值，即 C. R. 值。该指标等于参数估计值比上估计值标准误，也即 t 统计量。如表 5－17 所示，因素负荷量的显著性水平至少应达到 0.05 显著水平，这意味着 C. R. 值至少应大于 1.96。由表 5－18 数据第二列可以看出，C. R. 值处于 9.560～23.275，明显大于 1.96 的临界值水平。C. R. 数值右上方的"＊＊＊"表示显著性的相伴概率小于 0.001。因此，54 个参数估计值均达 0.05 显著水平，测量变量和与其对应的潜在变量间的直接关系具有非 0 的显著性，满足聚敛效度检验表中的第 2 个检验项目标准要求。

数据第三列列示各测量变量的信度系数。表示各测量变量被其一阶潜在因素解释的变异量。以测量指标 A02 为例，其信度系数为 0.755，表示一阶因素构念"资金异质性 CH"可以解释其75.5%的变异量。无法解释的部分为测量误差 0.245，列示在表中数据第四列。表 5－18 所列示的 54 个信度系数中，其中 46 个大于 0.5、6 个 ∈（0.4，0.5）、2 个 ∈（0.3，0.4）。超过 85%的测量变量其信度系数都符合聚敛效度检验的标准，其余将近 15%的测量变量其信度系数也满足对信度系数的最低界限要求。满足聚敛效度检验表中的第 3 个检验项目标准要求，可以判定测量模型内在质量较好。

数据第五列为组合信度，是结构方程分析中潜在变量的信度系数，该指标用于判别结构模型内在质量。表 5－18 所列示的 14 个潜在变量的组合信度取值介于 0.7863～0.9243，说明一组测量变量的一致性较高，它们之间的关联程度较高。满足聚敛效度检验表中的第 4 个检验项目标准要求，模型内在质量良好。

数据第六列为平均变异量抽取值，该指标用于表示来自测量误差的解释变异量是多少。指标值越大，测量误差就会相对越小，进而说明测量指标对其因素构念的解释能力。表 5 – 18 所列示的 14 个潜在变量的平均方差抽取量取值介于 0.5417 ~ 0.7753，说明测量变量能够有效反映其因素构念。满足聚敛效度检验表中的第 5 个检验项目标准要求，说明结构模型内在质量较好。

第三，二阶因素构念聚敛效度检验及结果分析。

表 5 – 19 列示了总模型中共计 3 个二阶因素构念聚敛效度的检验结果，并进行了简要分析。

表 5 – 19    二阶因素构念聚敛效度检验表

| 二阶因素构念 | 一阶因素构念 | 标准化因素负荷量 λ | C. R. | 信度系数 | 测量误差 | 组合信度 $\rho_c$ | 平均变异量抽取值 AVE |
|---|---|---|---|---|---|---|---|
| FRH | CH | 0.623 | 7.993 *** | 0.388 | 0.612 | 0.7166 | 0.4612 |
| | IH | 0.608 | 7.747 *** | 0.370 | 0.630 | | |
| | FH | 0.791 | 7.385 *** | 0.626 | 0.374 | | |
| KRH | EKH | 0.795 | 4.837 *** | 0.632 | 0.368 | 0.624 | 0.4624 |
| | OKH | 0.541 | 6.966 *** | 0.293 | 0.707 | | |
| GRH | CGH | 0.717 | 7.238 *** | 0.514 | 0.486 | 0.7739 | 0.464 |
| | SGH | 0.761 | 7.256 *** | 0.579 | 0.421 | | |
| | RGH | 0.667 | 7.555 *** | 0.445 | 0.555 | | |
| | GGH | 0.564 | 7.082 *** | 0.318 | 0.682 | | |

*** $p < 0.001$, ** $p < 0.01$, * $p < 0.05$。

从表 5 – 19 可以看出，数据第一列为表示二阶因素构念对一阶因素构念影响程度的标准化因素负荷量，该指标反映了一阶因素构念对于二阶因素构念的相对重要性。在本书中，9 个一阶因素构念在各自的二阶因素构念上的因素负荷量处于 0.541 ~ 0.795 的区间之内，满足聚敛效度检验表中的第 1 个检验项目标准要求。

数据第二列列示临界比（critical ratio）值，即 C. R. 值。该指标等于参数估计值比上估计值标准误，也即 t 统计量。如表 5－17 所示，因素负荷量的显著性水平至少应达到 0.05 显著水平，也就意味着 C. R. 值至少应 >1.96。由表 5－19 数据第二列可以看出，C. R. 值处于 4.837~7.993 之间，明显大于 1.96 的临界值水平。C. R. 数值右上方的 "***" 表示参数估计值的显著性概率值小于 0.001。因此，9 个一阶因素构念的参数估计值均达到 0.05 显著水平，一阶因素构念和其对应的二阶因素构念间的直接关系具有非 0 的显著性，满足聚敛效度检验表中的第 2 个检验项目标准要求。

数据第三列列示各一阶因素构念的信度系数。表示各一阶因素构念被其二阶因素构念解释的变异量。以一阶因素构念 "固定资产异质性 FH" 为例，其信度系数为 0.626，表示二阶因素构念 "财物资源异质性 FRH" 可以解释 62.6% 的变异量。无法解释的部分为测量误差 0.374，列示在表中数据第四列。表 5－19 所列示的 9 个信度系数中，其中 5 个 >0.5，2 个 >0.4，2 个 >0.3。虽然不是很理想，但是都满足了对信度系数的最低界限要求。说明上述 3 个二阶因素对 9 个一阶因素的解释力尚可，基本满足聚敛效度检验表中的第 3 个检验项目标准要求。

数据第五列为组合信度，是结构方程分析中二阶因素构念的信度系数，该指标用于判别结构模型内在质量。表 5－19 所列示的 3 个二阶因素构念的组合信度分别为 0.7166、0.624 和 0.7739，说明每组一阶因素构念的一致性较高，它们之间的关联程度较高。满足聚敛效度检验表中的第 4 个检验项目标准要求，二阶 CFA 模型聚敛效度良好。

数据第六列为平均方差抽取量，该指标用于表示来自一阶因素构念的解释变异量是多少。指标值越大，测量误差就会相对越小，进而说明测量指标对其二阶因素构念的解释能力。表 5－19 所列示的 3 个二阶因素构念的平均方差抽取量分别为 0.4612、

0.4624 和 0.464。虽然未达到 0.5 的判断标准，但都接近 0.5。因此，可以认为基本满足聚敛效度检验表中的第 5 个检验项目标准要求。

综上所述，可以认为模型聚敛效度良好。

2. 结构方程模型路径系数分析

结构方程模型中关注的是各潜在变量之间的因果关系及其影响程度，也就是本书在第三章中所提出的各个假设。图 5 - 2 显示了 AMOS 软件运行后得出的路径分析结果。

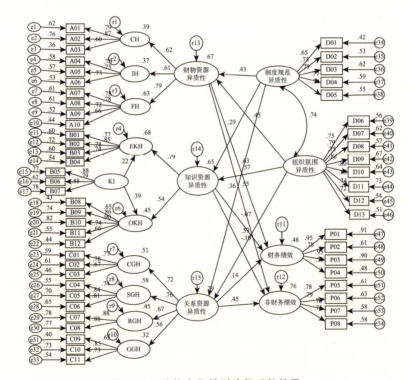

**图 5 - 2　结构方程模型路径系数结果**

表 5 - 20 根据模型拟合的结果报告了假设验证结果。

以表中第一行为例，"财务绩效 <--- 财物资源异质性"的标准化路径系数为 0.629，表示模型中二阶内因潜在变量"财物资源异质性"与内因潜在变量"财务绩效"之间的关系。即如果

"财物资源异质性"发生 1 个标准单位的变化，则对"财务绩效"的影响为 0.629。T 值为 5.735，并赋以" *** "的上标，表示参数估计值的显著性概率值小于 0.001，说明"财务绩效 <--- 财物资源异质性"的路径系数显著不等于 0。

表 5 – 20 结构方程模型假设验证结果

| 假设序号 | 路径关系 | 标准化路径系数 | T 值 | 验证结果 |
|---|---|---|---|---|
| 假设 1（H1） | 财务绩效 <--- 财物资源异质性 | 0.629 | 5.735 *** | 接受 |
| 假设 2（H2） | 非财务绩效 <--- 财物资源异质性 | 0.554 | 5.634 *** | 接受 |
| 假设 3（H3） | 财物资源异质性 <--- 制度规范异质性 | 0.426 | 5.367 *** | 接受 |
| 假设 4（H4） | 财物资源异质性 <--- 组织氛围异质性 | 0.452 | 5.821 *** | 接受 |
| 假设 5（H5） | 员工知识异质性 <--- 知识培养 | 0.216 | 5.153 *** | 接受 |
| 假设 6（H6） | 组织知识异质性 <--- 知识培养 | 0.392 | 8.061 *** | 接受 |
| 假设 7（H7） | 财务绩效 <--- 知识资源异质性 | −0.066 | −0.751 | 拒绝 |
| 假设 8（H8） | 非财务绩效 <--- 知识资源异质性 | −0.096 | −1.164 | 拒绝 |
| 假设 9（H9） | 知识资源异质性 <--- 制度规范异质性 | 0.294 | 3.563 *** | 接受 |
| 假设 10（H10） | 知识资源异质性 <--- 组织氛围异质性 | 0.566 | 6.681 *** | 接受 |
| 假设 11（H11） | 财务绩效 <--- 关系资源异质性 | 0.144 | 1.376 | 拒绝 |
| 假设 12（H12） | 非财务绩效 <--- 关系资源异质性 | 0.454 | 4.446 *** | 接受 |
| 假设 13（H13） | 关系资源异质性 <--- 制度规范异质性 | 0.362 | 5.159 *** | 接受 |
| 假设 14（H14） | 关系资源异质性 <--- 组织氛围异质性 | 0.589 | 7.766 *** | 接受 |

*** $p < 0.001$，** $p < 0.01$，* $p < 0.05$。

如表 5-20 所示，图中有三条路径系数没有通过显著性检验，分别是"财务绩效 <--- 知识资源异质性""财务绩效 <--- 关系资源异质性""非财务绩效 <--- 知识资源异质性"。说明本次调研数据的拟合运算结果并不支持理论假设 7（H7）、假设 8（H8）及假设 11（H11）。

结合模型整体适配度检验结果，认为理论模型与样本数据的契合并不理想，需要对初始模型进行修正。

## （四）修正模型及其检验

### 1. 模型修正的方法

初始模型的 SEM 分析结果并不理想，说明初始模型需要进行进一步的修正。在进行模型修正时，依据 AMOS 软件提供的修正指标（Modification Indices）为指导。

具体来说，AMOS 软件提供的修正指标包括增列变量间的方差、协方差以及增列变量间的路径系数。修正指标值的含义是指当固定参数被修订为自由估计参数时，修订前后模型卡方值之间的差异量。修正指标是衡量模型是否存在叙列误差的重要标示性指标。修正指标门槛值的设定并无统一的标准，AMOS 软件设定报告的修正指标门槛值为 4。即 AMOS 软件仅报告修正指标值大于 4 的参数。除了报告修正指标（M. I.）外，AMOS 软件还同时报告参数改变量（Par Change），用于列示当某一参数由固定参数改为自由参数后的参数改变量的估计结果。在利用修正指标进行模型修正时，应同时考虑修正指标值和参数改变量。表 5-21 列示了结合考虑这两个指标后的模型修正情境。

在表 5-21 中，情境一表示修正指标值大同时参数改变量也大的情形，此种情境下应释放该参数，因为这时的参数释放意味着整体适配度指标卡方值减低很多同时获得较大的参数改变。这种参数释放的效果较好。情境二表示修正指标值大但是参数改变量小的情形。释放这样的参数能够较大幅度降低卡方值，但是参数改变量变化不大。这可能意味着设为固定参数的叙列误差值本来就小，释放这样的参数实际意义不大。情境三表示修正指标值小但是参数改变量大的情形。这种情形可能由两种情况导致：一是由样本变异性导致的；也可能是由于参数对卡方检验不够敏感。情境四表示修正指标值小同时参数改变量也小的情形。此种参数的修正对于模型的改善帮助较小。

表 5 – 21　模型修正情境

| | | 期望参数改变量 | |
|---|---|---|---|
| | | 大 | 小 |
| 修正指标 | 大 | 情境一 | 情境二 |
| | 小 | 情境三 | 情境四 |

在利用修正指标进行模型改善时，还应注意以下几点（吴明隆，2013）。

第一，进行模型修正时，尽量一次只放宽一个参数。若要进行的模型修正希望同时释放多个参数，则尽可能在同一因素构念内进行。即增列同一潜在变量内测量指标误差项之间的协方差。

第二，模型修正不能单纯依赖修正指标值。因为 CFA 分析方法强调的是理论的先导性，如果释放参数仅仅是为了获得模型适配度指标的改善，则背离了 CFA 方法的基本理念，可能会导致理论解释上的不可行。

第三，模型的修正应遵循 SEM 的基本假定。对于本研究模型来说，即在增列参数关系时，$\xi_n$ 与 $Y_p$ 间没有直接关系；$\eta_m$ 及 $R_i$ 与 $X_q$ 间没有直接关系；$X_q$ 与 $Y_p$ 间没有直接关系；$\delta$ 及 $\varepsilon$ 与 $\xi_n$、$\eta_m$ 及 $R_i$ 间不能建立共变关系；$\delta$ 与 $\varepsilon$ 间可以建立共变关系，但它们之间不能建立因果路径关系。在增列路径系数时，不能增列的路径系数包括：$\delta$ 及 $\varepsilon$ 对 $\xi_n$、$\eta_m$ 及 $R_i$ 的影响路径；$X_q$ 或

Yp 之间的影响路径；δ 或 ε 对 Xq 或 Yp 的影响路径；等等。

另外，若增列若干测量指标误差项之间的协方差后，模型卡方值减少的幅度不大，则可以考虑进行模型的简化，即直接删除那些与较多个变量间有共变关系的测量变量。当然，同时还要考虑删除后是否会对测量模型的信、效度产生影响。

2. 模型修正过程设计

初始模型运行输出的修正指标结果中没有对方差分析的内容，即模型修正无须增列变量的方差。在不违反 SEM 修正原则的条件下，本书中不存在可以增列的路径系数。因此，本环节模型修正主要采用增列测量指标误差项之间的协方差及模型简化的方法进行。

首先，对结构模型中没有通过检验的直接路径进行删除。这主要是因为 SEM 分析方法关注的重点在于结构模型而非测量模型。也就是说，应用结构方程模型进行的实证研究主要是要探究潜在变量之间的影响关系。具体内容包括：外因潜在变量对内因潜在变量的路径系数是否达到显著；反映内因潜在变量之间影响关系的路径系数是否达到显著；以及上述路径系数的符号是否与理论模型构建相一致。由此得到修正模型 1。

其次，由于本书中外因潜在变量部分的题项设计较多（尤其是制度支撑量表部分），模型修正时主要采用模型简化的方法。通过进一步的模型简化，剔除冗余信息，提高模型的聚敛效度和拟合效果。由此得到修正模型 2。

最后，采用增列测量指标误差项之间协方差的方式进行内因潜在变量部分的模型修正。该环节的修正应严格遵循 SEM 的相关基本假定，避免出现模型过度修正的情况。由此得到修正模型 3。

3. 修正模型 1

初始模型中有三条路径系数没有通过显著性检验，分别是

"财务绩效 <--- 知识资源异质性""财务绩效 <--- 关系资源异质性""非财务绩效 <--- 知识资源异质性"。修正模型 1 将直接删除上述路径。并且，由于"知识资源异质性"对"财务绩效"和"非财务绩效"的直接影响不显著，因此可以认为"制度规范异质性"与"组织氛围异质性"通过"知识资源异质性"中间变量对绩效的间接影响也不显著。因此，修正模型 1 一并删除了假设 9（H09）和假设 10（H10）的路径设计。AMOS 软件运行后得出的路径分析结果如图 5-3 所示。

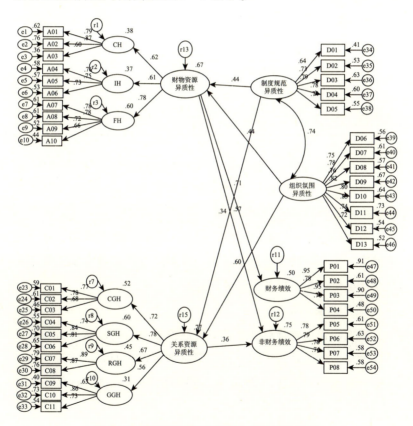

**图 5-3　结构方程修正模型 1 路径系数结果**

表 5-22 报告了修正模型 1 的假设验证结果。结果显示，修正模型 1 中的路径关系全部通过检验。

表 5 - 22　结构方程修正模型 1 假设验证结果

| 假设序号 | 路径关系 | 修正模型 1 标准化路径系数 | T 值 | 验证结果 |
|---|---|---|---|---|
| 假设 1（H1） | 财务绩效 <--- 财物资源异质性 | 0.710 | 9.964*** | 接受 |
| 假设 2（H2） | 非财务绩效 <--- 财物资源异质性 | 0.565 | 6.346*** | 接受 |
| 假设 3（H3） | 财物资源异质性 <--- 制度规范异质性 | 0.437 | 5.543*** | 接受 |
| 假设 4（H4） | 财物资源异质性 <--- 组织氛围异质性 | 0.443 | 5.855*** | 接受 |
| 假设 12（H12） | 非财务绩效 <--- 关系资源异质性 | 0.365 | 4.461*** | 接受 |
| 假设 13（H13） | 关系资源异质性 <--- 制度规范异质性 | 0.338 | 4.790*** | 接受 |
| 假设 14（H14） | 关系资源异质性 <--- 组织氛围异质性 | 0.595 | 7.704*** | 接受 |

*** $p < 0.001$，** $p < 0.01$，* $p < 0.05$。

表 5 - 23 根据模型拟合的结果报告了适配度结果及其与初始模型结果的比较。

由适配结果可以看出，修正模型 1 的模型适配性明显优于初始模型。其中，简约适配度指数和绝对适配度指数全部达到判断标准，增值适配度指数也显著优化。

4. 修正模型 2

模型简化主要针对制度支撑异质性量表进行。本部分截取了修订模型 1 运行后输出的修正结果，结合修正原则，首先筛选出本部分建议的、不违反 SEM 修正原则的可以考虑进行修正的项目，列示如表 5 - 24。

以表 5 - 24 中 e45 <--> e46 的修正指标为例，修正指标值为 14.792，表示如果将题项 D12 与题项 D13 之间的协方差修改为自由参数，则卡方值的差异量约可降低 14.792。期望参数改变量为

**表 5 - 23 初始模型与修正模型 1 适配度比较**

| 统计检验量 | 适配的标准或临界值 | 初始模型检验结果 | 修正模型 1 检验结果 |
|---|---|---|---|
| 绝对适配度指数 | | | |
| 卡方自由度比 | <3.00（普通），<5.00（尚可） | 3.546 | 3.461 |
| RMR 值 | <0.05 | 0.077 | 0.044 |
| RMSEA 值 | <0.08 | 0.073 | 0.072 |
| 增值适配度指数 | | | |
| IFI 值 | >0.90 | 0.812 | 0.849 |
| TLI 值 | >0.90 | 0.800 | 0.838 |
| CFI 值 | >0.90 | 0.811 | 0.849 |
| 简约适配度指数 | | | |
| PNFI 值 | >0.50 | 0.714 | 0.747 |
| PGFI 值 | >0.50 | 0.666 | 0.702 |
| CAIC 值 | 理论模型值小于独立模型值，且同时小于饱和模型值 | 5744.439<20013.838 | 3492.661<14228.166 |
| | | 5744.439<10653.072 | 3492.661<6477.929 |

表5-24　制度支撑异质性质量表部分修正项目一览

| | M. I. | Par Change | | M. I. | Par Change |
|---|---|---|---|---|---|
| e45 <---> e46 | 14.792 | .051 | e38 <---> e41 | 9.172 | -.043 |
| e43 <---> e44 | 40.999 | .057 | e38 <---> e39 | 6.477 | .037 |
| e42 <---> e45 | 4.428 | -.022 | e37 <---> e46 | 6.770 | -.037 |
| e42 <---> e44 | 55.731 | .060 | e36 <---> e44 | 8.190 | -.028 |
| e42 <---> e43 | 6.881 | .025 | e36 <---> e41 | 20.864 | .057 |
| e41 <---> e44 | 9.349 | -.030 | e36 <---> e37 | 7.793 | .037 |
| e41 <---> e43 | 13.929 | -.042 | e35 <---> e46 | 6.094 | -.034 |
| e40 <---> e46 | 7.193 | -.034 | e35 <---> e38 | 7.984 | -.042 |
| e40 <---> e45 | 7.831 | -.034 | e35 <---> e36 | 4.620 | .028 |
| e40 <---> e43 | 10.250 | -.035 | e34 <---> e45 | 7.492 | -.040 |
| e40 <---> e42 | 5.192 | -.023 | e34 <---> e40 | 16.148 | .056 |
| e39 <---> e46 | 7.738 | -.037 | e34 <---> e36 | 10.654 | -.047 |
| e39 <---> e44 | 16.520 | -.040 | e34 <---> e35 | 4.589 | .032 |
| e39 <---> e43 | 5.407 | -.027 | | | |
| e39 <---> e42 | 12.374 | -.037 | | | |
| e39 <---> e41 | 10.461 | .041 | | | |
| e39 <---> e40 | 80.665 | .109 | | | |

0.051，表示如果将题项 D12 与题项 D13 之间的协方差修改为自由参数，协方差的估价值约会降低 0.051。

e34 至 e38 为外因潜在变量"制度规范异质性"的测量变量误差项，e39 至 e46 为外因潜在变量"组织氛围异质性"的测量变量误差项。从表 5 - 24 可以看出，e39、e40 与同一量表中较多个测量变量误差项都存在共变关系，因此可以考虑进行模型简化。在进行模型的简化后，研究重新进行了"组织氛围异质性"因素构念的信度和效度检验。结果如表 5 - 25 所示。

表 5 - 25　"组织氛围异质性"因素构念信度、效度重检验

| 因素构念 | 测量指标 | 标准化因素负荷量 λ | C. R. | 信度系数 | 测量误差 | 组合信度 $\rho_c$ | 平均变异量抽取值 AVE |
|---|---|---|---|---|---|---|---|
| 组织氛围异质性 | D08 | 0.727 | 18.048 *** | 0.529 | 0.471 | 0.9085 | 0.6247 |
| | D09 | 0.841 | 22.334 *** | 0.707 | 0.293 | | |
| | D10 | 0.818 | 21.404 *** | 0.669 | 0.331 | | |
| | D11 | 0.874 | 23.770 *** | 0.764 | 0.236 | | |
| | D12 | 0.743 | 18.608 *** | 0.552 | 0.448 | | |
| | D13 | 0.726 | 18.011 *** | 0.527 | 0.473 | | |

*** $p < 0.001$, ** $p < 0.01$, * $p < 0.05$。

将表 5 - 25 与表 5 - 18 的相应部分进行比较后可以发现，剩余 6 个测量变量在"组织氛围异质性"这一潜在因素构念上的标准化因素负荷量均 >0.7，并且其路径系数都通过显著性检验，说明因素构念的聚敛效度良好。测量变量的信度系数均 >0.5，测量变量的测量误差均 <0.5。"组织氛围异质性"的组合信度略有降低，但仍在 0.9 以上。平均变异量抽取值 AVE 从 0.6048 提高至 0.6247，说明测量变量变异量能够被"组织氛围异质性"进行解释的程度有所提高。

修正模型 2 简化了对"组织氛围异质性"的测量指标，删除了测量变量 D06 与 D07。AMOS 软件运行后得出的路径分析结果如图 5 - 4 所示。

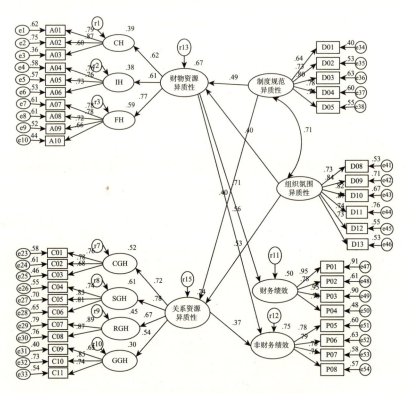

**图 5 - 4  结构方程修正模型 2 路径系数结果**

表 5 - 26 报告了修正模型 2 的假设验证结果。结果显示，修正模型 2 中的路径关系全部通过检验。

**表 5 - 26  结构方程修正模型 2 假设验证结果**

| 假设序号 | 路径关系 | 修正模型 2 标准化路径系数 | T 值 | 验证结果 |
|---|---|---|---|---|
| 假设 1（H1） | 财务绩效 <--- 财物资源异质性 | 0.710 | 10.030*** | 接受 |
| 假设 2（H2） | 非财务绩效 <--- 财物资源异质性 | 0.564 | 6.498*** | 接受 |
| 假设 3（H3） | 财物资源异质性 <--- 制度规范异质性 | 0.488 | 6.204*** | 接受 |
| 假设 4（H4） | 财物资源异质性 <--- 组织氛围异质性 | 0.397 | 5.683*** | 接受 |

| 假设序号 | 路径关系 | 修正模型 2 标准化路径系数 | T 值 | 验证结果 |
|---|---|---|---|---|
| 假设 12（H12） | 非财务绩效 <--- 关系资源异质性 | 0.369 | 4.851*** | 接受 |
| 假设 13（H13） | 关系资源异质性 <--- 制度规范异质性 | 0.404 | 5.719*** | 接受 |
| 假设 14（H14） | 关系资源异质性 <--- 组织氛围异质性 | 0.529 | 7.473*** | 接受 |

*** $p < 0.001$，** $p < 0.01$，* $p < 0.05$。

表 5 – 27 根据模型拟合的结果报告了适配度结果及其与初始模型、修正模型 1 结果的比较。从表 5 – 27 中的数据可以看出，进行了模型简化步骤后的修正模型 2 适配度指标有了进一步的改善。

5. 修正模型 3

在模型简化的基础上，进一步参照修正指标，通过逐次修正的方式，逐个增列测量指标误差项之间的协方差，最终得到修正模型 3。如前所述，通过增列协方差方式进行模型修正时，首先不能违反基本的 SEM 假定，同时还需要考虑其理论依据。一般来说，属于同一因素构念的测量变量由于其表达的一致性，会呈现一定程度的相关性。因此，同一因素构念内测量变量的误差项之间增列协方差是可行的。但是跨因素构念的测量变量误差项之间是否可以增列协方差则需进行具体分析。本书中，构建了高阶因素构念，因此理论上在同一量表中的变量之间存在某种程度的相关是可行的。但是，不同量表的测量变量误差项之间增列协方差则往往意味着模型的过度修正。

同一因素构念内增列的协方差包括：e1 <--> e3、e7 <--> e8、e21 <--> e22、e26 <--> e27、e34 <--> e36、e35 <--> e38、e36 <--> e37、e43 <--> e44、e42 <--> e43、e42 <--> e44、e42 <--> e45、e41 <--> e43、e41 <--> e45、e44 <--> e46、e48 <--> e49。

**表 5 - 27　模型适配度比较**

| 统计检验检量 | 适配的标准或临界值 | 初始模型检验结果 | 修正模型 1 检验结果 | 修正模型 2 检验结果 |
|---|---|---|---|---|
| 绝对适配度指数 | | | | |
| 卡方自由度比 | <3.00（普通），<5.00（尚可） | 3.546 | 3.461 | 3.355 |
| RMR 值 | <0.05 | 0.077 | 0.044 | 0.046 |
| RMSEA 值 | <0.08 | 0.073 | 0.072 | 0.070 |
| 增值适配度指数 | | | | |
| IFI 值 | >0.90 | 0.812 | 0.849 | 0.859 |
| TLI 值 | >0.90 | 0.800 | 0.838 | 0.848 |
| CFI 值 | >0.90 | 0.811 | 0.849 | 0.859 |
| 简约适配度指数 | | | | |
| PNFI 值 | >0.50 | 0.714 | 0.747 | 0.754 |
| PGFI 值 | >0.50 | 0.666 | 0.702 | 0.711 |
| CAIC 值 | 理论模型值小于独立模型值，且同时小于饱和模型值 | 5744.439<20013.838<br>5744.439<10653.072 | 3492.661<14228.166<br>3492.661<6477.929 | 3113.644<13154.125<br>3113.644<5882.505 |

跨因素构念增列的协方差列示如表 5 - 28 所示。

表 5 - 28　增列的跨因素构念协方差

| 量表 | 增列的协方差 | 对应题项 | 含义 |
|---|---|---|---|
| 综合绩效量表 | e50 <--> e51 | P04 <--> P05 | 企业拥有良好的品牌和社会形象有助于企业收入增长 |
| | e48 <--> e52 | P02 <--> P06 | 企业获利能力稳定有助于降低员工离职率 |
| | e50 <--> e52 | P04 <--> P06 | 企业收入增长状况良好有助于降低员工离职率 |
| 财物资源异质性量表 | e1 <--> e9 | A01 <--> A09 | 企业资金管理与企业固定资产管理以及企业存货管理间的共变关系 |
| | e1 <--> e10 | A01 <--> A10 | |
| | e3 <--> e4 | A03 <--> A04 | |
| | e3 <--> e5 | A03 <--> A05 | |
| | e3 <--> e6 | A03 <--> A06 | |
| 关系资源异质性量表 | e23 <--> e26 | C01 <--> C04 | 企业与利益相关者之间的关系培养应该是均衡的，兼顾企业与各利益相关者之间的关系建立（Adrian Payne，2001）。并且，与不同利益相关者之间的关系联结会产生共鸣效应，有助于减低企业交易成本。如 C05 <--> C11，企业短期融资能力强有助于取得供应商的信任 |
| | e24 <--> e26 | C02 <--> C04 | |
| | e24 <--> e27 | C02 <--> C05 | |
| | e25 <--> e28 | C03 <--> C06 | |
| | e25 <--> e29 | C03 <--> C07 | |
| | e27 <--> e33 | C05 <--> C11 | |
| 制度支撑异质性量表 | e34 <--> e43 | D01 <--> D10 | 责权利关系明确有助于形成员工之间相互信任关系 |
| | e36 <--> e41 | D03 <--> D08 | 管理者战略意图明确有助于企业快速调整资源配置 |
| | e37 <--> e46 | D04 <--> D13 | 企业管理的规范化有助于员工对企业目标的认同 |

在增列了上述测量变量误差项之间的协方差后，将本次模型修正结果作为修正模型 3，运行 AMOS 软件后得出的路径分析结果如图 5 - 5 所示。

表 5 - 29 报告了修正模型 3 的假设验证结果。结果显示，修正模型 3 中的理论路径关系全部成立并通过显著性检验。

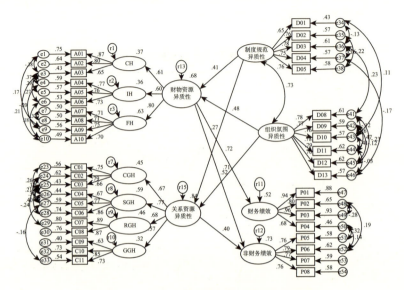

图 5 – 5　结构方程修正模型 3 路径系数结果

表 5 – 29　结构方程修正模型 3 假设验证结果

| 假设序号 | 路径关系 | 修正模型 3 标准化路径系数 | T 值 | 验证结果 |
|---|---|---|---|---|
| 假设 1（H1） | 财务绩效 <--- 财物资源异质性 | 0.724 | 10.640*** | 接受 |
| 假设 2（H2） | 非财务绩效 <--- 财物资源异质性 | 0.519 | 5.686*** | 接受 |
| 假设 3（H3） | 财物资源异质性 <--- 制度规范异质性 | 0.410 | 5.452*** | 接受 |
| 假设 4（H4） | 财物资源异质性 <--- 组织氛围异质性 | 0.478 | 6.286*** | 接受 |
| 假设 12（H12） | 非财务绩效 <--- 关系资源异质性 | 0.396 | 4.637*** | 接受 |
| 假设 13（H13） | 关系资源异质性 <--- 制度规范异质性 | 0.266 | 3.976*** | 接受 |
| 假设 14（H14） | 关系资源异质性 <--- 组织氛围异质性 | 0.705 | 8.327*** | 接受 |

*** $p < 0.001$，** $p < 0.01$，* $p < 0.05$。

　　表 5 – 30 根据模型拟合的结果报告了适配度结果及其与初始模型、修正模型 1、修正模型 2 结果的比较。由表 5 – 29 中数据可知，修正模型 3 的适配度结果得到进一步的提高，除 TLI 值之外，其余 8 项检验指标均达适配标准。说明修正模型 3 所体现的变量关系与此次样本数据契合效果最为良好。

**表 5 - 30　模型适配度比较**

| 统计检验量 | 适配的标准或临界值 | 初始模型检验结果 | 修正模型 1 检验结果 | 修正模型 2 检验结果 | 修正模型 3 检验结果 |
|---|---|---|---|---|---|
| 绝对适配度指数 | | | | | |
| 卡方自由度比 | <3.00（普通），<5.00（尚可） | 3.546 | 3.461 | 3.355 | 2.747 |
| RMR 值 | <0.05 | 0.077 | 0.044 | 0.046 | 0.040 |
| RMSEA 值 | <0.08 | 0.073 | 0.072 | 0.070 | 0.060 |
| 增值适配度指数 | | | | | |
| IFI 值 | >0.90 | 0.812 | 0.849 | 0.859 | 0.901 |
| TLI 值 | >0.90 | 0.800 | 0.838 | 0.848 | 0.887 |
| CFI 值 | >0.90 | 0.811 | 0.849 | 0.859 | 0.900 |
| 简约适配度指数 | | | | | |
| PNFI 值 | >0.50 | 0.714 | 0.747 | 0.754 | 0.754 |
| PGFI 值 | >0.50 | 0.666 | 0.702 | 0.711 | 0.708 |
| CAIC 值 | 理论模型值小于独立模型值，且同时小于饱和模型值 | 5744.439 <20013.838  5744.439 <10653.072 | 3492.661 <14228.166  3492.661 <6477.929 | 3113.644 <13154.125  3113.644 <5882.505 | 2828.062 <13154.125  2828.062 <5882.505 |

# 三　本章小结

本章包括两部分内容。

第一节运用区别分析方法，验证了中小型农业企业综合绩效的差异可以通过"财物资源异质性"、"知识资源异质性"、"关系资源异质性"和"制度体系异质性"四个自变量进行区分。由此证明，本次研究的整体框架设计是较为合理的。

第二节运用结构方程模型的方法，对第三章中所提出的理论模型及其 14 个理论假设进行了实证分析。

本章完成了如下工作：

（1）使用结构方程模型完成对理论模型的变量描述及关系设立；选择具有代表性的模型适配度检验指标并进行含义描述。

（2）利用 AMOS 软件对初始模型进行实证检验，并报告实证分析结果。

（3）在 SEM 模型修订基本原则的指导下，通过三个步骤设计寻找到与调查数据拟合良好的修订模型。

# 第六章

# 资源异质性对中小型农业企业综合
# 绩效影响效果问题发现及分析

前述第五章完成了资源异质性与综合绩效的影响机制实证分析，所得结论并没有完全支持理论模型及假设。本章将在其基础之上通过比较理论模型与修正模型的差异，发现问题并对其进行分析。

## 一　理论模型与修正模型3的路径参数及
## 假设检验结果比较

表6-1列示了理论模型与修正模型3的路径分析结果，本节将由此出发进行中小型农业企业资源异质性问题的发现。

### （一）理论模型路径参数及假设检验结果分析

基于本次调研数据所进行的结构方程模型分析结果如下。

财物资源异质性对中小型农业企业财务绩效和非财务绩效的路径系数值分别为0.629和0.554，均通过0.1%的显著性检验。这说明中小型农业企业所具备的由资金异质性、存货异质性及固定资产异质性项目所代表的财物资源异质性能够对样本企业财务绩效以及非财务绩效产生显著的正向影响。假设1（H1）、假设

表 6 - 1 理论模型与修正模型 3 的路径分析结果比较

| 假设序号 | 路径关系 | 理论模型 | | | 修正模型 3 | | |
|---|---|---|---|---|---|---|---|
| | | 标准化路径系数 | T 值 | 验证结果 | 标准化路径系数 | T 值 | 验证结果 |
| 假设 1（H1） | 财务绩效 <--- 财物资源异质性 | 0.629 | 5.735*** | 接受 | 0.724 | 10.640*** | 接受 |
| 假设 2（H2） | 非财务绩效 <--- 财物资源异质性 | 0.554 | 5.634*** | 接受 | 0.519 | 5.686*** | 接受 |
| 假设 3（H3） | 财物资源异质性 <--- 制度规范异质性 | 0.426 | 5.367*** | 接受 | 0.410 | 5.452*** | 接受 |
| 假设 4（H4） | 财物资源异质性 <--- 组织氛围异质性 | 0.452 | 5.821*** | 接受 | 0.478 | 6.286*** | 接受 |
| 假设 5（H5） | 员工知识异质性 <--- 知识培养 | 0.216 | 5.153*** | 接受 | — | — | — |
| 假设 6（H6） | 组织知识异质性 <--- 知识培养 | 0.392 | 8.061*** | 接受 | — | — | — |
| 假设 7（H7） | 财务绩效 <--- 知识资源异质性 | - 0.066 | - 0.751 | 拒绝 | — | — | — |
| 假设 8（H8） | 非财务绩效 <--- 知识资源异质性 | - 0.096 | - 1.164 | 拒绝 | — | — | — |
| 假设 9（H9） | 知识资源异质性 <--- 制度规范异质性 | 0.294 | 3.563*** | 接受 | — | — | — |
| 假设 10（H10） | 知识资源异质性 <--- 组织氛围异质性 | 0.566 | 6.681*** | 接受 | — | — | — |
| 假设 11（H11） | 财务绩效 <--- 关系资源异质性 | 0.144 | 1.376 | 拒绝 | — | — | — |
| 假设 12（H12） | 非财务绩效 <--- 关系资源异质性 | 0.454 | 4.446*** | 接受 | 0.396 | 4.637*** | 接受 |
| 假设 13（H13） | 关系资源异质性 <--- 制度规范异质性 | 0.362 | 5.159*** | 接受 | 0.266 | 3.976*** | 接受 |
| 假设 14（H14） | 关系资源异质性 <--- 组织氛围异质性 | 0.589 | 7.766*** | 接受 | 0.705 | 8.327*** | 接受 |

*** $p < 0.001$，** $p < 0.01$，* $p < 0.05$。

2（H2）均成立。并且，财物资源异质性对样本企业财务绩效和非财务绩效的影响程度分别为 62.9% 和 55.4%，这说明财物资源异质性对样本企业改善财务绩效的作用是较为突出的，对其改善非财务绩效的作用明显。

知识培养对员工知识异质性和组织知识异质性的路径系数分别为 0.216 和 0.392，且都通过 0.1% 的显著性检验。假设 5（H5）、假设 6（H6）均成立。这说明虽然影响程度不高，但总的来说，被调查者是认可企业知识培养活动对员工知识异质性和组织知识异质性的正向影响作用的。

知识资源异质性对样本企业财务绩效和非财务绩效的路径系数值分别为 −0.066 和 −0.096，均未能通过显著性检验。这说明由理论模型设计的知识资源异质性对中小型农业企业绩效的影响机制并未得到此次调研数据的支撑，知识资源异质性对样本企业财务绩效和非财务绩效均未能产生影响。假设 7（H7）、假设 8（H8）均不成立。

关系资源异质性对样本企业财务绩效的路径系数值为 0.144，未能通过显著性检验。这说明由消费者关系异质性、供应商关系异质性、科研院所关系异质性和政府关系异质性所构建的中小型农业企业社会关系网络体系对样本企业的财务绩效不具影响作用。这一结果与理论模型及假设相背离，假设 11（H11）未能得到验证。

关系资源异质性对样本企业非财务绩效的路径系数值为 0.454，通过 0.1% 的显著性检验。这说明由消费者关系异质性、供应商关系异质性、科研院所关系异质性和政府关系异质性所构建的中小型农业企业社会关系网络体系对样本企业非财务绩效具有正向影响作用。假设 12（H12）成立。并且，关系资源异质性对样本企业非财务绩效的影响程度为 45.4%，这说明关系资源异质性对样本企业改善非财务绩效的作用明显。

制度规范异质性对财物资源异质性、知识资源异质性和关系资源异质性的路径系数值分别为 0.426、0.294 和 0.362，全部通过 0.1% 的显著性检验。这说明中小型农业企业合理的组织结构、机构设置以及规范化的管理制度体系设置能够显著调动各类型资源的异质性，进而影响企业综合绩效。假设 3（H3）、假设 9（H9）和假设 13（H13）均成立。在具体影响效果上，样本企业正式制度体系对财物资源异质性的影响最为显著，达到 42.6%，这说明样本企业所建立的内部正式制度体系运行良好，其对企业有形资产的监管效果是明显的。样本企业正式制度体系对知识资源异质性的影响程度最低，仅为 29.4%，这说明企业制度规范对于激活知识资源异质性的效果仍有待提高。

另外，制度规范异质性通过财物资源异质性路径对样本企业财务绩效的间接影响为 0.268；通过知识资源异质性路径对样本企业财务绩效的间接影响为 -0.019；通过关系资源异质性路径对样本企业财务绩效的间接影响为 0.052。因此，制度规范异质性对样本企业财务绩效总的影响程度为 0.300。制度规范异质性通过财物资源异质性路径对样本企业非财务绩效的间接影响为 0.236；通过知识资源异质性路径对样本企业非财务绩效的间接影响为 -0.018；通过关系资源异质性路径对样本企业非财务绩效的间接影响为 0.164。因此，制度规范异质性对样本企业非财务绩效总的影响程度为 0.372，即制度规范异质性对样本企业财务绩效和非财务绩效的影响都是较为显著的。

组织氛围异质性对财物资源异质性、知识资源异质性和关系资源异质性的路径系数值分别为 0.452、0.566 和 0.589，全部通过 0.1% 的显著性检验。这说明样本企业内部融洽的合作氛围、相互信任的和谐关系以及员工对管理者和组织目标的认同感等，能够显著调动各类型资源异质性，进而影响企业绩效。假设 4（H4）、假设 10（H10）和假设 14（H14）均成立。在具体影响效果上，样本企业非正式制度体系对关系资源异质性的影响最为显著，达到58.9%，这说明被调查企业所建立的内部非正式制度体系对其充分挖掘、利用关系资源效果是明显的。样本企业非正式制度体系对知识资源异质性的影响程度达到56.6%，这说明被调查企业所建立的内部非正式制度体系对其知识资源的价值利用也是令人满意的。相较于此，样本企业非正式制度体系对财务资源异质性的影响程度最低，为45.2%。

另外，组织氛围异质性通过财物资源异质性路径对样本企业财务绩效的间接影响为0.284；通过知识资源异质性路径对样本企业财务绩效的间接影响为 -0.037；通过关系资源异质性路径对样本企业财务绩效的间接影响为0.085。因此，组织氛围异质性对样本企业财务绩效总的影响程度为0.332。组织氛围异质性通过财物资源异质性路径对样本企业非财务绩效的间接影响为0.250；通过知识资源异质性路径对样本企业非财务绩效的间接影响为 -0.054；通过关系资源异质性路径对样本企业非财务绩效的间接影响为0.267。因此，组织氛围异质性对样本企业非财务绩效总的影响程度为0.464。

## （二）修正模型3路径参数及假设检验结果分析

修正模型3删除了初始模型中的知识资源异质性模块以及未通过检验的"财务绩效 <--- 关系资源异质性"路径，并进行了模型简化和增列测量指标误差项之间协方差的调整，即删除假设5（H5）至假设11（H11），剩余假设保留。基于本次调研数据所进行的修正模型3结构方程分析结果如下。

财物资源异质性对样本企业财务绩效和非财务绩效的路径系数值分别为0.724和0.519，均通过0.1%的显著性检验。这说明样本企业所具备的财物资源异质性能够对样本企业财务绩效以及非财务绩效产生显著的正向影响。假设1（H1）、假设2（H2）均成立。

并且，财物资源异质性对样本企业财务绩效和非财务绩效的影响程度分别为72.4%和51.9%，这说明财物资源异质性对样本企业改善财务绩效的作用突出，对样本企业改善非财务绩效的作用明显。

关系资源异质性对样本企业非财务绩效的路径系数值为0.396，通过0.1%的显著性检验。这说明由消费者关系异质性、供应商关系异质性、科研院所关系异质性和政府关系异质性所构建的样本企业社会关系网络体系对其非财务绩效具有正向影响作用。假设12（H12）成立。并且，关系资源异质性对样本企业非财务绩效的影响程度为39.6%，这说明关系资源异质性对样本企业改善非财务绩效的作用明显。

制度规范异质性对财物资源异质性和关系资源异质性的路径系数值分别为0.410和0.266，全部通过0.1%的显著性检验。这说明样本企业合理的组织结构、机构设置以及规范化的管理制度体系设置能够显著影响财物资源和关系资源的异质性，进而影响企业绩效。假设3（H3）和假设13（H13）均成立。在具体影响效果上，样本企业正式制度体系对财物资源异质性的影响较高，达到41%，这说明被调查企业所建立的内部正式制度体系运行良好，其对企业有形资产的监管效果是明显的。样本企业正式制度体系对关系资源异质性的影响程度较低，仅为26.6%，这说明企业制度规范对于充分利用关系资源异质性的效果不够明显。

另外，在修正模型3中，制度规范异质性仅通过财物资源异质性路径对样本企业财务绩效产生间接影响，数值为0.297。因此，制度规范异质性对样本企业财务绩效总的影响程度即为0.297。制度规范异质性通过财物资源异质性路径对样本企业非财务绩效的间接影响为0.213；通过关系资源异质性路径对样本企业非财务绩效的间接影响为0.105。因此，制度规范异质性对样本企业非财务绩效总的影响程度为0.318。

组织氛围异质性对财物资源异质性和关系资源异质性的路径

系数值分别为 0.478 和 0.705，全部通过 0.1% 的显著性检验。这说明样本企业内部融洽的合作氛围、相互信任的和谐关系以及员工对管理者和组织目标的认同感等，能够显著影响其所投入的财物资源和关系资源的异质性，进而影响企业绩效。假设 4（H4）和假设 14（H14）均成立。在具体影响效果上，样本企业非正式制度体系对关系资源异质性的影响最为显著，达到 70.5%，这说明被调查企业所建立的内部非正式制度体系对企业充分挖掘利用关系资源异质性效果是明显的。样本企业非正式制度体系对财务资源异质性的影响程度较低，为 47.8%。

另外，在修正模型 3 中，组织氛围异质性仅通过财物资源异质性路径对样本企业财务绩效产生间接影响，数值为 0.346。因此，组织氛围异质性对样本企业财务绩效总的影响程度即为 0.346。组织氛围异质性通过财物资源异质性路径对样本企业非财务绩效的间接影响为 0.248；通过关系资源异质性路径对样本企业非财务绩效的间接影响为 0.279。因此，组织氛围异质性对样本企业非财务绩效总的影响程度为 0.527。

理论模型是在大量文献分析的基础之上形成并据此提出的有待验证的 14 个理论假设；修订模型 3 是由调研数据所形成的数据导向下的实际模型。因此，可以认为二者之间的差异（即先验的理论模型与实际的数据模型之间的差异）在一定程度上反映了理论与实际的差异。通过对差异的分析，可以发现中小型农业企业实际经营活动中资源异质性对绩效影响效果中存在的问题。

## 二 中小型农业企业资源异质性绩效影响效果的问题发现及分析

### （一）知识资源异质性对综合绩效影响失效

在知识资本、社会资本对企业绩效影响的充分讨论过程中，虽然仍有争论，但对知识资本、社会资本在价值创造、企业成长方面的重要作用已达成共识。具备异质性特征的知识资源在价值创造中的重要作用已获得普遍的认可。企业经营活动中对知识资源异质性的依赖已悄然改变了其资源投入结构（Roslender，2004）。

虽然大量文献都证实了知识资本对企业绩效的正向影响作用，但是本次研究数据却未能支持上述假设。根据调研数据所支持的修订模型 3 可知，能够对样本企业综合绩效产生显著影响的仅包括财物资源异质性和关系资源异质性。知识资源异质性在接受调查的中小型农业企业经营活动中并没有发挥价值提升作用，这与先验研究假设极为不符。然而来自初始模型的结果，支持了对知识资源异质性的其他假设。即制度体系异质性对知识资源异质性有促进效果，假设 9 及假设 10 均成立；知识培养对知识资源异质性有显著正向影响，假设 5 及假设 6 均成立。结合调研过程中的切身感受，可以推断，导致知识资源异质性对中小型农业企业综合绩效影响失效的原因并不在于知识资源投入量的不足，而在于知识资源异质性对中小型农业企业综合绩效的影响效率不够显著。

导致这一结果的原因可能有以下两个方面。

（1）知识资源价值创造的因果模糊性

早在调研进行过程中，我们就注意到了一个有趣的悖论。即虽然被调查者基本都认可知识资源在企业经营活动中的重要影响作用；但是在评价企业知识资源对企业经营的具体影响时，绝大多数被调查者都无法给出答案。我们尝试从理论和现实两个方面进行具体解释。

理论上，对于知识资源本身的测量仍处于摸索研究当中，对知识资源异质性的把握则难度更大。这直接导致中小型农业企业对自身经营过程中投入的知识资源缺乏数量认识，对其异质性的辨识甚至直接被忽略。另外，由于多数知识资源往往表现为不可描述的隐晦知识，这也给其价值创造带来了测量困难。投入与产出之间的因果模糊性往往会导致企业经营管理者不得不放弃对其作用机制的评估测量。

现实中，中小型农业企业往往面临着较大的资金压力。将有限的资金，是投入知识资源异质性的开发和维持还是投入绩效产出效果更为明显的财物资源领域，对企业经营者来说根本不用过多衡量。本次研究中，理论模型中"财务绩效 <--- 知识资源异质性"以及"非财务绩效 <--- 知识资源异质性"的路径系数都为负数，说明多数被调查者将知识资源当成了企业经营的成本类项目。当面临资金困境时，中小型农业企业经营者们首先考虑压缩的支出项目往往就是员工培训、软件维护等与知识资源相关的项目。

综上所述，知识资源价值创造的因果模糊性使得中小型农业企业经营者们无法评估知识资源对绩效的改善作用；甚至在面临资金困境时放弃对其的持续投入；并最终导致知识资源异质性对企业绩效的影响在本次研究中与理论假设相悖。

（2）中小型农业企业发展模式仍是偏重财物资源的扩张性发展模式

本次研究的路径分析结果显示，财物资源异质性对中小型农业企业经营绩效的影响是最为显著的。其中，"财务绩效 <--- 财物资源异质性"的路径系数甚至高达72.4%。这意味着中小型农业企业对财物资源的每一元增量投入都能够为企业带来相应的财务绩效提升。与之相应的是其他资源投入的不相关或者低度相关。

这一结果说明，参与此次调研的中小型农业企业经营活动过于依赖财物资源支持，其生产经营方式仍是工业化的扩张思路，多数企业没有建立起依靠知识资源实现跨越式发展、依靠知识资源异质性实现绩效差异的思路。这也可能是由于此次被调查企业中知识含量要求较低的企业占多数，而对知识资源异质性要求较高的种业、农技服务企业占比较低。

### （二）关系资源异质性对财务绩效影响失效

通过研究拟合效果较好的修正模型 3 的路径分析结果，可以发现样本企业财物资源异质性对企业综合绩效的影响效果是令人满意的。但是关系资源异质性对企业绩效的影响效果不够显著。"财务绩效 <--- 关系资源异质性" 的影响路径甚至没有通过检验，"非财务绩效 <--- 关系资源异质性" 的影响路径系数也显著低于财物资源异质性的影响路径系数。这一结果说明，关系资源异质性对于样本企业财务绩效的改善没有产生直接的显著影响效应。虽然出乎研究者意料，但是这一研究结论与部分前期研究者的实证结论相印证（Park，Luo，2001）

部分调研访谈者的观点很好地解释了这一现象。虽然大家都认为企业经营离不开社会关系网络，异质性的关系资源有助于企业资源和信息获取；有助于企业生存环境的改善；等等。但是，异质性关系资源的培育和维系是一个长期的过程，这意味着高昂的成本投入以及结果的高度不确定性。并且维持关系资源异质性需要花费大量的费用，这些费用也可能抵消了净利润的增长。因此，在市场经营日益规范的环境下，多数企业经营者表示更愿意将精力和财力投入企业建设。

除此之外，本书认为也有可能是因为来自不同利益相关者的关系资源对中小型农业企业的经营绩效的具体影响效果是不同的，在本次研究中没有进行具体的区分，从而导致关系资源异质性总体对企业绩效的影响不明显。

## 三 本章小结

本章通过比较理论模型和修正模型 3 的路径分析结果，发现知识资源异质性对样本企业综合绩效影响缺失；并且关系资源异质性对样本企业财务绩效影响不显著。论文分析认为，造成知识资源异质性绩效影响缺失的原因包括缺乏有效的衡量手段、知识资源固有的因果模糊性等理论原因；也包括企业发展模式导致的认识不足。造成关系资源异质性对样本企业财务绩效影响不显著的原因主要是随着市场运作的日益规范，维继关系资源异质性的成本已高于其可能带来的绩效。

## ▶ 第七章
# 资源异质性视角下的中小型农业
# 企业绩效改善对策建议

实证研究结论显示，样本企业知识资源异质性、关系资源异质性对综合绩效的影响作用并不符合理论预期。这说明这些新兴资源的异质性特征还没有得到广泛认同，其绩效影响的作用还没有得以充分发挥。本章从激活知识资源异质性和审慎利用关系资源异质性两个方面提出对策建议。

## 一 激活知识资源异质性以改善中小型农业
## 企业综合绩效

农业产业链条跨度极大，处于不同产业链条位置的企业对各类型资源的需求差异也极大，其生产经营活动对知识资源异质性的依赖程度也并不一致。因此，简单地要求中小型农业企业增加异质性的知识资源投入不具备实际意义，"如何激活已有知识资源的异质性特征？"才是应该予以关注的问题所在。

### （一）引导知识资源异质性的显现和发挥

根据前文第三章的分析，中小型农业企业知识资源的异质性特征是显著存在的，但是其在企业价值创造过程中的作用却没有得到充分的调动。为此，本书建议从以下三方面着手，进一步引导异质性知识资源的价值显现和作用发挥。

1. 建立横向的包容开放知识共享平台

一方面，员工知识是依托个体的知识资源。由于个体存在学习经历、教育背景、学习能力等因素的差异，员工之间的知识差异明显。另一方面，组织知识虽然是企业内部的开放性知识资源，但是受制于个人领悟能力的差异，员工个体对组织知识的领会和掌握仍然是有差别的。建立包容开放的知识共享平台，不但有助于员工充分地交流知识；也有助于员工对已有组织知识的充分学习和领会；甚至还可能促进组织通过与外部的交流合作获取更多的知识资源。

另外，知识共享平台还有助于更快地发现对企业创造价值有影响的关键知识资源，并通过平台使其在组织内实现快速传递，最终保证企业超额绩效的实现。

2. 建立纵向的高效知识资源传承体系

由前文分析可知，中小型农业企业中的经验知识具有更为显著的不可复制性和路径依赖性等异质性特征；同时，经验知识往往表现为缄默状态的隐性知识。上述特性在某种程度上会阻碍经验知识的传递、共享，也对知识转移模式提出了更高的要求。

本书认为，建立面对面的、基于人际互动的"传帮带"模式，是中小型农业企业经验知识传承的有效模式。通过这一纵向知识传承体系的建立，可以有效避免经验知识的遗漏、失真；减少经验积累过程中的重复和试错；提高企业内部知识传承的效率，并最终保证企业超额绩效的实现。

3. 建立有效的激励机制

虽然理论模型的实证结果已经验证了制度体系对知识资源异质性的显著正向影响作用，即假设9、假设10均成立。这说明样本企业已较充分认识到制度支撑体系对知识资源异质性的促进作用。但是本章仍要强调，在建立上述"一横一纵"的知识资源管理体系之后，应建立合理的激励机制。因为无论是知识共享还是知识传递，知识拥有者的传递意愿才是真正影响其活动效果的核心因素。

员工知识异质性会直接导致组织的差异化对待（经济收益的差异化或组织地位的差异化），甚至对某些独特知识的拥有意味着权威、地位。如果没有相应的激励机制作保障，知识拥有者会担心知识传递危及自己原本的独特价值，从而导致其丧失参与的动力，甚至知识拥有者会通过知识隐藏行为进行所谓的知识保护，以期增加自己对于组织的重要性（斯蒂格利茨，1999）。这必然会导致上述"一横一纵"的知识资源管理体系的直接失效。另一方面，如果知识隐藏不被惩罚的话，则会加重原本知识占有的不对称性，最终阻碍知识资源的分享、传递。

因此，建立并有效地实施相应的激励措施，有助于鼓励员工主动开展知识分享的行为，从而保证知识资源在组织内部的有效传递、积累和应用。

## （二）设计促进知识资源异质性的报告体系框架

在知识经济大背景下，忽视知识资源异质性对企业绩效的潜在影响，必然会导致管理行为的偏失；而外部的利益相关者可能由于对企业知识资源信息了解得不够，从而低估企业的价值。

因此本书建议，中小型农业企业应在充分揭示知识资源异质性的基础上，建立知识资源报告体系。这一做法的主要目的有两点：对于中小型农业企业管理者来说，可以动态监测企业的知识资源存量以及知识资源培养状况；对利益相关者来说，则有助于促进其对企业知识资源投入状况的了解。

现有的智力资本报告模式主要有资本化法和扩展报告法两种（Jose，2005）。本书选择采用扩展的报告式方式进行农业企业知识资源的报告。这种做法充分考虑了部分知识资源难以量化的特性，从构建信息沟通渠道的角度进行问题解决。并且相较于资本化法中可能采用的激进会计处理方法，通过扩展的报告方式提供的信息会更为客观。

本书认为，中小型农业企业知识资源报告体系框架至少应由四个部分组成。

第一部分是基于知识资源的企业战略描述。企业战略是企业对其未来发展的规划与展望。基于知识资源的企业战略描述应着重说明以下内容：①企业发展需要什么样的知识资源？其异质性特征是否显著？表现如何？这些异质性知识资源在推动企业战略执行过程中的作用机制是什么？其具体作用的发挥是怎样的？②企业获取上述知识资源的途径手段是什么？是否有合理的规划计划？③企业内部知识资源管理的具体流程是怎样的？包括：知识资源内部传递路径、知识资源共享机制、知识资源培育平台以及知识资源保护性壁垒等。

第二部分是对部分可以进行量化描述的知识资源指标进行报告。具体内容包括：①某项知识资源的存量状况数据统计；②报告期内该项知识资源的流量状况描述；③该项知识资源下一报告期内可能发生的变动预测；④附注部分，内容为报告中涉及的知识资源描述指标的具体解释和测算依据阐述。需要说明的是，由于理论研究中对知识资源概念及构成认识仍不统一，目前的智力资本报告体系尚缺乏统一的指标体系（李平、刘希宋，2006）。

因此，在借鉴智力资本报告研究结论的基础上，本书结合企业生产经营特征设计了中小型农业企业知识资源报告表，具体内容如表 7 - 1 所示。

表 7 - 1　中小型农业企业知识资源报告表

| 测量维度 | 具体指标 | 存量状况 | | 报告期流量状况 | | 下一报告期预测 | | 备注 |
|---|---|---|---|---|---|---|---|---|
| | | 期初 | 期末 | 增加 | 减少 | 增加 | 减少 | |
| 员工知识 | 员工总人数 | | | | | | | |
| | 大专以上学历人数 | | | | | | | |
| | 专业技术岗位员工人数 | | | | | | | |
| | 任职五年以上员工人数 | | | | | | | |
| | 其他 | | | | | | | |
| 组织知识 | 企业拥有专利数量 | | | | | | | |
| | 企业拥有的品牌使用权 | | | | | | | |
| | 企业自有品牌数量 | | | | | | | |
| | 研究项目数量 | | | | | | | |
| | 研究经费投入数量 | | | | | | | |
| | 其他 | | | | | | | |

第三部分是以客观陈述的方式对难以进行量化的指标进行占有状况的描述。具体包括：任职人员年龄结构；任职人员性别结构；员工获奖情况；参加技术培训员工人数；各类培训总时数；员工创新活动开展状况；员工各类资质认证获得情况；专家咨询与指导时数；企业获奖情况；企业资质认证状况；企业管理软件使用状况；企业管理数据库状况；等等。

第四部分是企业知识资源利用效率的自我鉴定以及未来规划。在报告了企业当前知识资源占有状况后，本部分需要对上述知识资源在本报告期内的使用效率进行自我鉴定。借此诊断企业知识资源应用过程中的瓶颈问题，并针对其中可能进行的改进提出未来的发展计划。

综上所述，将上述知识资源报告体系框架设计如图 7 - 1 所示。

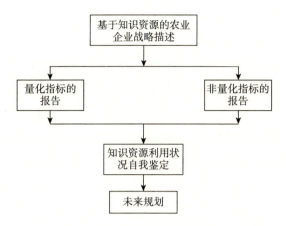

图 7 - 1　中小型农业企业知识资源报告体系框架

# 二　审慎利用关系资源异质性以提升中小型农业企业综合绩效

在中国传统儒家文化的社会背景下，关系资源的构建能够有效弥补市场体系的不健全，但同时也意味着存在大量的成本和风险。因此，中小型农业企业在提升综合绩效的努力中应审慎利用关系资源异质性。

## （一）建立关系资源正负效应制衡机制

关系资源的构建在消除交易活动中的机会主义行为、节约交易成本、促进信息沟通与合作等方面有着毋庸置疑的积极效应。例如，构建与企业外部利益相关者的稳定关系资源体系，可能会带来消费者的忠诚，成为企业稳定收入来源的保障；或者基于整合效应实现供应链的竞争优势；或者依托科研院所的技术优势实施技术领先战略；又或者享受到来自政府的各种政府补助、税收减免、项目审批等优惠政策。国内学者开展的一系列实证研究证实了社会网络关系强度对企业资源获取乃至绩效的正向影响（王庆喜等，2007；朱秀梅等，2010；汪蕾等，2011；谢雅萍等，2014）。国际顶尖杂志《哈佛商业评论》在 2014 年 3 月刊登的《聚焦超级顾客》一文中，建议企业应通过数据分析，发现超级顾客。因为他们不仅意味着重复购买，还会是测试新品创意的最佳人选，并且也是为企业品牌建立市场口碑的一批人。[①] 这些研究结论有可能会导致一种认识误区：认为企业构建的社会关系网络体系联系得越紧密越好，即应该具有强关系联结的特性。

然而，任何事物都具有两面性，对关系资源的培养利用更是如此。农业企业必须充分认识到伴生于社会网络关系的各种潜藏的负面效应。例如，与消费者的强关系联结，可能会带来消费者的忠诚，也可能会导致企业丧失发展新客户的动力；与供应商的强关系可能导致企业被锁定于既有的、排他性的利益群体中；与科研院所的强联系可能会导致严重的技术依赖，降低企业的自主创新能力；与政府的强联系也可能由于官员的更替而发生反转。

强联结的关系网络特征还有可能带来的另一个负面效应就是形成网络联结中信息的封闭环，从而导致缺乏结构洞的网络联结。固化的信息封闭环会导致较为集中、单一的信息传递渠道，使企业降低寻求外部信息的动力，形成信息壁垒，丧失可能的市场机遇。而信息来源一旦固化则会形成路径依赖的锁定效应，导致企业对其他外部信息渠道的获取产生排斥。而缺乏结构洞的网络联结无法为企业带来差异性的信息，对企业超额绩效的实现功效甚微。与此相反，关系的弱联结一般信息来源多样化并且富含结构洞，在提供异质性信息方面显示出了一定的优势。例如，对不同类型消费者的调查可以收集更为全面的市场信息；与较多的供应商、分销商建立商业联结可能会带来更为充分的议价权利，

---

① 埃迪·允、史蒂夫·卡洛蒂、丹尼斯·穆尔：《聚集超级顾客》，《哈佛商业评论》（中文版）2014 年 3 月。

等等。

也就是说，不同特性的社会关系网络对企业绩效影响的功效不同。关系资源所形成的总的绩效影响取决于各类型关系资源的绩效平衡（Woolcock，1998）。因此，对于中小型农业企业的均衡发展而言，理想的关系资源构建应该是在充分认识各类关系资源正负效应的基础上，同时兼顾强联结的培育以及弱联结的开发，实现关系资源网络内在的平衡机制，为企业绩效的改善发挥作用。

## （二）防范关系资源构建过程中的风险问题

西方市民社会中社会资本的起点是普世主义的契约关系，而中国传统社会中关系资源的起点是特殊主义的亲缘关系。因此，相较于通过遵守契约关系而积累形成的西方社会资本（龚虹波，2013），中国社会关系资源的构建则主要是依赖于更为隐晦的社会交往活动，因果模糊性更为突出，因此，也就蕴含着更多的潜在风险。总体来说，关系资源构建需要防范的风险包括威胁信任关系事件的发生；关系构建过程中的成本效益匹配问题以及关系锁定的负面效应等问题。对不同种类的关系资源构成模块，其具体风险来源和主要表现方式都可能是不同的。企业应区别防范各类型关系资源可能带来的经营风险。

### 1. 与消费者关系的风险防范

总体来说，信任关系是关系资源得以建立和维系的基础，这一点在消费者关系构建中尤为突出。与消费者的信任关系是基于其对企业产品的信任基础之上的，消费者在反复购买过程中被不断强化直至深化成为消费者忠诚。与消费者信任关系的构建是一个长期的过程，但其消亡却可能是在一瞬间的。2008 年的三聚氰胺毒奶粉事件，转瞬间就导致三鹿集团消费者网络崩溃，甚至还连带波及其他国产品牌的消费者群体，导致洋奶粉在内陆市场大行其道，引发出香港限购等一系列影响深远的社会问题。因此与消费者关系的风险防范就是尽量避免发生可能对信任关系产生动摇的事件。

但是消费者对农业企业信任的动摇又不完全取决于农业企业产品的质量。例如，种业企业隆平高科生产的"两优0293"水稻品种，2006年就经国家审定为国审稻（编号：2006405），已在安徽种植长达8年。实际情况证明，这个水稻品种抗倒伏，米好吃；每亩产量比很多其他品种高出一两百斤；播种量小，每亩田只需一斤左右的种子。因此，"两优0293"在种子市场上的销量量持续增长。然而2014年，该品种在安徽省蚌埠市淮上区、五河县出现大面积减产，甚至绝收，给种植户带来了惨痛的损失。然而经组织专家进行田间现场鉴定，认为造成这一后果的原因不是种子质量有问题，而是穗颈瘟危害所致。孕、抽穗期间低温连阴雨，品种本身高感稻瘟病，加上适期预防措施不到位，是导致该病暴发的主要原因。① 虽然鉴定结论排除了种子质量问题导致减产绝收的可能性，但毫无疑问的是，经历过这次打击后的水稻种植户会减少甚至拒绝播种"两优0293"水稻品种。这一损失最终会波及种业企业的经营活动。

农业产业生产具有明显的弱质性特征，其生产过程更容易受到自然环境的影响。这一特征给农业企业消费者关系的构建提出了更高的要求。这就要求农业企业，尤其是农业上游企业不仅要提供质量合格的产品，还需要从构建消费者关系的角度加强产品售后管理。

### 2. 与供应商关系的风险防范

与供应商之间的良好合作关系能够推动纵向联盟的产生，通过供应链协同效应的实现提升企业绩效。在这一过程中，中小型

---

① http://business.sohu.com/20141208/n406761465.shtml.

农业企业尤其需要关注的是不能过度依赖强联系而忽视弱联结的构建。这是因为与供应商的强联结可能意味着一种关系锁定，这会在一定程度上排斥其他市场选择。另外，与供应商之间的关系锁定可能会导致企业信息收集不充分；导致企业创新动力降低；甚至导致对市场状况的误判。或者，与供应商的强联结可能会产生对个别供应商的过度依赖，从而在企业依据市场波动进行资源配置调整时遭遇供应商讹诈。因此，农业企业在培育供应商关系时应注意避免与个别供应商的强联结依赖，以开放的心态有意识地构建一种较为松散的富含结构洞的网络关系。通过规范化管理建立与供应商的信息交换平台，防范供应商关系的锁定。

另外，农业企业在与供应商的关系维系中还应该注意避免情感性的关系维系。在我国社会背景下，情感性的关系维系是一种基于特殊主义信任关系的非正式制度安排。它是为了弥补正式制度设计缺陷而出现的，在某些情境下，情感性的关系维系是有效果的。但是，随着我国经济改革的不断深化，规范的市场经济环境正逐步建立。在这一背景下，农业企业也应该顺应这一趋势，通过提高企业诚信，提高信任预期，降低关系资源维系成本。通过履行契约建立市场声誉，将关系文化向规则文化靠拢。

**3. 与科研院所关系的风险防范**

中小型农业企业与科研院建立关系的主要目的是寻求技术支持，通过与科研院所的合作开发、成果购买等项目快速掌握先进技术。

研发活动本身就具有较高的不可预期性，并且农业领域的产品研发往往还会受到自然生长周期的影响，因此更加重了农业研发活动的不确定性。研发失败意味着企业经营过程中的成本负担。

因此，在这一过程中需要防范的主要是由研发失败而导致的经营成本增加的风险。建议中小型农业企业在与科研院所达成合作意向时，建立起科学规范的风险共担机制。

### 4. 与政府关系的风险防范

由于政府在经济活动中承担了过多的管理职能，农业企业与政府的良好关系有助于企业获得政府补助、税收优惠、融资便利、甚至资源等。需要注意的是，政府资源的获取和维持可能需要大量的成本，但其收益却是不稳定的。这意味着政府关系资源的培养具有较大的不稳定性。随着我国反腐活动的大力开展，个别人利用资源控制而进行的寻租行为势必有所收敛，政府对于市场经济活动的管理会越来越规范。伴随着制度的健全和改进，农业企业与政府的关系发展将会遵循法制化的轨道。

另外，农业企业与政府间形成的关系资源对于培养、利用银行关系资源也是有所裨益的（李立群、王礼力，2015）。多数企业都希望能够通过与银行的良好关系获得"关系型贷款"，从而提高企业的融资能力，降低企业融资成本。然而实证研究却发现中小型企业关系型借贷对于贷款量的影响较小，且影响并不明显（郭田勇、李贤文，2006）。部分原因可能是因为银行在贷款业务中考虑的主要因素是贷款企业的财务状况和信用水平，是来自正式制度领域的信任关系，而非来自非正式制度领域的关系。

因此中小型农业企业应通过建立规范、透明的财务信息核算及报告体系，与银行培养建立基于信任的正式制度领域的关系资源，而非非正式制度领域的关系资源；应通过加强与银行的信用信息沟通等手段，培养建立长期的关系资源而非短期的关系资源。

## 三　本章小结

本章以第六章所发现的问题为基础，从激活知识资源异质性和审慎利用关系资源异质性两个方面提出了相应的对策建议。

第八章 ◀

# 结　语

　　在经济发展过程中，中小型农业企业的生存环境、竞争环境都发生了重要的转变，它们在适应性发展过程中也在不断调整自身的发展战略、管理理念等。根据资源基础理论的观点，企业的超额绩效来自其所投入资源的异质性。在这一背景下，受制于天然弱质性的中小型农业企业如何通过充分调动资源异质性实现绩效的持续改善，无疑是政策制定者、农业生产者以及研究者普遍关注的问题。

　　本书以资源基础理论为指导，在区分企业能力与资源投入的基础上，围绕"资源异质性"这一核心概念，建立了"制度体系—资源异质性—企业绩效"的分析框架。以财物资源异质性、知识资源异质性和关系资源异质性三个部分衡量企业投入资源的异质性，并将其置于反映企业能力异质性的内部制度支撑体系之下，实证检验上述异质性对中小型农业企业综合绩效的影响路径和影响效果。

　　本书所得到的结论主要如下。

　　第一，当前中小型农业企业综合绩效仍然主要受到财物资源异质性的影响，其综合绩效表现对财物资源异质性最为敏感。

　　第二，知识资源异质性不论对样本企业的财务绩效还是非财务绩效都没有促进作用。这说明此次研究的被调查企业中并没有实现知识对价值创造的驱动效应。造成这一结果的原因可能包括知识资源异质性价值创造的因果模糊特性以及参与本次调研的样本企业以对技术需求较低的农产品加工企业为主。

第三，关系资源异质性对样本企业财务绩效影响不显著，但是能够对企业非财务绩效产生正向影响作用。

第四，中小型农业企业内部的制度体系对于所投入资源的异质性都具有正向影响作用。并且更进一步，制度体系在被细分为正式的制度规范体系和非正式的组织氛围体系之后，实证研究还发现，二者对于中小型农业企业三项资源的异质性激活作用存在显著差异。总的来说，组织氛围对三项资源异质性的提升效果都超过了制度规范。这说明在目前中小型农业企业的管理活动中应充分重视企业内部软环境的建设。

# 参考文献 ◀

安妮·布鲁金:《智力资本:第三资源的应用与管理》,赵洁平译,东北财经大学出版社,1998。

安新颖、冷伏海:《基于结构方程模型的企业自主创新能力研究》,《科技进步与对策》2008年第4期。

敖嘉焯、万俊毅、黄璨:《社会资本对农业企业绩效的影响研究》,《软科学》2013年第9期。

白明、张晖:《VAIC法计量的知识资本与财务指标实证研究》,《统计与决策》2005年第8期。

边燕杰、丘海雄:《企业的社会资本及其功效》,《中国社会科学》2000年第2期。

曹红军、卢长宝、王以华:《资源异质性如何影响企业绩效:资源管理能力调节效应的检验和分析》,《经济评论》2011年第14卷第4号。

陈宏辉、贾生华:《企业利益相关者三维分类的实证分析》,《经济研究》2004年第4期。

陈建东:《知识管理理论流派研究的初步思考》,《情报学报》2006年第25(10)期。

陈龙波、赵永彬、李垣:《企业并购中的知识资源整合研究》,《科学学与科学技术管理》2007年第7期。

陈晓红、曹裕、马跃如：《基于企业生命周期的智力资本与企业绩效关系》，《系统工程理论与实践》2010 年第 4 期。

陈晓红、雷井生：《中小企业绩效与知识资本关系的实证研究》，《科研管理》2009 年第 1 期。

陈晓红、李喜华、曹裕：《创业知识资本与企业绩效关系研究》，《科学学研究》2009 年第 5 期。

陈岩、蒋亦伟、王锐：《产品多元化战略、企业资源异质性与国际化绩效：对中国 2008～2011 年制造业上市公司的经验检验》，《管理评论》2014 年第 26 卷第 12 号。

陈志娟：《我国上市公司资本结构与企业绩效相关性的实证分析》，首都经济贸易大学硕士学位论文，2006。

仇元福、潘旭伟、顾新建：《知识资本构成分析及其技术评价》，《中国软科学》2002 年第 10 期。

崔迎科：《农业上市公司非农化经营"陷阱"的实证研究——基于 74 家农业上市公司面板数据》，《农业技术经济》2013 年第 7 期。

党兴华、李雅丽、张巍：《资源异质性对企业核心性形成的影响研究——基于技术创新网络的分析》，《科学学研究》2010 年第 2 期。

丁勇：《研发能力、规模与高新技术企业绩效》，《南开经济研究》2011 年第 4 期。

窦红宾、王超、李海绒：《知识资本、资源获取对新创企业绩效的影响》，《企业经济》2013 年第 1 期。

窦红宾、王正斌：《网络结构、知识资源获取对企业成长绩效的影响——以西安光电子产业集群为例》，《研究与发展管理》2012 年第 2 期。

杜胜利：《企业经营业绩评价》，经济科学出版社，1999。

杜伟等：《顾客价值塑造与企业绩效相关性研究——基于电

子信息技术业的实证研究》，《科技进步与对策》2011 年第
10 期。

杜颖洁：《银行关系是否导致了贷款歧视？——基于中国民
营上市公司的经验证据》，《投资研究》2013 年第 7 期。

多纳德逊·邓非：《有约束力的关系——对企业伦理学的一
种社会契约论的研究》，赵月瑟译，上海社会科学院出版
社，2001。

范徽：《知识资本评价指标体系与定量评价模型》，《中国工
业经济》2000 年第 17（9）期。

范黎波、丁琎、原馨：《智力资本与企业绩效的关系研究——
基于面板数据模型的实证分析》，《海南大学学报》（人文社会科学
版）2012 年第 8 期。

范徽：《知识资本评价指标体系与定量评价模型》，《中国工
业经济》2000 年第 9 期。

费孝通：《乡土中国》，上海人民出版社，2006。

冯丽霞、张琪：《人力资本与企业绩效关系的实证分析》，
《财会通讯》（学术版）2007 年第 2 期。

奉继承、赵涛：《知识管理的系统分析与框架模型研究》，
《研究与发展管理》2005 年第 17（6）期。

高素英、赵曙明、彭喜英：《人力资本存量与企业绩效关系的实
证研究》，《天津大学学报》（社会科学版）2011 年第 13（1）期。

龚虹波：《论"关系"网络中的社会资本——一个中西方社
会网络比较分析的视角》，《浙江社会科学》2013 年第 12 期。

郭臣、周梅华：《企业——供应商间关系研究综述》，《统计
与决策》2009 年第 8 期。

郭田勇、李贤文：《关系型借贷与中小企业融资的实证分
析》，《金融论坛》2006 年第 4 期。

郭毅、朱熹：《国外社会资本与管理学研究新进展》，《外国

经济与管理》2003 年第 7 期。

韩富贵：《从自然资源、资本资源到知识资源》，《理论学刊》2007 年第 4 期。

郝云宏、曲亮、吴波：《利益相关者导向下企业经营绩效评价的理论基础》，《当代经济科学》2009 年第 1 期。

何韧：《银企关系与银行贷款定价的实证研究》，《财经论丛》2010 年第 1 期。

贺小刚、李新春：《资源异质性、同质性与企业绩效关系研究——以我国医药类上市公司为例》，《南开管理评论》2004 年第 7 卷第 2 号。

胡旭阳：《民营企业家的政治身份与民营企业的融资便利——以浙江省民营百强企业为例》，《管理世界》2006 年第 5 期。

胡亚敏、陈宝峰、姚正海：《我国农业上市公司社会责任与财务绩效、企业价值的关系研究》，《统计与决策》2013 年第 4 期。

黄盼盼：《组织氛围对员工敬业度的影响分析》，《中国人力资源开发》2010 年第 1 期。

黄晓波、冯浩：《农业类上市公司股权结构与公司绩效实证分析》，《中国农村经济》2006 年第 10 期。

黄兆良：《知识资源及其物化》，《资源科学》2001 年第 7 期。

黄忠东、杨东涛：《先进制造技术与企业竞争优势——基于企业资源观的述评》，《中国流通经济》2008 年第 9 期。

黄祖辉、邵科：《基于产品特性视角的农民专业合作社组织结构与运营绩效分析》，《学术交流》2010 年第 7 期。

加里·S. 贝克尔：《人类行为的经济分析》，上海人民出版社，1995。

蒋国平：《关于企业有价值资源的分析和确认》，《商业研究》

2001 年第 9 期。

蒋日富、霍国庆、郭传杰：《现代知识管理流派研究》，《管理评论》2006 年第 18（10）期。

蒋蓉华、闫春：《知识密集型企业智力资本研究》，《学术论坛》2006 年第 9 期。

蒋天颖、王俊江：《智力资本、组织学习与企业创新绩效的关系分析》，《科研管理》2009 年第 30（4）期。

蒋晓荣、李随成：《制造商——供应商关系承诺形成及对合作行为影响》，《经济管理》2012 年第 5 期。

蒋琰、茅宁：《智力资本与财务资本：谁对企业价值创造更有效——来自于江浙地区企业的实证研究》，《会计研究》2008 年第 7 期。

杰伊·B. 巴尼、德文·N. 克拉克：《资源基础理论：创建并保持竞争优势》，张书军、苏晓华译，格致出版社、上海人民出版社，2011。

解维敏、唐清泉：《企业研发投入与实际绩效：破题 A 股上市公司》，《改革》2011 年第 3 期。

堺屋太一：《知识价值革命》，生活·读书·新知三联书店，1987。

金水英、吴应宇：《知识资本对高技术企业发展能力的贡献——来自我国高技术上市公司的证据》，《科学学与科学技术管理》2008 年第 5 期。

瞿艳平：《国内外客户关系管理理论研究述评与展望》，《财经论丛》2011 年第 5 期。

柯江林、孙健敏、石金涛、顾琴轩：《人力资本、社会资本与心理资本对工作绩效的影响——总效应、效应差异及调节因素》，《管理工程学报》2010 年第 4 期。

柯江林、孙健敏、石金涛等：《企业 R&D 团队之社会资本与团队效能关系的实证研究》，《管理世界》2007 年第 3 期。

李宝山、王建军：《高新企业智本增值论》，企业管理出版社，2003。

李冠众、刘志远：《上市公司知识资本业绩相关性探析》，《现代财经》2008 年第 7 期。

李海洪、王博：《高技术企业智力资本对财务绩效影响的实证研究》，《经济问题》2011 年第 9 期。

李嘉明、黎富兵：《企业智力资本与企业绩效的实证分析》，《重庆大学学报》（自然科学版）2004 年第 12 期。

李京：《企业社会资本对企业成长的影响及其优化——基于社会资本结构主义观思想》，《经济管理》2013 年第 7 期。

李立群、王礼力：《关系资源对农业企业经营绩效影响的实证分析——来自第 20 届中国杨凌农业高新科技成果博览会的调研》，《贵州农业科学》2015 年第 1 期。

李立群、王礼力：《知识资源、组织氛围与农业企业经营绩效关系研究》，《统计与信息论坛》2014 年第 5 期。

李玲：《资源异质性、组织间依赖对企业网络能力的影响研究》，《科技管理研究》2010 年第 18 期。

李宁：《涉农企业全面绩效评价体系及多维动态博弈研究》，吉林大学博士学位论文，2008。

李平、刘希宋：《国外企业智力资本报告模式分析及启示》，《研究与开发管理》2006 年第 6 期。

李寿喜、湛瑜：《中国上市公司无形资产投资与企业价值相关性研究》，《上海金融》2005 年第 5 期。

李淑芬、张玲：《企业家社会资本与原生型集群企业资源获取之关系考察》，《统计与决策》2012 年第 24 期。

李新然、孙晓静：《基于 SCM 的企业绩效影响模型》，《科研管理》2009 年第 3 期。

李艳军：《种子流通企业社会资本对其绩效影响的实证研究》，《农业技术经济》2010 年第 2 期。

李瑶、刘益、刘婷：《管理者社会联系与企业创新绩效》，《科技进步与对策》2013 年第 11 期。

李忠卫、王立杰：《煤炭上市公司绩效与人力资本关系研究》，《中国矿业》2009 年第 3 期。

廖忠祥：《知识型企业的人力资本投资机制研究》，《科研管理》2003 年第 6 期。

林乐芬：《中国农业上市公司绩效的实证分析》，《中国农村观察》2004 年第 6 期。

林庆藩等：《农业企业与高校合作中技术转移绩效的影响因素研究——基于福建省 193 家农业企业的数据》，《福建论坛》（人文社会科学版）2013 年第 2 期。

刘超、原毅军：《智力资本对企业绩效影响的实证研究》，《东北大学学报》（社会科学版）2008 年第 1 期。

刘华军：《企业增长的动态理论——品牌模型及其应用》，《当代财经》2006 年第 9 期。

刘伟、杨印生：《我国农业上市公司业绩评价与分析》，《农业技术经济》2006 年第 4 期。

刘中华：《中小企业内部会计控制的内容》，《财会研究》2002 年第 11 期。

卢纹岱：《SPSS for Windows 统计分析》，电子工业出版社，2002。

卢馨、黄顺：《智力资本驱动企业绩效的有效性研究——基于制造业、信息技术业和房地产业的实证分析》，《会计研究》2009 年第 2 期。

鲁江、葛松林：《浅论企业顾客关系管理的核心——忠诚度》，《华中农业大学学报》（社会科学版）2002 年第 2 期。

罗党论、应千伟：《政企关系、官员视察与企业绩效——来自中国制造业上市企业的经验证据》，《南开管理评论》2012年第5期。

罗党论、甄丽明：《民营控制、政治关系与企业融资约束——基于中国民营上市公司的经验证据》，《金融研究》2008年第12期。

罗辉道、项保华：《资源概念与分类研究》，《科研管理》2005年第7期。

罗默：《发展经济学》，中国人民大学出版社，1998。

南希·M.狄克逊：《共有知识——企业知识共享的方法与案例》，王书贵、沈群红译，人民邮电出版社，2002。

彭锐、刘冀生：《西方企业知识管理理论"丛林"中的学派》，《管理评论》2005年第17（8）期。

彭熠、胡剑锋：《财税补贴优惠政策与农业上市公司经营绩效——实施方式分析与政策启示》，《四川大学学报》（哲学社会科学版）2009年第3期。

彭熠、黄祖辉、邵桂荣：《非农化经营与农业上市公司经营绩效——理论分析与实证检验》，《财经研究》2007年第10期。

秦志华、刘传友：《基于异质性资源整合的创业资源获取》，《中国人民大学学报》2011年第6期。

邱均平：《知识管理学》，科学技术文献出版社，2006。

邱伟年、王斌、曾楚宏：《社会资本与企业绩效：探索式与利用式学习的中介作用》，《经济管理》2011年第1期。

曲亮、任国良：《高管政治关系对国有企业绩效的影响——兼论国有企业去行政化改革》，《经济管理》2012年第1期。

芮世春：《农业上市公司股权结构与经营绩效关系的实证研究》，《中国农村经济》2006年第10期。

邵红霞、方军雄：《我国上市公司无形资产价值相关性研究——基于无形资产明细分类信息的再检验》，《会计研究》2006年第 12 期。

石军伟、胡立君、付海艳：《企业社会资本的功效结构：基于中国上市公司的实证研究》，《中国工业经济》2007 年第 2 期。

石秀印：《中国企业家成功的社会网络基础》，《管理世界》1998 年第 6 期。

史江涛、宝贡敏：《组织内知识整合理论研究现状分析》，《图书情报工作》2008 年第 8 期。

孙俊华、陈传明：《企业家社会资本与公司绩效关系研究——基于中国制造业上市公司的实证研究》，《南开管理评论》2009 年第 2 期。

孙羡：《智力资本驱动中小企业成长的有效性探讨》，《经济纵横》2012 年第 9 期。

汤新华：《政策扶持对农业类上市公司业绩的影响》，《福建农林大学学报》（哲学社会科学版）2003 年第 6（1）期。

汤颖梅、王怀明、卞琳琳、白云峰：《农业上市公司财务结构与绩效相关性的实证分析》，《中国农学通报》2008 年第 4 期。

汪金燕、李秦阳：《企业智力资本与企业绩效模型构建》，《统计与决策》2013 年第 5 期。

汪克强、古继宝：《企业知识管理》，中国科学技术出版社，2005。

汪蕾、蔡云、陈鸿鹰：《企业社会网络对创新绩效的作用机制研究——基于浙江的实证》，《科技管理研究》2011 年第 14 期。

王德禄：《知识管理的 IT 实现——朴素的知识管理》，北京电子工业出版社，2003。

王端旭、洪雁：《组织氛围影响员工创造力的中介机制研究》，《浙江大学学报》（人文社科版）2011 年第 3 期。

王化成、卢闯、李春玲：《企业无形资产与未来业绩相关性研究——基于中国资本市场的经验证据》，《中国软科学》2005年第10期。

王辉：《企业利益相关者治理研究：从资本结构到资源结构》，北京高等教育出版社，2005。

王开明、万君康：《企业知识资本的形成与持续》，《外国经济与管理》2001年第5期。

王侃：《模仿、资源异质性与新创企业投资决策》，《南方经济》2014年第11期。

王玲：《农业上市公司资本结构与公司绩效关系的实证研究》，福建农林大学硕士学位论文，2010。

王平：《论知识资源：概念辨析及其操作化》，《图书·情报·知识》2009年第7期。

王茜：《农业产业化龙头企业绩效评价研究》，中国农业科学院博士学位论文，2009。

王庆喜、宝贡敏：《社会网络、资源获取与小企业成本》，《管理工程学报》2007年第4期。

王润良、郑晓齐：《非正式团体：知识转移的有效途径》，《科研管理》2001年第4期。

王士红、徐彪、彭纪生：《组织氛围感知对员工创新行为的影响——基于知识共享意愿的中介效应》，《科研管理》2013年第5期。

王曙、程李梅：《成长型企业智力资本与绩效相关性研究》，《科技管理研究》2013年第5期。

王兴秀、刘汉民、杨春霞：《异质性资源投入与复杂企业竞合成功关系研究——基于联盟管理能力的中介效应》，《商业经济与管理》2014年第4期。

王洋：《异质性企业边界初探——基于资源的视角》，《当代经济研究》2012 年第 6 期。

王迎军：《企业资源与竞争优势》，《南开管理评论》1998 年第 1 期。

王颖、王娅：《组织氛围对员工参与行业竞争的影响：489 个样本》，《改革》2009 年第 1 期。

王忠民、陈继祥、续洁丽：《试论影响员工离职的若干组织因素》，《管理现代化》2001 年第 5 期。

王众托：《知识系统工程》，北京科学出版社，2004。

危旭芳：《农民创业资源异质性与绩效差异——基于 3727 家农民和非农民创业企业的比较研究》，《江汉论坛》2013 年第 5 期。

韦影：《企业社会资本与技术创新：基于吸收能力的实证研究》，《中国工业经济》2007 年第 9 期。

沃克·马尔：《利益相关者权利》，赵宝华等译，北京经济管理出版社，2002。

吴俊杰、戴勇：《企业家社会资本、知识整合能力与技术创新绩效关系研究》，《科技进步与对策》2013 年第 6 期。

吴明隆：《结构方程模型——AMOS 的操作与应用》，重庆大学出版社，2010。

吴明隆：《结构方程模型——AMOS 实务进阶》，重庆大学出版社，2013。

吴明隆：《问卷统计分析实务——SPSS 操作与应用》，重庆大学出版社，2010。

吴文锋、吴冲锋、刘晓筱：《中国民营上市公司高管的政府背景与公司价值》，《经济研究》2008 年第 7 期。

夏雯婷：《智力资本对企业绩效的影响——基于生命周期理论的实证分析》，《科技管理研究》2012 年第 19 期。

谢凤华、宝贡敏：《企业诚信与竞争优势的关系研究——基于苏州等六地 188 家企业的实证调查》,《南开管理评论》2005年第 8 期。

谢荷锋、马庆国:《组织氛围对员工非正式知识分享的影响》,《科学学研究》2007 年第 4 期。

谢洪明、王成、吴隆增:《知识整合、组织创新与组织绩效》,《管理学报》2006 年第 5 期。

谢卫红、王永健、蓝海林:《高管团队智力资本、战略柔性与企业财务绩效互动关系研究——以珠三角制造企业为例》,《现代财经》2013 年第 4 期。

谢雅萍、黄美娇:《社会网络、创业学习与创业能力——基于小微企业创业者的实证研究》,《科学学研究》2014 年第 3 期。

徐超、迟仁勇:《企业家社会资本、个人特质与创业企业绩效——基于中国创业板上市公司的实证研究》,《软科学》2014年第 4 期。

徐升华、廖述梅:《我国校企知识转移研究定位分析》,《科技进步与对策》2009 年第 2 期。

徐雪高、马九杰:《农业上市公司的经营绩效评价研究》,《贵州社会科学》2008 年第 7 期。

许彪、梁宇鹏:《农业上市公司经营绩效成因诊断》,《农业技术经济》2002 年第 1 期。

薛云奎、王志台:《无形资产信息披露及其价值相关性研究——来自上海股市的经验证据》,《会计研究》2001 年第11 期。

严浩仁、贾生华:《试论知识特性与企业知识共享机制》,《研究与发展管理》2002 年第 6 期。

杨春华:《资源基础理论及其未来研究领域》,《商业研究》2010 年第 7 期。

杨继平、张翠翠:《智力资本与企业绩效的关系:一个综述》,

《湖南科技大学学报》（社会科学版）2011 年第 14（1）期。

杨家宁：《资源基础理论视角下的企业社会责任》，《理论导刊》2007 年第 9 期。

杨俊、张玉利、杨晓非、赵英：《关系强度、关系资源与新企业绩效——基于行为视角的实证研究》，《南开管理评论》2009 年第 4 期。

杨震宁、李东红、马振中：《关系资本，锁定效应与中国制造业企业创新》，《科研管理》2013 年第 11 期。

杨志峰、邹珊刚：《知识资源、知识存量和知识流量：概念、特征和测度》，《科研管理》2000 年第 7 期。

姚红艳、胡鹏：《论人力资本与企业效益》，《湖南大学学报》1998 年第 4 期。

叶飞、李怡娜：《供应链伙伴关系、信息共享与企业运营绩效关系》，《工业工程与管理》2006 年第 6 期。

叶会、李善民：《治理环境、政府控制和控制权定价——基于中国证券市场的实证研究》，《南开管理评论》2008 年第 5 期。

余光胜：《以知识为基础的企业理论的产生及其演进过程》，《上海管理科学》2005 年第 2 期。

余建英、何旭宏：《数据统计分析与 SPSS 应用》，北京人民邮电出版社，2003。

袁康来、万家元：《我国农业上市公司业绩综合评价分析》，《科学决策》2009 年第 4 期。

袁艺、袁一骏：《智力资本测量模型评述》，《外国经济与管理》2002 年第 8 期。

约瑟夫·斯蒂格利茨：《知识经济的公共政策》，《经济社会体制比较》1999 年第 5 期。

张炳发、万威武：《企业知识资本投资与知识资本对企业绩效影响的实证研究》，《中国软科学》2006 年第 7 期。

张德鹏、陈少霞：《顾客忠诚对盈利能力的影响效应》，《中国管理科学》2011年第8期。

张宏、薛宪方：《民营企业家社会资本与企业绩效的关系——基于温州市的调研》，《社会科学家》2014年第8期。

张敬伟：《基于资源视角的新创企业价值创造路径研究——理论分类与案例验证》，《科技进步与对策》2013年第6期。

张其仔：《社会资本的投资策略与企业绩效》，《经济管理》2004年第8期。

张其仔：《社会资本与国有企业绩效研究》，《当代财经》2000年第1期。

张勤、马费成：《国外知识管理研究范式——以共词分析为方法》，《管理科学学报》2007年第12（6）期。

张炜、王重鸣：《高技术企业创业智力资本结构验证性因素分析》，《科学学研究》2007年第25（6）期。

张亚连、孙凤英：《基于生态经济视阈的企业综合业绩评价框架的构建》，《统计与决策》2009年第24期。

张赟、苏屹：《知识资本与行业利润关系研究——来自2010年28个行业上市公司的证据》，《科技进步与对策》2012年第4期。

张宗益、韩海东：《行业间智力资本与企业绩效关系对比研究》，《科技进步与对策》2011年第8期。

张宗益、李金勇：《我国上市公司知识资本评价研究》，《科技进步与对策》2005年第7期。

章清：《传统：由知识资源到学术资源》，《中国社会科学》2000年第4期。

赵洪军：《我国上市公司资金占用现状、成因及对策》，《经济纵横》2006年第11期。

郑静静、邓明荣：《制造企业资源依赖与供应链权力的关系研究——以长三角地区制造企业为例》,《软科学》2009 年第 23（9）期。

郑美群：《基于智力资本的高技术企业绩效形成机理研究》，吉林大学博士学位论文，2006。

仲秋雁、曲刚、宋娟、闵庆飞：《知识管理流派特征分析及内涵界》，《研究与发展管理》2010 年第 4 期。

周芳、郭岩：《供应链企业的社会资本、知识分享与创新绩效研究》，《财经问题研究》2012 年第 12 期。

周其仁：《市场里的企业：一个人力资本与非人力资本的特别合约》，《经济研究》1996 年第 6 期。

周小虎：《企业家社会资本及其对企业绩效的作用》，《安徽师范大学学报》（人文社会科学版）2002 年第 1 期。

周晓东、项保华：《企业知识内部转移：模式、影响因素与机制分析》，《南开经济评论》2003 年第 5 期。

朱文敏、陈小愚：《企业社会责任：企业战略性公关的基点》，《当代财经》2004 年第 8 期。

朱晓红、陈寒松、张玉利：《异质性资源、创业机会与创业绩效关系研究》，《管理学报》2014 年第 9 期。

朱秀梅、陈琛、蔡莉：《网络能力、资源获取与新企业绩效关系实证研究》，《管理科学学报》2010 年第 4 期。

朱瑜、王雁飞：《智力资本研究述评：概念、测量与作用机制》，《生产力研究》2009 年第 15 期。

朱瑜、王雁飞、蓝海林：《企业文化、智力资本与组织绩效关系研究》，《科学学研究》2007 年第 10 期。

庄晋财、芮正云：《农民工社会网络关系对其新创企业竞争优势的影响——基于网络资源观的结构方程模型分析》，《中南大学学报》2014 年第 12 期。

邹彩芬、许家林、王雅鹏：《政府财税补贴政策对农业上市公司绩效影响实证分析》,《农业经济研究》2006 年第 3 期。

Abeysekera, I. K., James, G., 2004, How is Intellectual Capital Being Reported in a Developing Nation? [J]. *Accounting and Accountability in Emerging and Transition Economies*, 4: 149 – 169.

Adler, P. S., Kwon, S., 2002, Social Capital: Prospects for a New Concept [J]. *Academy of Management Review*, 27 (1): 17 – 40.

Adrian, Payne, Sue, Holt, 2001, Diagnosing Customer Value: Integrating the Value Process and Relationship Marketing [J]. *British Journal of Management*, 12: 159 – 182.

Afiouni, F., 2007. Human Resource Management and Knowledge Management: A Road Map toward Improving Organizational Performance [J]. *Journal of American Academy of Business*, 11 (2): 124 – 130.

Ahangar, R. G., 2010, The Relationship between Intellectual Capital and Financial Performance: An Empirical Investigation in an Iranian Company [J]. *African Journal of Business Management*, Vol. 5, No. 1, pp. 88 – 95.

Ahuja, G., 2000, The Duality of Collaboration: Inducement and Opportunities in the Formation of Interfirm Linkages [J]. *Strategic Management Journal*, 21 (3): 317 – 343.

Amit, R., Schoemaker, P. J. H., 1993, Strategic Assets and Organizational Rent [J]. *Strategic Management Journal*, 14: 33 – 46.

Anastasia, Petrou, Irene, Daskalopoulou, 2013, Social Capital and Small Business Compe-titiveness: Evidence from Cross-Section Tourism Data [J]. *Journal of the Knowledge Economy*, 7: 65 – 82.

Andreou, A. N., Bontis, N., 2007, A Model for Resource Allocation Using Operational Knowledge Assets [J]. *The Learning Organization*, 14 (4): 345 – 374.

Andrew, M. C. , Klaus, N. , 2009. Social Capital and the Re-source-Based View of the Firm ［J］. *Studies of Mgt. & Org.* , 39 （2）: 7 – 32.

Arthur, W. B. , 1989, Competing Technologies, Increasing Re-turns, and Lock-in by Historical Events ［J］. *Economic Journal*, 99: 116 – 131.

Auh, S. , Menguc, B. , 2009, Broadening the Scope of the Re-sourcebased View in Marketing: The Contingency Role of Institutional Factors ［J］. *Industrial Marketing Management*, 38 （7）: 757 – 768.

Bae, J. , Rowley, C. , 2004, Macro and Micro Approaches in Human Resource Development: Context and Content in South Korea ［J］. *Journal of World Business*, 39: 349 – 361.

Bagozzi, R. P. & Yi, Y. , 1988, On the Evaluation of Structural Equation Models ［J］. *Academic of Marketing Science*, 16: 76 – 94.

Baker, W. E. , 1990, *Market Networks and Corporate Behavior* ［M］. Am. J. Social.

Barney, J. B. , 1991, Firm Resource and Sustained Competitive Advantage ［J］. *Journal of Management*, 17: 99 – 120.

Barney, J. , Clark, D. , 2007, *Resource-based Theory: Crea-ting and Sustaining Competitive Advantage* ［M］. New York: Oxford University Press

Barney, J. B. , 1986a, Strategic Factor Markets: Expectations, Luck and Business Strategy ［J］. *Management Science*, 32: 1512 – 1514.

Barney, J. B. , 1986b, Organizational Culture: Can It be a Source of Sustained Competitive Advantage? ［J］. *Academy of Manage-ment Review*, 11: 656 – 665.

Barney, J. B. , 1988, Returns to Bidding Firms in Mergers and

Acquisitions: Reconsidering the Relatedness Hypothesis [J]. *Strategic Management Journal*, 9: 71 -78.

Barney, J. , Hansen, M. , 1994, Trustworthiness as a Source of Competitive Advantage [J]. *Strategic Management Journal*, 15: 175 - 190.

Barros, L. J. , Aguiar, J. F. , Basso, L. C. , and Kimura, H. , 2010, Intangible Assets and Value Creation at Brazilian Companies: An Application for the Brazilian Textile Manufacturing Sector [J]. *Journal of Academy of Business and Economic*, Vol. 10, No. 1, pp. 39 - 52.

Bennett, R. , and Gabriel, H. , 1999, Organisational Factors and Knowledge Management Within Large Marketing Departments: An Empirical Study [J]. *Journal of Knowledge Management* 3 (3), 212 - 228.

Bentler, P. M. , Chou, C. P. , 1987, Practical Issues in Structural Modeling [J]. *Sociological Methods and Research*, 16, 78 -117.

Berry, L. L. , 1982, *Relationship Marketing* [M]. AMA, Chicago.

Bezhani, I. , 2010, Intellectual Capital Reporting at UK Universities [J]. *Journal of Intellectual Capital*, Vol. 11, No. 2, pp: 107 - 116.

Boisot, M. , Child, J. , 1996, From Fiefs to Clans and Network Capitalism: Explaining China's Emerging Economic Order [J]. *Administrative Science Quarterly*, 41: 600 - 628.

Bontis, N. , 2001, Assessing Knowledge Assets: A Review of the Models Used to Measure Intellectual Capital [J] . *International Journal of Management Reviews*, 3 (1): 41 - 60.

Bontis, N. , Keow, W. C. , and Richardson, S. , 2000, Intellectual Capital and Business Performance in Malaysian Industries, Journal of Intellectual Capital, 1 (1): 85 - 100.

Bontis, N. , 1996, There's a Price on Your Head: Managing Intellectual Capital Strategically [ J ] . *Ivey Business Quarterly*, 60 (4): 40 – 47.

Bontis, N. , 1998, Intellectual Capital: An Exploratory Study that Develops Measures and Models [ J ] . *Management Decision*, Vol. 36 No. 2: 63 – 76.

Bontis, N. , and Fitzenz, J. , 2002, Intellectual Capital ROI: A Causal Map of Human Capital Antecedents and Consequents [ J ]. *Journal of Intellectual Capital*, 3 (3): 223 – 247.

Bornemann, M. , 1999, Potential of Value Systems According to the VAIC Method [ J ]. *International Journal Technology Management*, 18 (5): 463 – 475.

Bramhandkar, A. , Erickson, S. and Applebee, I. , 2007, Intellectual Capital and Organizational Performance: An Empirical Study of the Pharmaceutical Industry [ J ]. *The Electronic Journal of Knowledge Management*, Vol. 5, No. 4: 357 – 362.

Brooking, A. , *Intellectual Capital* [ M ]. London: International Thomson Business Press, 1996.

Burt, R. S. , *Structural Holes: The Social Structure of Competition* [ M ]. Cambridge, MA: Harvard University Press, 1992.

Butler, B. , 2009, Successful Performance via Development and Use of Dynamic Capabilities [ J ]. *The Business Renaissance Quarterly*, Vol. 4 (3).

Caloghirou, Y. , Kastelli, L. and Tsakanikas, 2004, A Internal Capabilities and External Knowledge Sources: Complements or Substitutes for Innovative Performance? [ J ]. *Technovation*, 24 (1): 29 – 39.

Carayannis, E. G. , Alexander, J. , 1999, The Wealth of Knowledge: Converting Intellectual Property to Intellectual Capital in Coopetitive Research and Technology Management Settings [J]. *International Journal of Technology Management*, 18: 326 – 352.

Carmeli, A. , 2004, Strategic Human Capital and the Performance of Public Sector Organizations [J]. *Scandinavian Journal of Management*, 20: 375 – 392.

Carolyn, E. , Schwart, Z. , Rabbi, M. S. , 1999, Helping Others Helps Oneself: Response Shift Effects in Peer Support [J]. *Social Science & Medicine*, 48: 1563 – 1575.

Carroll, Archie B. , 1996, *Business and Society: Ethical and Stakeholder Management* (3rd edition) [M]. Cincinnati, Ohio: Southwestern College Publishing.

Chan, D. , 2006, Core Competencies And Performance Management In Canadian Pulic Libraries [J]. *Library Management*, Vol. 27, No. 3.

Charkham, J. , 1992, Corporate Governance: Lessons from Abroad [J]. *European Business Journal*, 4 (2): 8 – 16.

Chen, M. C. , Cheng, S. J. , and Hwang, Y. , 2005, An Empirical Investigation of the Relationship between Intellectual Capital and Firms' Market Value and Financial Performance [J]. *Journal of Intellectual Capital*, Vol. 6, No. 2, pp. 159 – 76.

Chu, S. K. W. , Chan, K. H. , and Wu, W. Y. , 2011, Charting Intellectual Capital Performance of the Gateway to China [J]. *Journal of Intellectual Capital*, Vol. 12, No. 2, pp. 249 – 276.

Churchill, G. A. , 1979, A Paradigm for Developing Better Measures of Marketing Constructs [J]. *Journal of Marketing Research*, 16: 64 – 73.

Clarkson, M. , 1995, A Stakeholder Framework for Analyzing

and Evaluating Corporate Social Performance [J]. *Academy of Management Review*, 20 (1): 92 – 117.

Coleman, J. S. , 1988, Social Capital in the Creation of Human Capital [J]. *The American Journal of Sociology*, 5: 95 – 120.

Collins, C. , Smith, K. , 2006, Knowledge Exchange and Combination [J]. *Academy of Management Journal*, 49 (3): 544 – 560.

Corso, M. , Psloucci, E. , 2001, Fostering Innovation and Knowledge Transfer in Product Development through Information Technology [J]. *International Journal of Technology Management*, 22: 126 – 148.

Crook, T. , Ketchen, D. , Combs, J. , & Todd, S. , 2008, Strategic Resources and Performance: A Meta-analysis [J]. *Strategic Management Journal*, 29 (11): 1141 – 1154.

Davenport, T. H. , Prusak, L. , 1998, *Working Knowledge: How Organizations Manage What They Know* [M], Boston: Harvard Business School Press

Davila, T. , 2000, An Empirical Study on the Drivers of Management Control Systems' Design in New Product Development [J]. *Accounting Organizations and Society* 25, 383 – 409.

De Boer M. , Bosch F. , Volberda H. , 1999, Managing Organizational Knowledge Integration in the Emerging Multimedia Complex [J]. *Journal of Management Studies*, 36 (3): 379 – 398.

Diamantopoulos, A. , Siguaw, J. A. , 2000, *Introducing LISREL: A Guide for the Uninitiated.* Thousand Oaks, CA: Sage.

Dierickx, I. , Cool, K. , 1989, Asset Stock Accumulation and Sustainability of Competitive Advantage [J]. *Management Science*, 35: 1504 – 1511.

Dimitrios, Maditinos, Dimitrios, Chatzoudes, Charalampos,

Tsairidis, Georgios, Theriou, 2011, The Impact of Intellectual Capital on Firms' Market Value and Financial Performance [J]. *Journal of Intellectual Capital*, Vol. 12, No. 1, 132 – 151.

Drucker, P. F. , 1994, *Post-Capitalist Society* [M]. New York: Harper Business.

Dumay, J. C. , 2009, Intellectual Capital Measurement: A Critical Approach [J]. *Journal of Intellectual Capital*, Vol. 10, No. 2, 190 – 210.

Dyer, J. H. , Singh, H. , 1998, The Relationship View: Cooperative Strategy and Sources of Inter-organizational Competitive Advantage [J]. *Academy of Management Review*, 23 (4): 660 – 679.

Dyer, L. , Reeves, 1995, HR Strategies and Firm Performance: What do We Know and what do We need to Go? [J]. *International Journal of Human Resource Management*, 6 (3): 656 – 670.

Dzinkowski, R. , 2000, The Measurement and Management of Intellectual Capital: An Introduction [J]. *Management Accounting*, 78 (2): 32 – 36.

Edvinsson, L. , 2013, IC 21: Reflections from 21 Years of IC Practice and Theory [J]. *Journal of Intellectual Capital*, Vol. 14, No. 1, 163 – 172.

Edvinsson, L. Malone, M. , 1997, *Intellectual Capital: Realizing Your Company's True Value by Finding its Hidden Brainpower* [M]. New York: Harper Collins Publishers Inc.

Enrico, Santarelli, Hien, Thu Tran, 2013, The Interplay of Human and Social Capital in Shaping Entrepreneurial Performance: The Case of Vietnam [J]. *Small Business Economics*, February 2013, Volume 40, Issue 2, pp. 435 – 458.

Etzkowitz, H. , 1983, Entrepreneurial Scientists and Entrepreneurial Universities in American Academic Science [J]. *Minerva*, 21: 1 – 21.

Evanschitzky, H. , 2007, Market Orientation of Service Networks: Direct and Indirect Effects on Sustained Competitive Advantage [J]. *Journal of Marketing Research*, 48 (3): 587 – 602.

Feldman, M. , Gertler, M. , and Wolfe, D. , 2006, University Technology Transfer and National Systems of Innovation: Introduction to the Special Issue of Industry and Innovation [J]. *Industry and Innovation*, 13 (4): 359 – 370.

Firer, S. , Williams, S. M. , 2003, Intellectual Capital and Traditional Measures of Corporate Performance [J]. *Journal of Intellectual Capital*, 4 (3): 348 – 360.

Fisman, Raymond, 2001, Estimating the Value of Political Connections [J]. *American Economic Review*, 91 (4): 1095 – 1102.

Fornell, C. , 1992, A National Customer Satisfaction Barometer: The Swedish Experience [J] . *Journal of Marketing*, Vol. 55, pp. 1 – 22.

Fraser, D. , Zhang, H. , Derashid, C. , 2006, Capital Structure and Political Patronage: The Case of Malaysia [J]. *Journal of Banking & Finance*, 30 (4): 1291 – 1308.

Frederick, W. C. , 1988, Business and Society, Corporate Strategy, Public Policy, Ethics (6th ed. ), Mc Graw-Hill Book Co.

Freeman, R. E. , 1984, *Strategic Management: A Stakeholder Approach*, Boston: Pitman.

Gainey, T. W. , and Klaas, B. S. , 2003, The Outsourcing of Training and Development: Factors Impacting Client Satisfaction [J]. *Journal of Management* 29 (2) , 207 – 229.

Galunic, D. C. , and Rodan, S. , 1998, Resource recombinations in the firm: Knowledge Structures and the Potential for Schum Peterian innovation [J]. Strategic Management Journal, 19 (12): 1193 – 1201.

Gan, K., and Saleh, Z., 2008, Intellectual Capital and Corporate Performance of Technolog Intensive Companies: Malaysia Evidence [J]. *Asian Journal of Business and Accounting*, Vol. 1, No. 1, pp. 113 – 30.

Goh, P. C., 2005, Intellectual Capital Performance of Commercial Banks in Malaysia [J]. *Journal of Intellectual Capital*, Vol. 6, No. 3, pp. 385 – 96.

Granovetter, Mark, 1973, The Strength of Weak Ties. [J]. *American Journal of Sociology* 78: 1360 – 80.

Granovetter, Mark, 1985, Economic Action and Social Structure: The Problem of Embed-dedness [J]. *American Journal of Sociology* 91: 481 – 510.

Grant, Robert M., 1991, The Resourcebased Theory of Competitive Advantage: Implications for Strategy Formulation [J]. *California Management Review* 33 (3): 114 – 135.

Gurtoo, A., 2009, Adaptation of Indian Pulic Sector to Market-Based Economic Reforms. A Resource Based Perspective [J]. *International Journal of Public Sector Management*, Vol. 22, No. 6.

Hair, J. F. Jr., Anderson, R. E., Tatham, R. L., & Black, W. C., 1998, *Multivariate Data Analysis* (5th ed.) [M]. Upper Saddle River, NJ: Prentice Hall.

Hambrick, D., 1987, Top Management Teams: Key to Strategic Success [J]. *California Management Review*, 30: 88 – 108.

Hansen, M., Nohria, N., Tierney, T., 1999, What's Your Strategy for Managing Knowledge? [J]. *Harvard Business Review*, 77

(2): 106 – 116.

Hansen, G. S. , Wernerfelt, B. , 1989, Determinants of Firm Performance: The Relative Importance of Economic and Organizational Factors [J]. *Strategic Management Journal*, 10: 399 – 411.

Hendriks, P. , 1999, Why Share Knowledge? The Influence of ICT on the Motivation for Knowledge Sharing [J]. *Knowledge Process Management*, 6 (2): 91 – 100.

Hervas, Oliver J. Rojas R. , Martins, B. , and Cervello, R. R. 2011, The Overlapping of National IC and Innovation Systems [J]. *Journal of Intellectual Capital*, Vol. 12, No. 1, pp. 111 – 131.

Hitt, Bierman, Shimizu, et al. , 2001, Direct and Moderating Effects of Human Capital on Strategy and Firm Performance: A Resource Based Perspective [J]. *Academy of Management Journal*, 44 (1): 13 – 28.

Hooley, G. Greenley, G. Fahy, J. , Cadogan, J. , 2005, Market Focused Resources, Competitive Positioning and Firm Performance [J]. *Journal of Marketing Management*, 17 (5/6): 503 – 520.

Hubert, S. , 1996, Tacit Knowledge: The Key to the Strategic Alignment of Intellectual Capital [ J ] . *Strategy & Leadership*, 24 (2): 10 – 13.

Hult, G. T. M. , Ketchen, D. J. , Slater, S. F. , 2005, Market Orientation and Performance: An Integration of Disparate Approaches [J]. *Strategic Management Journal*, 26 (12): 1173 – 1181.

Hunt, S. D. , & Morgan, R. M. , 1995, The Comparative Advantage Theory of Competition [J]. *Journal of Marketing*, 59: 1 – 15.

Inkpen, A. C. , Currall. S. C. , 1998, The Nature, Antecedents, and Consequences of Joint Venture Trust [J]. *Journal of International Management*, 4 (1): 1 – 20.

Ismail, M. B. , 2005, The Influence of Intellectual Capital on the Performance of Telekom Malaysia [J]. *University Technology Malaysia*, *Engineering Business Management*, 3: 138 – 142.

Iswati, S, Anshori, M. , 2007, The Influence of Intellectual Capital to Financial Performance at Insurance Companies in Jakarta Stock Exchange (JSE) [J]. *The* 13*th Asia Pacific Management Conference*, *Melbourne*, *Australia*, 2: 1393 – 1399.

Jin, Chen, Zhaohui, Zhu, Hong Yuan, Xie, 2004, Measuring Intellectual Capital a New Model and Empirical Study [J]. *Journal of Intellectual Capital*, 5 (1): 195 – 212.

Jose, Guimon, 2005, Intellectual Capital Reporting and Credit Risk Analysis [J]. Journal of Intellectual Capital, 6 (1): 28 – 42.

Klein, B. , and Leffler, K. , 1981, The Role of Price in Guaranteeing Quality [J]. *Journal of Political Economy*, 89: 615 – 641.

Kline, R. B. , 1998, *Principles and practices of structural equation modeling* [M]. New York:

Kujansivu, P. , and Lonnqvist, A. , 2007, Investigating the Value and Efficiency of Intellectual Capital [J]. *Journal of Intellectual Capital*, Vol. 8, No. 2, pp. 272 – 287.

Lev, B. , 1996, Sougiannis. The Capitalization, Amortization and Value Relevance of R&D [J]. *Journal of Accounting and Economics*, 71: 467 – 492.

Lev, B. , 2001, *Intangibles*: *Management*, *Measurement and Reporting* [M]. The Brookings Institution, Washington, DC.

Lippman, S. , and Rumelt, R. , 1982, Uncertain Imitability: An Analysis of Interfirm Differences in Efficiency under Competition [J]. *Bell Journal of Economics*, 13: 418 – 438

Liyanage, S. , Johanson U. and Hansson B. , 2002, Management of Knowledge and Intellectual Capital [J]. *Singapore Management Review*, Vol. 24, No. 3, pp. 1 – 6.

Mahesh, Joshi, Daryll, Cahill and Jasvinder, Sidhu, Monika, Kansal, 2013, Intellectual Capital and Financial Performance: An Evaluation of the Australian Financial Sector [J]. *Journal of Intellectual Capital*, Vol. 14, No. 2, pp. 264 – 285.

Makki, M. A. M., Lodhi, S. A., and Rahman, R., 2009, Intellectual Capital Performance of Pakistani Listed Corporate Sector [J]. *International Journal of Business and Management*, Vol. 3, No. 10: 45 – 51.

Maria, R. C., Bontis, N., 2008, Intellectual Capital and Business Performance in the Portuguese Banking Industry [J]. *International Journal of Technology Management*, 43 (1 – 3): 212 – 237.

Martins, E. C., Terblanche, F., 2003, Building Organizational Culture that Stimulates Creativity and Innovation [J]. *European Journal of Innovation Management*, 6 (1): 64 – 74.

McEvily, B., Perrone, V., and Zaheer, A., 2003, Trust as an Organizing Principle, Organization Science, 14 (1): 91 – 103.

Meng-Yuh, Cheng, Jer-Yan, Lin, Tzy-Yih, Hsiao, Thomas, W. Lin, 2010, Invested Resource, Competitive Intellectual Capital, and Corporate Performance [J]. *Journal of Intellectual Capital*, Vol. 11, No. 4, 433 – 450.

Mitchell, R., Agle, B., and Wood, D., 1997, Toward a Theory of Stakeholder Identification and Salience: Defining the Principle of who and what Really Counts [J]. *Academy of Management Review*, 22: 853 – 886.

Mohiuddin, M., Najibullah, S., and Shahid, A. I., 2006, An Exploratory Study on Intellectual Capital Performance of the Commercial Banks in Bangladesh [ J ] . *The Cost and Management*, Vol. 34, No. 6, pp. 40 – 54.

Morris, M. H. , Allen, J. , Schindehutte, M. , and Avila, R. , 2006, Balanced Management Control Systems as a Mechanism for Achieving Corporate Entrepreneurship [ J ] . *Journal of Managerial Issues* 18 (4), 468 – 493.

Muhammad, N. M. N. , Ismail, M. K. A. , 2009, Intellectual Capital Efficiency and Firm's Performance: Study on Malaysian Financial Sectors [ J ]. *International Journal of Economics and Finance*, 1 (2): 206 – 212.

Nahapiet, J. , Ghoshal, S. , 1998, Social Capital Intellectual Capital and the Organizational Advantage [ J ]. *Academy of Management Review*, 23: 242 – 266.

Nan, Lin, 1999, Social Networks and Status Attainment [ J ]. *Annual Review of Sociology*, 25: 467 – 487.

Nelson, K. M. , Cooprider, J. G. , 1996, The Contribution of Shared Knowledge to iS Group Performance [ J ]. *MIS Quarterly*, 20 (4): 409 – 429.

Nonaka, I. , 1994, A Dynamic Theory of Organizational Knowledge Creation [ J ]. *Organization Science*, 5 (1): 14 – 37.

Organization for Economic Co-operation and Development, 1996, The knowledge-Based Economy. Paris.

Pal, K. and Soriya, S. , 2012, Intellectual Capital Performance of Indian Pharmaceutical and Textile Industry [ J ], *Journal of Intellectual Capital*, Vol. 13, No. 1, pp. 120 – 137.

Park, S. H. , Ungson, G. R. , 1997, The Effect of National Culture, Organizational Complementarity, and Economic Motivation on Joint Venture Dissolution [ J ]. *Academy of Management Journal*,

40 (2): 279 – 307.

Penrose, E. T. , 1959, *The Theory of the Growth of the Firm* [M]. New York: John Wiley & Sons.

Peteraf, M. , Barney, J. , 2003, Unraveling the Resourcebased tangle [J]. *Managerial and Decision Economics*, 24 (4): 309 – 323.

Petersen, M. A. , Rajan, R. G. , 1994, The Benefits of Lending Relationships: Evidence from Small Business Data [J]. *The Journal of Finance*, 49 (1): 3 – 37.

Pfeffer, J, Nowak, P. , 1976, Joint Ventures and Inter-organizational Interdependence [J]. *Administrative Science Quarterly*, 21: 398 – 418.

Phusavat, K. , Comepa, N. , Sitko-Lutek, A. , and Ooi, K. , 2011, Interrelationships between Intellectual Capital and Performance Empirical Examination [J], *Industrial Management & Data Systems*, Vol. 111, No. 6, pp. 810 – 829.

Porter, M. E. , 1985, *Competitive Advantage* [M]. New York: Free Press.

Portes, A. , 1998, Social Capital: Its Origins and Applications in Modern Sociology [J]. *Annual Review of Sociology*, 24: 1 – 24.

Probst, G. J. B. , 1998, Practical Knowledge Management: A Model that Works [J]. *Prism, Second Quarter*, (11): 17 – 29.

Pulic, A. , 2000, VAIC an Accounting Tool for IC Management [J]. *International Journal of Technology Management*, Vol. 20, No. 5 – 7, pp. 702 – 14.

Puntillo, P. , 2009, Intellectual Capital and Business Performance-Evidence from Italian Banking Industry [J]. *Electronic Journal of Corporate Finance*, Vol. 4, No. 12, pp. 97 – 115.

Putnam, Robert, 1995, Bowling Aline: America's Declinig Social Capital [J]. *Journal of Democracy* 6: 65 – 78.

Putnam, R. D. , 1993, *Making Democracy Work: Civic Tradition in Modern Italy* [M]. Princeton: Princeton University Press.

Raine-Eudy, Ruth, 2000, Using Structural Equation Modeling to Test for Differential Reliability and Validity: An Empirical Demonstration [J]. *Structural Equation Modeling*, 7 (1), 124 – 141.

Rajah, Rasiah, 2002, Government Business Coordination and Small Enterprise Performance in the Machine Tools Sector in Malaysia [J]. *February* 2002, Volume 18, Issue 1 – 3, pp. 177 – 194.

Ramaswami, S. , Srivastava, R. , Bhargava, M. , 2009, Market Based Capabilities and Financial Performance of Firms: Insights into Marketing's Contribution to Firm Value [J]. *Journal of the Academy of Marketing Science*, 37 (2): 97 – 116.

Reddy, M. Raja, Shekhar; Rao, Venu Gopal, 2014, Application of the Resource-Based View: A Case of an Indian Pharma Multinational [J]. *IUP Journal of Business Strategy. Mar*2014, Vol. 11, Issue 1, pp. 54 – 67.

Reed, K. , Lubatkin, M. , Srinivasan N. , 2006, Proposing and Testing an Intellectual Capital-Based View of the Firm [J]. *Journal of Management Studies*, Vol. 43, No. 4, pp. 867 – 893.

Robert, G. Isaac, Irene, M. Herremans, Theresa, J. Kline, 2010, Intellectual Capital Management Enablers: A Structural Equation Modeling Analysis [J]. *Journal of Business Ethics*, May 2010, Volume 93, Issue 3, 373 – 391.

Romijn, H. , and Albaladejo, M. , 2002, Determinants of Innovation Capability in Small Electronics and Software Firms in Southeast England [J]. *Research Policy*, 31 (7): 1053 – 1067.

Roos, G. , Roos, J. , 1997, Measuring Your Company's Intellectual Performance ［J］. *Long Range Planning*, Vol. 30, No. 3, 413 – 426.

Roy, Lubit, 2001, Tacit Knowledge and Knowledge Management: The Keys to Sustainable Competitive Advantage ［J］. *Organizational Dynamics*, (4): 164 – 178.

Rumelt, P. P. , 1984, *Towards a Strategic Theory of the Firm*, *in R. Lamb* (2ed. ), Competitive Strategic Management, Englewood Cliffs, NJ: Pretice-Hall, 556 – 570

Ruta, C. D. , 2009, HR Portal Alignment for the Creation and Development of Intellectual Capital ［J］. *International Journal of Human Resource Management*, Vol. 20, No. 3, pp. 562 – 577.

Samiloglu, A. T. , 2006, The Performance Analysis of the Turkish Banks through VAIC and MV/MB Ratio ［J］. *Journal of Administrative Sciences*, Vol. 4, No. 1, pp. 207 – 226.

Savage, G. T. , Nix, T. W. , Whitehead, C. J. , & Blair, J. D. , 1991, Strategies for Assessing and Managing Organizational Stakeholders ［J］. *Academy of Management Executive*, 5 (2): 61 – 75.

Schumacker, R. E. , & Lomax, R. G. , 1996, A Beginner's Guide to Structural Equation Modeling, Mahwah, NJ: Lawrence Erlbaum Associates.

Shalley, C. E. , Gilson, L. L. , 2004, What Leaders need to Know: A Review of Social and Contextual Factors that can Foster or Hinder Creativity ［J］. *Leadership Quarterly*, 15 (1): 33 – 53.

Shiu, H. , 2006, The Application of the Value Added Intellectual Coefficient to Measure Corporate Performance: Evidence from Technological Firms ［J］. *International Journal of Management*, Vol. 23, No. 2, 356 – 65.

Shleifer, A. , Vishny, R. , 1994, Politicians and Firms ［J］. *Quarterly Journal of Economics*, 109 (4): 995 – 1025.

Slotegraaf, R. , Moorman, C. , Inman, J. , 2003, The Role of Firm Resources in Returns to Market Deployment [J]. *Journal of Marketing Research*, 40 (3): 295 – 309.

Soogwan, Doh, Connie, L. McNeely, 2012, A Multi-dimensional Perspective on Social Capital and Economic Development: An Exploratory analysis [J]. *The Annals of Regional Science*, December 2012, Volume 49, Issue 3, pp. 821 – 843.

Starr, J. A. , MacMillan, I. C. , 1990, Resource Cooperation via Social Constracting: Resource Acquisition Strategies for New Venture [J]. *Strategic Management Journal*, 11: 79 – 92.

Stewart, T. A. , 1994, Your Company's most Valuable Asset: Intellectual Capital [J]. Fortune, 130 (7): 68 – 74.

Stock, G. N. , Greis, N. P. , and Fischer, W. A. , 2001, Absorptive Capacity and New Product Development [J]. *Journal of High Technology Management Research*, 12 (1): 77 – 91.

Stuart, T. E. , Hoang, H. , Hybels, R. C. , 1999, Interorganizational Endorsements and the Performance of Entrepreneurial Ventures [J]. *Administrative Science Quarterly*, 44 (2): 315 – 349.

Subramaniam, M. , Youndt, M. A. , 2005, The Influence of Intellectual Capital on the Types of Innovative Capabilities [J]. *Academy of Management Journal*, 48 (3): 450 – 463.

Sullivan, P. H. , 1999, Profiting from Intellectual Capital [J]. *Journal of Knowledge Management*, Vol. 3, No. 2, 132 – 142.

Sveiby, K. E. , 1997, *The New Organization Wealth: Managing and Measuring Knowledgebased As-sets* [M]. San Francisco: Bervett-Koehler Publishs.

Tagiuri, R. , Litwin, G. Hed, 1968, *Organizational Climate: Exploration of a Concept* [M]. Boston: Harvard University Press.

Takeuchi, R. , Chen, G. , and Lepak, D. P. , 2009, Through the Looking Glass of a Social System: Cross-level Effects of High Performance Work Systems on Employees' Attitudes [J]. Personnel Psychology, 62: 1 – 29.

Tan, H. P. , Plowman, D. , and Hancock, P. , 2007, Intellectual Capital and Financial Returns of Companies [J], *Journal of Intellectual Capital*, Vol. 8, No. 1, 76 – 94.

Tayles, M. , Pike, R. , and Sofian, S. , 2007, Intellectual Capital, Management Accounting Practices and Corporate Performance [J]. *Accounting, Auditing & Accountability Journal*, Vol. 20, No. 4: 522 – 548.

Teece, D. J. , Pisano, G. , and Shuen, A. , 1997, Dynamic Capabilities and Strategic Management [J], *Strategic Management Journal* 18 (7): 509 – 533.

Teece, D. J. , 2000, Strategies for Managing Knowledge Assets: The Role of Firm Structure and Industrial Context [J]. *Long Range Planning*, 33 (1): 35 – 48

Tseng, C. , and Goo, Y. J. , 2005, Intellectual Capital and Corporate Value in an Emerging Economy: Empirical Studies of Taiwanese Manufacturers [J]. *R&D Management*, Vol. 35, No. 2, pp. 187 – 201.

Ulrich, D. , 1998, Intellectual Capital: Competence Commitment [J]. *Sloan Management Review*, 39 (4): 15 – 27.

Van, Marrewijk, M. , and Timmers, J. , 2003, Human Capital Management: New Possibilities in People Management [J]. *Journal of Business Ethics*, 44 (2): 171 – 184.

Wall, A. , 2007, The Measurement and Management of Intellectual Capital in the Public Sector [J]. *Public Management Review*, Vol. 7, No. 2, pp. 289 – 303.

Walsh, K. , Enz, C. , and Canina, L. , 2008, The Impact of Strategic Orientation on Intellectual Capital Investments in Customer Service Firms [ J ] . *Journal of Service Research*, Vol. 10, No. 4, pp. 300 – 317.

Waterhouse, M. , 1992, Managing Effectively in Turbulent Environments [ J ]. *Journal of Strategic Change*, Vol. 1, No. 4, pp. 132 – 146.

Weitz, Barton A. , and Jap, Sandy D. , 1995, Relationship Marketing and Distribution Channels [ J ] . *Journal of the Academy of Marketing Science*, 23 ( Fall).

Wernerfelt, B. , 1984, A Resource-based View of the Firm [ J ]. *Strategic Management Journal*, 5: 171 – 180.

Wernerfelt, B. , 1989, From Critical Resources to Corporate Strategy [ J ]. *Journal of General Management*, 14: 4 – 12.

West, S. G. , Finch, J. F. , & Curran, P. J. , 1995, Structural Equation Models with Nonnormal Variables: Problems and Remedies. In R. H. Hoyle ( Ed. ), Structural Equation Modeling: Concepts, Issues, and Applications. Thousand Oaks, CA: Sage

Westlund, H. , Adam, F. , 2010, Social Capital and Economic Performance: A Meta-analysis of 65 Studies [ J ] . *Eur Planning Stud*, 18 (6): 893 – 919.

Wijnhoven, F. , 2006, Designing Organizational Memories: Concept and Method [ J ]. *Journal of Organizational Computing and Electronic Commerce*, 18 (1): 29 – 55.

Wiklund, J. , & Shepard, D. , 2003, Knowledge-based Resources, Entrepreneurial Orientation, and the Performance of Small and Medium-sized Businesses [ J ] . *Strategic Management Journal*, 24: 1307 – 1314.

Williams, S. M. , 2000, Is a Company's Intellectual Capital Performance and Intellectual Capital Disclosure Practices Related? Evidence from Publicly Listed Companies From The FTSE 100 [ EB/OL]. http://www. vaic-on. net /downloads/Paper1. pdf.

Witt, P. , 2004, Entrepreneurs' Networks and the Success of Start-ups [ J ]. *Entrepreneurship and Regional Development*, 16 (5): 391 – 412.

Woolcock, M. , 1998, Social Capital and Economic Development: Toward a Theoretical Synthesis and Policy Framework [ J ]. Theory and Society, 27: 151 – 208.

Yan, A. , B. , Gray, 1994, Bargaining Power Management Control and Performance in Unit [ J ]. *Academy of Management Journal*, 37 (6): 1478 – 1517.

Yli-Renko, H. , Autio, E. , Sapienza H J. , 2001, Social Capital, Knowledge Acquisition, and Knowledge Exploitation in Young Technology-based Firms [ J ]. *Strategic Management Journal*, 22: 587 – 613.

Zhao, L. M. , Aram, J. D. , 1995, Networking and Growth of Young Technology Intensive Ventures in China [ J ]. *Journal of Business Venturing*, 10 (5): 349 – 370.

Zhen, D. , Lev, B. , and Narin, F. , 1999, Science and Technology as Predictors of Stock Performance [ J ]. *Financial Analysts Journal*, Vol. 55, No. 3, pp. 20 – 32.

Zucker, L. , 1977, The Role of Institutionalization in Cultural Persistence [ J ]. *American Sociological Review*, 42: 726 – 743.

# 附录 1

## 附表 1　27 家上市公司 2011～2013 年财务数据摘要表

金额单位：元

| 公司简称 | 会计年度 | 货币资金 | 应收票据净额 | 应收账款净额 | 存货净额 | 固定资产净额 | 资产总计 | 息税前利润 |
|---|---|---|---|---|---|---|---|---|
| 西王食品 000639 | 2011 | 226544437. 2 | 0 | 69029028. 99 | 269973823. 2 | 288973867. 5 | 1409625411 | 135080579 |
| | 2012 | 268850401 | 1400000 | 129282766. 5 | 238890308. 3 | 582135153 | 1430845502 | 193418352 |
| | 2013 | 3173170050. 1 | 23578500 | 102305096. 7 | 167723417. 6 | 569414530. 1 | 1436352210 | 212624239 |
| 正虹科技 000702 | 2011 | 89916119. 95 | 1850000 | 12496784. 94 | 190436822 | 375405262. 2 | 831949042. 1 | 33641203. 5 |
| | 2012 | 215515269. 1 | 0 | 10719053. 52 | 1712957700. 3 | 349690644 | 912031028. 5 | 24642629. 8 |
| | 2013 | 57559348. 21 | 600000 | 4277575. 11 | 187940442. 4 | 332432955 | 728685295. 1 | -10118582 |
| 丰乐种业 000713 | 2011 | 404240641. 6 | 36134359. 24 | 76999741. 79 | 669068155. 5 | 310313037. 9 | 1840244775 | 69644808 |
| | 2012 | 361124064 | 355073370. 16 | 112305462. 6 | 687673457. 9 | 331149298 | 1843621202 | 89399491 |
| | 2013 | 352508259. 9 | 15991442. 9 | 870683730. 51 | 595773645. 1 | 402896707. 3 | 1998443123 | 74881437. 5 |

续表

| 公司简称 | 会计年度 | 货币资金 | 应收票据净额 | 应收账款净额 | 存货净额 | 固定资产净额 | 资产总计 | 息税前利润 |
|---|---|---|---|---|---|---|---|---|
| 顺鑫农业 000860 | 2011 | 1563819812 | 33077432.06 | 130703967.4 | 4257744460 | 2210664823 | 1033287123 | 499186259 |
| | 2012 | 2307002170 | 39397891 | 162411415.9 | 5404874117 | 2416938486 | 12479597491 | 425184905 |
| | 2013 | 1856028052 | 60256000 | 113339177.4 | 6837618629 | 2446018641 | 13789477138 | 452475663 |
| 东陵粮油 000893 | 2011 | 1647589829 | 0 | 64715912.77 | 1204341884 | 622222439.9 | 3822402259 | −204613554 |
| | 2012 | 3979583456 | 18700000 | 21314946.42 | 1518339836 | 881376277 | 6811189130 | 85225794.6 |
| | 2013 | 2262008385 | 645112663.7 | 36825774.62 | 1468028080 | 850982461.4 | 6212091003 | 126353597 |
| 隆平高科 000998 | 2011 | 487074987.8 | 494089.51 | 154405232.7 | 1016162606 | 444058608.4 | 2978611738 | 270086610 |
| | 2012 | 433800669.6 | 5350000 | 145011171.5 | 1396279763 | 564661541.3 | 3591654492 | 368320971 |
| | 2013 | 578620981.1 | 0 | 165275726.6 | 1343419700 | 617745645.3 | 3832779804 | 399699101 |
| 登海种业 002041 | 2011 | 1214949154 | 0 | 115271748.8 | 394714532.1 | 379437983.2 | 2287622112 | 393405493 |
| | 2012 | 1557255882 | 0 | 67562989.21 | 631888474.4 | 565511604.9 | 2941870521 | 402320425 |
| | 2013 | 1492272007 | 0 | 73698112.72 | 694966209.9 | 550764416.1 | 3495007240 | 541472912 |
| 天宝股份 002220 | 2011 | 293498492.2 | 12754522.18 | 439971635.7 | 321474691.9 | 379888666.7 | 2384043150 | 252344230 |
| | 2012 | 580102548.7 | 8679964.59 | 442091567.4 | 375732485.2 | 441017504.8 | 2914777101 | 237005018 |
| | 2013 | 399612325.4 | 8351948.21 | 485831145.4 | 253388883.5 | 623159571.3 | 3533330639 | 222688627 |
| 保龄宝 002286 | 2011 | 138017317.8 | 21600000 | 108131119.7 | 98218991.42 | 592272246.6 | 1112588888 | 77272599 |
| | 2012 | 129323565.9 | 6953950 | 129812102.9 | 100950513.9 | 603382181.1 | 1112767167 | 89370652.1 |
| | 2013 | 361316011.1 | 14729860 | 95301225.5 | 110136601.4 | 603514578.5 | 1676213764 | 49910660.7 |

续表

| 公司简称 | 会计年度 | 货币资金 | 应收票据净额 | 应收账款净额 | 存货净额 | 固定资产净额 | 资产总计 | 息税前利润 |
|---|---|---|---|---|---|---|---|---|
| 大北农 002385 | 2011 | 2149655875 | 15989095.4 | 84935914.67 | 961468468.4 | 869479918.1 | 4736701322 | 589969794 |
| | 2012 | 1763440260 | 10565411.2 | 144847045.2 | 1183018107 | 1339832827 | 5708015890 | 810571206 |
| | 2013 | 1560084720 | 36668090.44 | 351999880.5 | 1942097082 | 1989335075 | 8206462755 | 981590403 |
| 好想你 002582 | 2011 | 724711670.1 | 0 | 59079380.6 | 429183470.3 | 199603663.5 | 1599979399 | 128794604 |
| | 2012 | 415162092.5 | 0 | 90103261.31 | 484255774.5 | 254531125.3 | 1585520007 | 100880527 |
| | 2013 | 240317189.9 | 0 | 131085944.6 | 360824312.5 | 335322381.9 | 1538611187 | 126468911 |
| 龙力生物 002604 | 2011 | 1120193241 | 0 | 125021992.1 | 145303530.4 | 586044658.6 | 2116644932 | 126518758 |
| | 2012 | 1539205214 | 0 | 55587880.28 | 137134514.2 | 557772544.4 | 2467151277 | 106119706 |
| | 2013 | 1570188676 | 0 | 43089014.64 | 119612965.3 | 508336967.3 | 2589617268 | 127707838 |
| 奎银高科 300087 | 2011 | 3274077763.7 | 0 | 20095335.36 | 313963234.7 | 43205135.38 | 887847433.6 | 23124414 |
| | 2012 | 279271007.7 | 0 | 34022945.77 | 394033392.4 | 60473747.17 | 1002088260 | 29964357.6 |
| | 2013 | 253392310.5 | 0 | 38223386.66 | 379153583.5 | 123239871.7 | 1002412855 | 26821420.5 |
| 朗源股份 300175 | 2011 | 1810098563.7 | 0 | 59833375.47 | 233204687.3 | 185914810.7 | 785713491.1 | 62568626.8 |
| | 2012 | 80132860.2 | 0 | 78850605.95 | 336724027.9 | 225958040.9 | 824880850.6 | 23306076 |
| | 2013 | 103927931.7 | 0 | 71834471.83 | 470345935 | 234652049.4 | 1119721551 | 25823023.1 |
| 神农大丰 300189 | 2011 | 869784752.6 | 0 | 48326585.02 | 181296421.1 | 32077278 | 1338701244 | 58885671.7 |
| | 2012 | 682443753.9 | 0 | 81284417.09 | 335033852.4 | 89037583.26 | 1586708360 | 53625960.2 |
| | 2013 | 400941300.7 | 0 | 101186819.4 | 414970225.9 | 166410495.1 | 1683586493 | 22253035.7 |

续表

| 公司简称 | 会计年度 | 货币资金 | 应收票据净额 | 应收账款净额 | 存货净额 | 固定资产净额 | 资产总计 | 息税前利润 |
|---|---|---|---|---|---|---|---|---|
| 哈高科<br>600095 | 2011 | 81017480.82 | 3866759 | 29952142.01 | 602214419.5 | 264112828.2 | 1285931887 | 39220962.4 |
| | 2012 | 273730780.8 | 5207664 | 48093504.89 | 641067965.6 | 249272916.3 | 1553445865 | 39508004.1 |
| | 2013 | 137103217.4 | 4761777.08 | 43764177.91 | 615087814.5 | 233325095.9 | 1443023932 | 84687188 |
| 亚盛集团<br>600108 | 2011 | 312271000.5 | 3328000 | 347885635.5 | 421211351.8 | 558632031.3 | 447369586 | 166309724 |
| | 2012 | 1297729631 | 2300000 | 487229314.3 | 476435158.7 | 588139721.4 | 6115025974 | 503112569 |
| | 2013 | 1136318382 | 640000 | 463311602.6 | 667336070.6 | 818775439.8 | 6501130073 | 422566546 |
| 金健米业<br>600127 | 2011 | 159786058.9 | 28261167.42 | 75727565.84 | 331473195.4 | 592633128.3 | 1391248138 | −26880923 |
| | 2012 | 1157988305 | 30367140.56 | 62418986.13 | 411167780.2 | 548731366.5 | 1354019630 | 45777595.6 |
| | 2013 | 347512822.7 | 27487940.03 | 73644700.28 | 233428971.7 | 507385945.6 | 1411679580 | 44973446.8 |
| 冠农股份<br>600251 | 2011 | 316416558.6 | 300000 | 79051418.19 | 746222667.2 | 686803545.5 | 2736235853 | 232110220 |
| | 2012 | 388714860.9 | 3900000 | 37841615.12 | 615069670 | 624986315.5 | 2816279956 | 311684608 |
| | 2013 | 325636148 | 0 | 129391450.9 | 410793074 | 648205130.6 | 2735095824 | 346617651 |
| 敦煌种业<br>600354 | 2011 | 1055589248 | 650000 | 381150767.2 | 1175987293 | 751384140 | 4025509663 | 238565134 |
| | 2012 | 1584736235 | 4750000 | 287092233.9 | 1175410737 | 897372327.6 | 4543480518 | 74129125.3 |
| | 2013 | 1273922393 | 23576136 | 453240574.8 | 946327719 | 830169913.1 | 4104677569 | 235361497 |
| 新农开发<br>600359 | 2011 | 5735080057.2 | 10080898.3 | 213870161.1 | 812980018.5 | 839586985.6 | 3821316911 | −703628407 |
| | 2012 | 476850618.1 | 9694247.7 | 25999824.41 | 419953917.7 | 639929968.1 | 1929181750 | 151127416 |
| | 2013 | 297856896.4 | 44907097.9 | 95836441.07 | 450268691.8 | 678851930.1 | 1911995018 | 33961217.6 |

续表

| 公司简称 | 会计年度 | 货币资金 | 应收票据净额 | 应收账款净额 | 存货净额 | 固定资产净额 | 资产总计 | 息税前利润 |
|---|---|---|---|---|---|---|---|---|
| 万向德农 600371 | 2011 | 97401136.11 | 0 | 2047390.62 | 506632174.2 | 177257247.1 | 1007811829 | 92180916.9 |
| | 2012 | 34946773.29 | 0 | 5511074.13 | 566886706.1 | 209309419.9 | 1031710489 | 100242666 |
| | 2013 | 76280244.68 | 0 | 3303384.79 | 526419207.5 | 218430363 | 1013126065 | -36300227 |
| 香梨股份 600506 | 2011 | 63612288.27 | 0 | 10561094.9 | 13954266.15 | 63717625.17 | 328065664.8 | 5711429.71 |
| | 2012 | 74851892.04 | 0 | 19671122.76 | 28350705.59 | 58753119.09 | 330850867.9 | -6570062.3 |
| | 2013 | 53614936.68 | 10819129.52 | 3507489.43 | 47103035.25 | 53250768.69 | 303535270.2 | 4798922.18 |
| 新赛股份 600540 | 2011 | 475386972.9 | 19839978 | 206940988.7 | 1075188521 | 512707930.7 | 2862573502 | -247151821 |
| | 2012 | 525183858.5 | 9022564.8 | 203541638.2 | 355752407 | 469483276.7 | 2416944580 | 106252609 |
| | 2013 | 351844235.8 | 524600 | 190074489.2 | 391895252.3 | 509449540.7 | 2657018154 | -7042867.3 |
| 北大荒 600598 | 2011 | 2209838200 | 118997832.2 | 1216469571 | 5815506868 | 5818747681 | 18002472210 | 680582388 |
| | 2012 | 1432696417 | 64116275.38 | 1131039354 | 4829756227 | 5925434374 | 15696307762 | 21461811.6 |
| | 2013 | 1580471612 | 141961661.2 | 718339956.4 | 3831982931 | 5557128288 | 13852429952 | -197217356 |
| 中粮屯河 600737 | 2011 | 574055491.7 | 63640000 | 963282685.2 | 2672391459 | 3097097265 | 9203334705 | 218528645 |
| | 2012 | 700571505.3 | 6511506.58 | 403411209.3 | 2582926204 | 3724926126 | 9274909922 | -573085214 |
| | 2013 | 1017155209 | 139039797.8 | 803141390.4 | 2582115988 | 4146681352 | 11717243912 | 259523293 |
| 海南橡胶 601118 | 2011 | 2900771220 | 64714012.49 | 198809716.6 | 1778933245 | 1070834566 | 11132652827 | 781728126 |
| | 2012 | 1387568509 | 29793559.23 | 1051588498 | 2114053555 | 1128961385 | 11123515763 | 32658636 |
| | 2013 | 1804355610 | 58594849.35 | 489754088.9 | 2230528606 | 1496233104 | 12017441054 | 235954988 |

# 附录2　调查问卷

尊敬的先生、女士：您好！

非常感谢您在百忙之中抽出时间填写本次学术问卷。本问卷旨在了解中小型农业企业资源投入与企业绩效之间的关系。本次调查不记名、不涉及您所在企业商业机密及个人隐私，所得资料仅供科研使用，敬请放心作答。

企业基本资料：请在相应位置划√或填写数据。

1. 企业成立年数：5 年以下　　6～10 年　　11～15 年
　　　　　　　　　16～20 年　　20 年以上

2. 企业员工人数：100 人以下　　101～300　　301～600
　　　　　　　　　601～1000　　1000 人以上

3. 企业注册资本（万元）：<50　　50～100　　100～500
　　　　　　　　　　　　　500～1000　　>1000

4. 企业性质：国有　民营　合资　集体　其他

5. 企业所属细分行业：种业　种植业　农产品加工业
　　　　　　　　　　　农业技术服务　其他

以下题项，请您根据贵企业与同行企业比较后的实际情况，在最适当的方框中划√。

| 第一部分：资源存量<br>关系资源异质性：<br>本部分进行企业关系资源的差异化评价 | 非常同意 | 同意 | 一般 | 不同意 | 非常不同意 |
|---|---|---|---|---|---|
| A01. 企业拥有充裕的资金存量 | □ | □ | □ | □ | □ |
| A02. 企业资金管理方法的科学合理 | □ | □ | □ | □ | □ |
| A03. 企业资金来源渠道多元化 | □ | □ | □ | □ | □ |

续表

| 第一部分：资源存量<br>关系资源异质性：<br>本部分进行企业关系资源的差异化评价 | 非常同意 | 同意 | 一般 | 不同意 | 非常不同意 |
|---|:---:|:---:|:---:|:---:|:---:|
| A04. 企业拥有合理的存货结构和水平 | □ | □ | □ | □ | □ |
| A05. 企业能够通过增加临时订单的方式获得急需的材料 | □ | □ | □ | □ | □ |
| A06. 企业存货周转速度合理 | □ | □ | □ | □ | □ |
| A07. 企业拥有先进的机器、设备 | □ | □ | □ | □ | □ |
| A08. 企业固定资产规模在同行业企业中处于领先地位 | □ | □ | □ | □ | □ |
| A09. 企业经常进行固定资产的维护及更新 | □ | □ | □ | □ | □ |
| A10. 企业固定资产来源渠道具有多样性 | □ | □ | □ | □ | □ |
| 知识资源异质性：<br>本部分进行企业知识资源的差异化评价 | | | | | |
| B01. 员工具有良好的专业素质 | □ | □ | □ | □ | □ |
| B02. 员工具有优秀的学习能力 | □ | □ | □ | □ | □ |
| B03. 员工能够积极提出创新性的意见建议 | □ | □ | □ | □ | □ |
| B04. 员工能够运用知识完成创新型的工作 | □ | □ | □ | □ | □ |
| B05. 企业在人才的招募和培养上的投入高于同行业企业 | □ | □ | □ | □ | □ |
| B06. 企业在职业培训和后续教育的投入高于同行业企业 | □ | □ | □ | □ | □ |
| B07. 企业在专业技术等的研发投入高于同行业企业 | □ | □ | □ | □ | □ |
| B08. 企业定期对管理软件进行更新维护 | □ | □ | □ | □ | □ |
| B09. 企业注册持有的商标、专利的数量高于同行业企业 | □ | □ | □ | □ | □ |
| B10. 企业内能够实现内部经验知识的传承 | □ | □ | □ | □ | □ |
| B11. 企业能营造知识分享与交流的环境与机会 | □ | □ | □ | □ | □ |
| B12. 企业有相应的激励措施以保证员工的创新积极性 | □ | □ | □ | □ | □ |
| 关系资源异质性：<br>本部分进行企业关系资源的差异化评价 | | | | | |
| C01. 消费者对企业产品、服务重复购买较为频繁 | □ | □ | □ | □ | □ |
| C02. 企业定期收集消费者反馈的意见、建议并及时反馈 | □ | □ | □ | □ | □ |
| C03. 企业拥有稳定的消费者群体 | □ | □ | □ | □ | □ |

| 第一部分：资源存量<br>关系资源异质性：<br>本部分进行企业关系资源的差异化评价 | 非常同意 | 同意 | 一般 | 不同意 | 非常不同意 |
|---|---|---|---|---|---|
| C04. 企业拥有稳定的供应商队伍 | ☐ | ☐ | ☐ | ☐ | ☐ |
| C05. 企业与主要供应商之间信任程度较高 | ☐ | ☐ | ☐ | ☐ | ☐ |
| C06. 企业与主要供应商形成了长期的战略合作关系 | ☐ | ☐ | ☐ | ☐ | ☐ |
| C07. 企业与科研院所保持良好的合作关系 | ☐ | ☐ | ☐ | ☐ | ☐ |
| C08. 企业与科研院所开展的信息交流效果明显 | ☐ | ☐ | ☐ | ☐ | ☐ |
| C09. 企业高管拥有从政或事业单位工作经历 | ☐ | ☐ | ☐ | ☐ | ☐ |
| C10. 企业与金融机构合作关系紧密 | ☐ | ☐ | ☐ | ☐ | ☐ |
| C11. 企业能够在较短时间内取得银行贷款 | ☐ | ☐ | ☐ | ☐ | ☐ |

| 第二部分：制度支撑体系部分<br>本部分用于衡量企业制度支撑体系的差异化程度 | 非常同意 | 同意 | 一般 | 不同意 | 非常不同意 |
|---|---|---|---|---|---|
| D01. 企业拥有健全的组织结构，责权利关系明确 | ☐ | ☐ | ☐ | ☐ | ☐ |
| D02. 企业资源配置能力高于同行业企业 | ☐ | ☐ | ☐ | ☐ | ☐ |
| D03. 企业能够根据市场经营状况快速调整资源配置 | ☐ | ☐ | ☐ | ☐ | ☐ |
| D04. 企业现有工作流程都实现了规范化、制度化 | ☐ | ☐ | ☐ | ☐ | ☐ |
| D05. 企业管理手段先进，信息化程度高 | ☐ | ☐ | ☐ | ☐ | ☐ |
| D06. 企业部门之间能够主动进行协调沟通 | ☐ | ☐ | ☐ | ☐ | ☐ |
| D07. 企业内部形成了积极向上的合作氛围 | ☐ | ☐ | ☐ | ☐ | ☐ |
| D08. 企业领导具有较强的组织力、行动力 | ☐ | ☐ | ☐ | ☐ | ☐ |
| D09. 员工对于企业领导满意度高 | ☐ | ☐ | ☐ | ☐ | ☐ |
| D10. 员工之间沟通顺畅，相互信任 | ☐ | ☐ | ☐ | ☐ | ☐ |
| D11. 员工之间能够主动进行相互配合 | ☐ | ☐ | ☐ | ☐ | ☐ |
| D12. 企业的制度和文化环境鼓励员工之间的交流合作 | ☐ | ☐ | ☐ | ☐ | ☐ |
| D13. 员工对于企业发展目标有高度的认同感 | ☐ | ☐ | ☐ | ☐ | ☐ |

| 第三部分：企业绩效<br>本部分进行企业综合绩效评价 | 非常同意 | 同意 | 一般 | 不同意 | 非常不同意 |
|---|:---:|:---:|:---:|:---:|:---:|
| 1. 企业的净资产利润率处于同行业领先水平 | ☐ | ☐ | ☐ | ☐ | ☐ |
| 2. 企业的获利能力是稳定的、可持续的 | ☐ | ☐ | ☐ | ☐ | ☐ |
| 3. 企业资产营运周转状况优于同行业企业 | ☐ | ☐ | ☐ | ☐ | ☐ |
| 4. 企业收入增长状况优于同行业企业 | ☐ | ☐ | ☐ | ☐ | ☐ |
| 5. 企业拥有良好的品牌及社会形象 | ☐ | ☐ | ☐ | ☐ | ☐ |
| 6. 企业员工的稳定性优于同行业企业 | ☐ | ☐ | ☐ | ☐ | ☐ |
| 7. 企业能够较快适应经营环境的变化并做出积极应对 | ☐ | ☐ | ☐ | ☐ | ☐ |
| 8. 企业开发新产品的成功率高于同行业企业 | ☐ | ☐ | ☐ | ☐ | ☐ |

**图书在版编目（CIP）数据**

中小型农业企业综合绩效的影响机制——基于资源异
质性的研究 / 李立群，王礼力著. -- 北京：社会科学
文献出版社，2017.11
　（中国"三农"问题前沿丛书）
　ISBN 978 - 7 - 5201 - 1374 - 8

　Ⅰ.①中…　Ⅱ.①李…②王…　Ⅲ.①中小企业 - 农
业企业 - 经济绩效 - 研究 - 中国　Ⅳ.①F324

中国版本图书馆 CIP 数据核字（2017）第 222150 号

中国"三农"问题前沿丛书
**中小型农业企业综合绩效的影响机制**
　　——基于资源异质性的研究

著　　者 / 李立群　王礼力

出 版 人 / 谢寿光
项目统筹 / 任晓霞
责任编辑 / 胡　亮

出　　版 / 社会科学文献出版社·社会学编辑部　（010）59367159
　　　　　地址：北京市北三环中路甲29号院华龙大厦　邮编：100029
　　　　　网址：www. ssap. com. cn
发　　行 / 市场营销中心　（010）59367081　59367018
印　　装 / 三河市尚艺印装有限公司

规　　格 / 开　本：787mm × 1092mm　1/16
　　　　　印　张：17　字　数：219 千字
版　　次 / 2017 年 11 月第 1 版　2017 年 11 月第 1 次印刷
书　　号 / ISBN 978 - 7 - 5201 - 1374 - 8
定　　价 / 69.00 元

本书如有印装质量问题，请与读者服务中心（010 - 59367028）联系